「ホームレス」襲撃事件と子どもたち

いじめの連鎖を断つために

北村年子

太郎次郎社エディタス

はじめに

「ホームレス」と「子ども」。そこには、どんな接点があるのでしょう。

「ホームレス襲撃」は、子どもたちが加害者となる、「路上のいじめ」です。

たとえいま、ホームレス問題に関心がないという人でも、子どもを育てている親や教師、子どもたちを加害者にも被害者にもしたくないと願うすべての人に、ぜひこの本をとおして、「ホームレス」と「子ども」をめぐる現状を、他人事ではない問題として、ともに見つめ、いっしょに考えていただけたら幸いです。

本書は、一九九七年十月に刊行された前著『大阪・道頓堀川「ホームレス」襲撃事件――〝弱者いじめ〟の連鎖を断つ』(太郎次郎社)に、大幅な書き下ろしを加えた、大増補新版となります。

第I部〝〈ゼロ〉――大阪「道頓堀川ホームレス殺人」事件〟では、前著の内容に一部加筆し(65～71ページ、238ページ)、あとは、ほぼそのまま前著を再録しました。

第II部〝野宿者と子どもたち――川崎の取りくみ〟は、九七年前著の刊行につづく「第二弾」として単行本化する予定だった内容を、いまここに収録することができました。

全国初のその川崎市の教育の取りくみは、十数年たっても、いまだ類をみない、画期的で貴重なものだと痛感しています。「派遣切り」や貧困問題への関心とともに、ホームレス問題が注目されるようになったいま、さらに子どもたちの「ホームレス襲撃」問題がより深刻化するなか、ぜひとも、この〈川崎の取りくみ〉

の実践記録を、全国の学校・教育現場で、生かしていただきたいと強く願っています。

第Ⅲ部〝いじめの連鎖を断つために――いま、なにができるか〟は、二〇〇九年時点で、新たに書き下ろしたものです。この十四年間の襲撃事件だけでなく、八六年、中二少年の「葬式ごっこ・いじめ自殺」の取材から、子どもたちの現場を歩くようになった私が、「ホームレス問題の授業づくり全国ネット」を立ちあげるにいたった現在までの、二十三年間の軌跡をあらためてたどり、総括するものになりました。

こうして、三冊分の内容を一冊にもりこんだ、厚い本になりました。長い旅になりますが、ご同伴いただけたら幸いです。

なお、「ホームレス」という用語についてですが、これは本来、居住権が保障された「安心できる適切な住環境にない」という〝状態〟をさす言葉であり、これまで差別的に使われてきた「浮浪者」「ルンペン」などのように〝人〟をさす言葉では、ありません。しかし日本では、「ホームレス」もまた特定の人びとへの蔑称として使われていたり、ホームレス問題が、社会の問題としてではなく、個人の「人間性・自己責任」の問題として切りすてられている現状があります。

本書では、基本的に、いま野宿生活（ホームレス）状態にある人として、野宿（生活）者、野宿の人（仲間）などと表現し、それ以外で、状態ではなく人をさす用い方の場合は「ホームレス」として括弧書きで表記しました。また、文中の年齢・肩書き、および用語表記などは、取材当時のものです。

この本を手にしてくださったあなたが、ホームレスな人たち、子どもたちと、ともに幸せに生きる仲間として、いまここから出会っていただけたなら、それ以上の喜びはありません。

目次

ii

〝弱者いじめ〟の連鎖

第II部　野宿者と子どもたち

――川崎の取りくみ　1995―1997

第III部　いじめの連鎖を断つために

――いま、なにができるか　1997―2009

第I部

〈ゼロ〉
——大阪「道頓堀川ホームレス殺人」事件
1995→1997

プロローグ

「ホームレス殺人」事件の初公判

一九九六年一月二十三日、大阪地方裁判所二〇一号法廷。

傍聴席最前列の記者席は、マスコミ関係者で埋まっている。私はその二列後ろに腰かけ、メモの用意をし、被告人があらわれるはずの黒い扉のむこうに意識を傾ける。

「道頓堀《どうとんぼり》川ホームレス殺人」事件の主犯格として殺人容疑で逮捕され、傷害致死罪で起訴された青年〝ゼロ〟の初公判がはじまろうとしていた。

午前十時。「それでは、審理をはじめます」。開廷をつげる裁判長の声と同時に、法廷内の空気がぴんと張りつめる。

やがて扉がひらき、手錠をかけられ腰をロープでゆわえられた青年が、二人の刑務官に両脇をかかえられるようにしてはいってきた。

はじめて見る、ゼロだった。くすんだ茶色のジャンパーに、ブルージーンズ。逮捕当時、金髪のスポーツ刈りだったはずの頭は、黒ぐろとした角刈りになっている。中背の、がっちりとした体格。が、厚い背中はまえかがみに丸くなり、わずかにのぞく横顔は、おどおどした幼い子どものように緊張してみえた。

ロープがはずされ、ゼロは裁判長席の正面に立った。

裁判長が人定質問のなかで、被告人の氏名、生年月日、年齢、職業、住居、本籍地などを確認する。昭和四十六(一九七一)年、大阪市生まれ、二十四歳。

「起訴状には〝住居不定〟となっていますが、逮捕されたとき、住居は決まっていましたか?」

裁判長の質問に、ゼロはキヲツケの姿勢で「ハイッ!」と答え、少したどたどしい口調で、大阪府内の実家の住所を述べる。

「仕事は? 無職?」

「ハイッ!」

「とくに何もしてなかったのですね?」

「ハイッ!」

両手をピシッと体の両脇につけたまま、ゼロは同じ返答をくり返す。

大阪地方検察庁の検事による、起訴状の朗読がはじまる。

「被告人は、かねてからいわゆる浮浪者に対して嫌悪感を抱き、攻撃的な行動をくり返していた。平成七年十月十八日午前八時三十三分ごろ、大阪市中央区の道頓堀川(水深約三・一メートル)に架けられた戎橋《えびすばし》上において、手押し台車の上で仮眠していた藤本彰男(当時六十三歳)を認めるや、同人を浮浪者と思って嫌悪感を抱き、同人を道頓堀川に投げ落とそうと企て、T(原文は本名)と共謀の上、戎橋中央東端付近において、台車上からよろめきながら立ちあがった藤本に対し、その身体をTとともにかつぎ上げて、戎橋の欄干ごしに約五・四メートル下の道頓堀川の水中に投げ落とす暴行を加え、よって、同日午前十時二十二分ころ、大阪市

西区大野記念病院において、藤本を溺水による窒息のため死亡させたものである」(原文概要)

ふたたび、裁判長がゼロにたずねる。

「いっていることは、わかりますか?」

「ハイッ!」

「どこか、まちがいがありますか?」

「まちがいないですッ!」

きっぱりとゼロは答えた。

「弁護人は、どうですか?」

「被告人の陳述どおりです」

ゼロの弁護人もまた、起訴事実を認めた。

「では、これから証拠調べをします」

こうして、初公判ははじまった。

しかし、裁判の行くえはその後、被告人ゼロが「ホームレス」の藤本さんを死に至らせた犯行状況をめぐって、思いがけない展開をみせていくことになる。

金髪ゼロの指名手配写真

その事件を最初、私は新聞報道で知った。

阪神・淡路大震災の衝撃とともに幕をあけた一九九五年。私はその年の二月から、予定していた仕事をすべて変更し、震災後の神戸にかよいづめていた。そして、六度目の神戸取材から一週間ぶりに東京の自宅にもどったばかりの十月のある夜、私は、留守中たまっていた新聞の束からなにげなく一部をひらき、愕然《がくぜん》とした。

《道頓堀川のホームレス殺人　鉄パイプで殴り川へ　2容疑者に逮捕状》

ショッキングな見出しとともに、容疑者の青年二人の指名手配写真が目に飛びこんできた。

いやな予感を確かめるように、私はあわてて記事の内容を読み、その事件がすでに五日もまえに起こっていたことをはじめて知った。

さらにほかの日の新聞の社会面をめくり、私はこのかんの事件報道をもう一度たんねんに追った。事件の概要と経過は、つぎのようなものだった。

一九九五年十月十八日朝。大阪市中央区の繁華街〝ミナミ〟の戎橋のうえで、台車に寝ていた「ホームレス」の男性を、「通りかかった若い男たちが道頓堀川に投げ落として逃走した」と、一一〇番通報があった。

目撃者らによると、男性が川に落ちたあと、現場にいた若者二人は橋のうえから様子をうかがっていたが、男性が浮かんでこないため近くの工事現場からロープを調達して、助けに川岸まで降りていった。が、発見できず、「一一〇番しろ!」という通行人の声に、あわてて逃げ去ったという。

警察のボート捜査の一時間後、男性は水深約三メートルの川底で発見され、病院に運ばれたが、まもなく死亡。死因は、水を大量に飲んでの窒息死だった。

亡くなった男性は、道頓堀界隈《かいわい》で段ボールを集め、古紙回収業者に売って生計をたてていた住所不定の藤本彰男さん(六十三歳)と判明した。身長約一五〇センチの小柄な体に、グレーの作業服に紺色のズボン姿。遺体に所持金はなく、業者の出した伝票だけがポケットに残されていた。

午前八時半の橋の現場には、出勤途中のサラリーマンや通行人の主婦、朝帰りの若者らがいたが、藤本さんへの暴行を止めようとするものも、助けようとするものもなかった。現場からわずか十数メートル先の橋の南詰めの戎交番には、二人の警官が勤務していたが、事件には「まったく気づかなかった」という。

事件翌日、捜査本部は、現場から逃走した若者二人を、殺人容疑で全国に指名手配した。主犯格とみられた容疑者Sは、通称〝ゼロ〟と呼ばれる二十四歳の青年で、髪を金色に染め、背中と袖に龍の刺繍《ししゅう》がはいった黒いジャンパーを着ていたという。共犯者とされた容疑者Tは、茶髪にジーパン姿、元会社員の二十五歳。二人はともに「無職」で、日ごろから戎橋の周辺でたむろしながら夜を明かしていたという。さらに現場から彼らといっしょに姿を消した元ウエイターの男性(二十二歳)を、捜査本部は参考人として行くえを追っていた。

事件発生から二日目、Tは大阪・摂津市内の公園のベンチで寝ていたところを逮捕される。さらに三日目、ゼロは逃亡先の東京・新宿区歌舞伎町のゲームセンターにいたところを巡回中の新宿署員に逮捕され、同夜、大阪府警南署捜査本部に移送された。また、行くえ不明だった元ウエイターの男性はその後、自分から捜査本部に出頭し、参考人として事情聴取に応じた。三人は事件当日、そろって東京都内に逃亡したが、二人が先に大阪に戻り、ゼロだけが東京に残っていたらしい。

捜査本部の取り調べにたいし、ゼロは動機について「悪ふざけのつもりだった」と供述した。逮捕当初は、殺害容疑を否認していたが、捜査本部が追及したところ、容疑を認めたという。

しかし、社会面のトップを飾った「犯人逮捕」のニュースから二日後、ゼロとTそれぞれの弁護士による会見発表の記事がつぎのように報じられた。

《道頓堀殺人の二容疑者　殺意や犯行を否認　弁護士が会見》

弁護士によると、ゼロは被害者の藤本さんを「二人で抱えて投げこんだ」のではなく、「自分ひとりで、おどろかせるつもりで体を持ちあげて、欄干の上に座らせたが、とっさに服をつかまれ、振りはらったら落ちてしまった」と殺意を否認しているという。またTは、「自分は見ていただけ」と、容疑そのものを否認していることを明らかにした。

警察発表とは異なる両容疑者のその〝否認〟内容が、私は気になってしかたがなかった。

事件の真相もまだ不透明ななかで、マスコミはいっせいにこの二人の容疑者を、「極悪非道な殺人犯」としてセンセーショナルに報じた。「なんてむごい」「血も涙もない」「鬼や」といった街角の声をひろい、「人の痛みへの想像力が欠如」した現代の若者の、「非人間的」で「逸脱した暴力行為」といった論調でかきたてた。

しかし、毎晩のように橋のうえで夜を明かしていたというこの無職の青年に、人を襲い殺《あや》めてしまわねばならない、どんな背景があったのか。そして、夜の歓楽街で段ボールを集め、「野宿労働者」として生きていた藤本さんが、なぜそこで殺されなければならなかったのか。

スポーツ刈りの髪を金色に染めていたという容疑者ゼロの、指名手配写真を新聞で見たとき、とっさに私は一人の少年の面影をかさねあわせていた。

〝これはタツヤだ。あの子だってやってたかもしれない――〟

その夏、神戸で出会い、いっしょにテント村で過ごしてきたタツヤもまた〝黄色い髪〟の家出少年だった。

i 〝事件〟の原風景

被災地・神戸の金髪少年

テント村で出会った少年タツヤ

阪神・淡路大震災の一か月後、はじめて神戸をおとずれた私は、神戸市内のあるボランティア・グループにかかわりながら、その後はほぼ隔月ペースで神戸にかよい、ボランティア活動と並行して取材活動をつづけていた。そのかん東京に戻っては、被災地からのルポをいくつかの雑誌に書いてきたが、神戸を訪れるたび、さらに伝えきれない震災の問題がいつも山積みになっていた。

私が参加していたボランティア・グループは、もともと神戸でフリースクールをつくる運動や環境問題、反原発運動などにかかわってきた地元の人たちが中心となって、震災直後から公園内にテントをはって拠点をつくり、避難所への救援活動をはじめるようになったものだった。そして全国から集まったボランティアたち、小さな子どもから若者、サラリーマンや主婦、六十代の高齢者まで、幅広い層の人びとが、家族的な雰囲気のなかで寝食をともにしながら、被災したお年寄りや仮設住宅への訪問ケアなどをつづけていた。

三度目に神戸をたずねた七月末、そのテント村で私はタツヤに出会った。

髪を金色に染め、いつもタバコをふかしながら、ふざけまわっていた彼は最初、いかにも手のつけられない〝悪ガキ〟といった感じの十六歳の少年だった。

ボランティアをしにきたはずの被災地で、タバコの吸いがらやゴミをあちこちに投げすて、テント村のある公園の真ん中に割ったガラスの空きビンを平気で放置しておく。また、仮設住宅での「孤独死」があいついでいた夏のさかり、仲間たちが一戸一戸の安否確認に奔走するなか、タツヤはテント内でねっころがってマンガをよんでいたりアイスをほおばっていたり、いっこうに腰をあげる気配もない。みんなと汗を流しに出かけた銭湯では、休憩室の椅子に腰かけようとした見知らぬおじいさんの背後から、こっそり椅子をひいていたずらしようとしたこともあった。すかさず仲間が止めたが、転倒して万一、打ちどころでも悪かったら、大変なことである。それは彼個人だけでなく、ボランティアとして被災地で活動するグループ全体の責任が問われることでもある。

「いいかげんにせいっ！　おまえはいったい何しに神戸にきたんや！」

みかねた仲間たちから、どなられることもあった。が、注意されても怒られてもヘラヘラと笑っているだけで、タツヤは態度をあらためる様子もなかった。

ほんとうになぜ、タツヤはここに来たんだろう——。

気になって私もなんどか、タツヤに近づき話しかけようとした。けれど、タツヤの視線はいつもキョロキョロとさだまらず、終始タバコを持つ手が小刻みにふるえ、落ちつきなく体をゆらしながら、結局、スルリと逃げるように身をかわしていくだけだった。

そんなある日、タツヤはどこからか子猫をひろって、テント村に持ちこんできた。

「ね、ね、カッワイイでしょ？　このネコ、おれがそだてっから！」

はしゃぐようにタツヤが抱えてきた段ボール箱には、小さな子猫が三匹、身をよせあってふるえていた。

「そんな乱暴にゆすったら、こわがるよ」

「ヘーキ、ヘーキ。そうだ、冷蔵庫のミルクやろうっと！」

「弱ってるときは下痢するからミルクはよくないんやけど……。せめて人肌にあっためてからあげてね」

といっても、きいていない。タツヤは冷たいミルクをそのまま器にそそぐと、つぎつぎと子猫の首ねっこをつかんで、むりやり顔をつっこませていく。ミーッ！　とぬれた顔で、子猫がなきさけぶ。私はハラハラしながら、タツヤの様子をしばらく遠くからながめていた。

さらにタツヤは、子猫がミルクを飲みおえるのもまたずにつかみあげ、ギュウと抱きしめほおずりしていたかと思うと、つぎの瞬間にはポーンと投げだし、すぐにまたべつの子猫を乱暴につかみあげている。そしてさんざんいじくり回したあげく、その日の夕方、

「やっぱ、めんどくせーや。もとの場所においてくるわ」

こともなげにそういうと、タツヤはふたたび子猫たちを箱に放りいれて立ちあがった。そこで私もとうとうキレた。箱を抱えて歩きだしたタツヤに近づいていった。

「ちょっと、待って。勝手につれてきて引きずりまわして、この子らの命、なんやと思ってんの！」

けれど、フンと鼻で笑うように、タツヤは無視して通りすぎていく。私は無性に腹がたって、とっさに後を追いかけ、私よりずっと背の高いタツヤの体を思わず両手でつかむと彼の目のまえにまわっていった。

「私はまだ、あんたのことなんにも知らへんよ。あんたがこれまで、どれだけ大事にされてきたのか、されてこなかったのかも、私にはわからへん。でももし、大事にされてこなかったんだとしたら、それがどんなにつらいことか、わかるでしょ？」

私は夢中で、そんなことを口走っていた。

けれどそのとき、いつも宙をさまよっていたタツヤの目がはじめて、じっと私を見すえていった。

「うん……、わかる……。だから、こいつらを捨てた親の顔が見てみたい……」

こちらの投げたことばに、はじめてまっすぐ返ってきたタツヤの〝声〟に私は驚き、けれど一瞬、彼のいっている意味がわからずポカンとしてしまった。

「え……？ まあ……だけど……親猫にも親猫の事情があったんかもしれへんしな……」

自分でもまた、何をいっているのかおかしくなってフッと笑ってしまうと、タツヤもてれくさそうにクスッと笑った。

「じつはね、この猫、だれかに餌をもらってたみたいなんだ。そばに缶づめや水がちゃんと置いてあったから」

「じゃあ、捨て猫じゃなくて飼われてる猫かもしれへんね」

「うん、おれ、近くの家の人にたしかめてみる」

急に素直にタツヤはそういうと、「親猫も……さがしてるかもしれないしね」とつけたした。

それから二人で、子猫のいた場所にいき、タツヤがすぐわきの家の戸をたたいてたずねるのを、私は通りの反対側から離れてみていた。戸口があいて年配の女性が顔を出し、何やらタツヤと子猫をみながら話している。しばらくして、タツヤはクルリとこちらをふりむくと、うれしそうに片手でVサインを出して私に叫んだ。

「だいじょうぶだってーッ。ここの家の人が毎日、餌をあげてるんだってーッ。親猫もちゃんと帰ってきてるんだってー!!」

満面のタツヤの笑顔に、私も大きく手を振ってこたえた。

「よかったねー!! じゃあ、いっしょにテントにかえろー」

「自分いじめ」のメッセージ

そこから少しずつタツヤと話ができるようになり、彼も自分のことを語ってくれるようになった。

本来なら高校二年生になっていたはずのタツヤは、教師とけんかして高校を一年のときに中退。あてもなく毎日をすごしていたこの夏、盗んだバイクを無免許で乗りまわしていたことが親にバレてしまい、家を飛びだしていた。

「それが家出中にババアの知りあいにみつかって、つかまっちゃってさ。結局、その人がババアと相談して、夏のあいだ、長野の寺に行くか、神戸に行ってここでボランティアするか、どっちかを選べってことになって。寺はイヤだから、ここに来たんだよ」

タツヤは自分の母親のことを〝ババア〟と呼んだ。やはり最初から、彼はボランティアを目的として神戸にきていたわけではなかった。

「でもオレ、小学三年生まではイイ子だったんだ。勉強もできたし足も速くてスポーツも得意だったしね」

タツヤが小学三年生のとき、両親が離婚。母親はタツヤと彼の妹をつれて、逃げるように家を出た。やがて母子三人の生活に加わった義父は、なにかというとタツヤに暴力をふるい、それをとめようとする母親もまた殴られた。

中学校では、好きなスポーツにうちこもうと運動部にはいるが、顧問の教師とすぐにけんかになり、殴られたり殴ったりしながら、陸上、テニス、バスケットと、いくつものクラブを転々とした。勉強はますますいやになり、義父の暴力はつづいた。

テントのなかで語りあっていたある夜、タツヤはふと腕時計をはずし、自分で切ったという手首の傷あとをみせた。

「自殺するなら鉄道自殺だけはやめてねって、ババアにいわれたんだ。なんか、あとですごい罰金とられんだってさ。知ってた?」

自嘲的に笑いながらタツヤはいった。

タツヤが見つけ、拾ってきたあの「置きざりにされた子猫」たちは、タツヤ自身の姿だったのかもしれない。無視して通りすぎることもできたはずなのに、思わず手をのばし、子猫を拾いあげたタツヤは、「捨てた親の顔が見たい」と私にいった。けれどそんな子猫たちを、いじめているのか愛しているのかまるでわからないやり方で、タツヤは持てあますように乱暴にあつかっていた。そしてそんな子猫と同じように、自分自身の心身を、傷つけては抱きしめていた。

反発と甘え。他者を拒絶しながら、それでもどこかで他者を求めてやまないタツヤの心身が発しているものはなんなのか。ここに傷ついた自分がいることを、だれかに知ってもらいたい、わかってもらいたい。そして受けいれ、抱きしめてほしい——。タツヤが自分から差しだしてみせたその傷は、金色に染めぬいた髪と同様に、そんなやり方でしか自分の痛みや孤独を伝えられない、自虐的で不器用な彼のメッセージのようにも思えた。

「オレ、家出したとき、ほんとうは大阪にいこうかと思ってたんだ。中学生のとき好きだった女の子が、いま大阪にいるんだ。すっげー、いい子なんだよ。会いにいきたいなーって。神戸に来ることにしたのも、じつは大阪に近いってこともあってさ」

はにかむように笑うタツヤの、十六歳の少年らしい表情がそこにあった。

「タツヤ、しばらくここにいなよ。こんどは一か月後に、また私もここに来るから。そのときまた会えるのを楽しみにしてる」

約一週間の滞在を終えて神戸を去る朝、そういって、私はタツヤと別れた。

〝弱さ〟がもちうる感性

そして一か月後の八月末。テント村をおとずれた私の顔を見るなり、「ワーッ、年子さーん！」と抱きついて出迎えてくれたタツヤは、すっかり日に焼け、またひとまわり大きくなったような気がした。

テント村には、いつのまにか拾われてきた捨て猫たちの数がふえていたが、タツヤが〝猫係〟になって世話をしているらしかった。

「でも、本人はいっしょに遊んでるつもりでも、まわりからみたらいじめてるようにしか見えへんことも、ままあるけどなー」

仲間のひとりが苦笑しながら私につぶやく。

けれど、あいかわらず気まぐれで粗雑なところはあっても、タツヤがだれよりも猫をかわいがっていることは、彼のふところにあつまって安らかに眠る猫たちの姿をみてわかる気がした。

兄弟のような仲間たちにかこまれ、ぶつかったり受けいれあったりしながら、しだいに心をひらくようになったタツヤは、被災者の引っこしの手伝いや訪問ケアのボランティアにも加わるようになっていた。そしていつしか、一人暮らしのお年寄りたちから、「タツヤくんが来てくれると楽しいわー」「ありがとう、また来てな」と、心待ちにされるようにまでなっていた。また、被災した家や避難所になった学校から、居場所を求めて公園のテント村にやってくる地元の子どもたちの、よき遊び相手にもなっていた。

「ぼく、もう帰りたくない。ずっとここに住むよ」

そういってタツヤは、公園内のテント村に自分の「家《こや》」を建てる計画までしていた。

自分を受けいれてくれる場の存在、ありのままの自分をあらわせる仲間たち。そしてだれかに必要とされ、感謝され、尊重される体験をとおして、タツヤ自身がだれかを愛すること、大切にすることのよろこびを、少しずつ体感し学びはじめているように思えた。それはまたタツヤにかぎらず、ここに集まってともに活動するほかの多くの仲間たちにとっても、同様だった。

被災地で活動するさまざまなボランティア・グループのなかでも、このテント村はかなり特異な存在だった。ここでは老若男女、資格や技能の有無、滞在日数を問わず、どんな人でもとりあえず「来るものはこばまず」の基本方針で受けいれていた。そのため、ほかのボランティア団体にことわられ、たらいまわしされたあげくたどり着いた学生たちも多く、自分たちのテント村を「ボラ捨て山」とよんで笑う仲間もいた。

リーダーはいても、命令として強制されることはなく、まず個々の意思と自主性が尊重された。参加する活動も、炊き出しにするか物資運びか、在宅ケアにむかうか、あるいは何もしないで一日休息するか、最終的な判断は個人の選択にまかされる。

そんな自由さに、最初はとまどう者も多い。とくにボランティア初体験の学生たち、規則に管理され、マニュアルや課題を与えられることに慣れてきた世代はなおさらだった。けれどそこから、やがて一人ひとりが「自分にできること」を手探りでみつけ、「自分のやりたいこと」をはじめ、それを周囲の仲間たちが助け、たがいにサポートしあっていく。だれからも一方的に教育されないという最高の「共育」のなかで、一人ひとりに内在する本来の力が発揮され、成長していく過程を、私は何度となくこのテント村で学ばされた。

しかし、たしかに「来るものはこばまず」の前提はあっても、なかにはボランティアに来たその人自身が、ケアを必要とする心身の状態である場合も少なくない。人を助けたい、癒したいと痛切に思う人ほど、自分自身のなかに癒されたいものを持っていることも多い。さらにそれが本人に無自覚であればあるほど、周囲はいわば爆弾をかかえながら、ともに活動するような場面もある。

タツヤの場合も最初、仲間たちにとってはケアしなければならない彼をつれて、被災者へのケアをするという何倍も労力のいる状況のなかで、それでもグループの一員として彼を排除しない、切りすてない、そして支えあい、助けあっていく関係をつくりつづけようとしてきた。それはタツヤにとっても、私たちにとっても、たがいの弱さを受けいれあい、手伝いあいながら成長していくための学びの連続であり、結局、だれかをケアしながらじつはケアされているのは自分自身であり、与えられ、癒されているのは自分であるということに、しだいに一人ひとりが気づかされていく体験だった。

必要でない人間など一人もいない。どんな命もが、だれかの役にたっている。

テント村に拾われてきた子猫たちは、殺伐とした被災地の光景のなかで、疲れきった私たちの心を何度となくなぐさめてくれた。そしてその子猫が亡くなったとき、埋められた土のまえにいつまでもひざまずき、だれよりもその死を嘆き、悼《いた》んだのはタツヤだった。

タツヤにかぎらず、ボランティアにきたまま家に帰らず神戸にいついてしまうものや、受験や就職をやめたり学校を休学してまで舞いもどってくる若者も、少なくなかった。

震災後、リュックひとつを背負って「自分にもなにかできるでしょうか」と、素朴な思いで神戸にやってきた若者たちのなかには、繊細で心やさしい子たちが多かった。都会の核家族で育ち、お年寄りと接したこともあまりない彼らが、寝たきりのおばあちゃんに食事をたべさせてあげたり、入浴できないおじいちゃんの足を洗ってあげたり、とめどなく語られる、震災や昔の戦災の苦労話にじっと耳を傾け、話し相手になっていた。また、そうした彼ら自身も、いわゆる物質的には豊かで不自由のない生活をおくってきたようにみえても、一人ひとりの内奥に、学校のなかでの息苦しさや劣等感、家族がいても不和であったり孤独感があったりと、豊かな時代の彼らなりの心の飢えや「負」の体験をそれぞれが抱えていた。

「ぼく、ずっといじめられっ子だったから……。なんとなくひとりぼっちの人の気持ちがわかっちゃうんですよね」

私が神戸で出会ったボランティアの若者たちには、そんな「元いじめられっ子」が多かった。学校のなかで否定され攻撃された彼らの「弱さ」は、一方でまた、弱い立場に追いやられた人びとに寄りそい共感できる「柔らかな感性」となって力を発揮し、そこから思いもよらない行動力や勇気を生みだしてもいた。

「いまの子は、ひとの痛みがわからない」といった言葉をよく聞くが、私はけっしてそう言いきれない。もしそうだとしても、それは私たち大人の、「弱者の痛み」に寄りそえない社会の、どんな姿を映しだしているのか。たとえ痛みを感じていても、より身近な弱者をいじめ、自分をいじめる以外に、それを他者にあらわすすべも、共有できる場ももてない子どもたちの悲痛な現実を想ってしまう。

タツヤとゼロと〝ホームレス〟

神戸でタツヤと三度目に出会った十月。タツヤはまた見ちがえるように背がのび、長かった金色の髪もいつのまにかすっかり黒く短くなっていた。

「見て見て、できたんだよ、ぼくの家！」

タツヤは私の手を引いて、まっ先に公園内に建てた自分の小屋へ案内すると、ほこらしげに「これが〝タツヤ御殿〟だよ」といってなかを見せてくれた。ベニヤ板を三角形に組みあわせた二畳分ほどの小屋のなかには、敷きっぱなしの布団のうえに、服や雑誌や日用品などが散乱している。が、狭いテントのようなこの小屋は、はじめてタツヤが自分で手に入れた、たしかに安眠できる彼だけの最高の御殿にちがいなかった。

震度七という未曾有《みぞう》の激震のなかで、神戸では一瞬にして四十万棟もの家屋が倒壊、それによって家をうしなった人びとが「ホームレス」となった。そして学校の体育館や校庭、公園などを避難所として、テントを張り、ダンボールで寝床をつくり、寒さと飢えをしのいで生活した。しかし、もともと公園や路上で生活していた人たちは、同じ被災者であるにもかかわらず公園を追いだされ、避難所からも排除され、水や食料の救援物資も渡されなかった。そして「住所不定」を理由に罹災《りさい》証明も出されないまま、義援金はもちろん、あらゆる福祉施策からも切り捨てられた。

仮設住宅での孤独死だけでなく、報道されない野宿者たちの震災死・行路病死が、神戸では続出していた。そんななかで、神戸の野宿者たちを支援しようとするボランティアたちが集まって、「神戸の冬を支える会」が発足されようとしていた。そしてタツヤも、テント村の仲間たちとともに、神戸の街で野宿する人びとの救援活動に参加するようになった。

夏にはじめて出会ったころ、タツヤは公園で出会った野宿者を「こじき」と呼び、「ゴミ箱あさってたんだぜ」と、ばかにしていた。そのタツヤが、神戸の野宿者への夜まわりのなかで、地下道や路上に眠る人たちに声をかけながら、おにぎりや毛布をくばって歩くようになった。

「おにぎり渡したらさ、〝ありがとう〟っていわれて、握手されちゃったよ、おれ」

そんなタツヤに、〝こづかい〟をくれようとした野宿の人もいたらしい。

「なんか話してると、おもしろいんだよ。おれ、つぎの夜まわりもいくよ」

野宿者たちとふれあい、語りあうようになったタツヤが、彼らを「こじき」と呼ぶことは、二度となかった。居場所を求め、さまようように神戸《ここ》にたどりつき、公園のなかにはじめて自分の「家」をつくったタツヤ自身がまた、「ホームレス」でもあった。

そしてタツヤとの三度目の別れを経て、東京に戻った私を待ちうけていたのが、「道頓堀ホームレス殺人」事件の容疑者、金髪青年〝ゼロ〟の指名手配写真だった。

もしも、タツヤが家出したまま神戸に来ていなかったら……。私たちのテント村にたどりつかず、大阪に向かいミナミの繁華街をさまよっていたとしたら……。通りかかった戎橋で、野宿する人を見つけて「こじき」とさげすみ、手をかけていたのはタツヤだったかもしれない。子猫を持ちあげ、投げおとし、笑いながらいじめていたように、「ホームレス」の人を襲い、虐待していたかもしれない。

新聞に載った容疑者ゼロの顔をみつめながら、私はタツヤを想い、そしてこれまで私が出会ってきた黄色い髪の少年少女、心の飢えをかかえてさまよっていた多くの若者たちの姿をだぶらせていた。

この青年に会いたい――。

そしていますぐにでも、彼の話を聞き、直接たずねたかった。ほんとうに、そんなことをしたのか。だとしたら、橋のうえで寝ていただけの、無抵抗の「人間」を、いったいなぜ、どんなつもりで？

わきおこるゼロへの疑問と、釈然としない怒り、そして事件報道へのもどかしさが日に日につのるなか、私は〝ゼロに会いたい〟と思いつづけていた。

大阪から飛びこんできた電話

そんな矢先、事件から六日が過ぎようとしていた夜に、思わぬ電話が私のもとに舞いこんだ。

「もしもし、年子さん？　じつは、戎橋の事件で逮捕されたゼロくんのことで、相談したいことがあるんやけど……」

「えっ？」

驚いた。電話の主は、かつて私が十代少女たちのインタビュー集をつくるなかで知りあった大阪のルナだった。ルナとはもう八年のつきあいになり、当時、女子高生だった彼女も、いまは二十六歳になり、大阪で情報雑誌などのフリーライターをしていた。

「それ、どういうこと？」

私はあわててルナに問い返した。

「私の知りあいで、戎橋でギターの弾《ひ》きがたりをしてる大介くんっていうコがいるんやけど。彼がゼロくんと友だちでね。事件のあと、マスコミのゼロくんの報道の扱いが、あんまりひどすぎるっていうて、自分から新聞社に訴えに行ったりしてるねん。でも、なかなかちゃんと思うように扱ってもらえへんねんて。それで、きちんと話を聞いて、取りあげてくれる人を探してるらしいんやけど。年子さん、いっぺん大介くんの話を、聞いてみてあげてくれへんかなー？」

「わかった。とりあえず、もっとゼロのことを知り、事件の背景を確かめたい。聞きたい。そして、その大介くんに連絡をとってみる」

「よかったー、ありがとう！」

「私こそ、ありがとう」

電話を切り、不思議な確信におそわれた。ここから事件の意味を探り、問い直していくことが、いま私にとっての必然なのだろう。

さっそく私は、ルナからきいた大介という青年に連絡をとり、東京・大阪間で電話のやりとりをかわし、戎橋で大介と会うことになった。

けれど、神戸から戻ったばかりの私は、三歳の息子をもつ母親の身でもあり、かたづけねばならない仕事もあり、すぐには大阪に飛んでいくこともできない。はがゆい数日間がすぎた。

そして事件から約二週間後の十一月初旬、私はようやく事件の現場、ゼロと藤本さんが出会った橋へと向かった。

道頓堀の〝橋の子〟たち

人びとの居場所となる橋

大阪市中央区の繁華街を東西に流れる道頓堀川と、その川のほぼ中央にかかる戎橋は、大阪ミナミの街を象徴する名所として知られている。

橋の北側には、日中、買物客や観光客でにぎわう心斎橋筋《しんさいばしすじ》のショッピング街があり、夜はネオンのともる宗右衛門町《そえもんちょう》の歓楽街にサラリーマンや若者たちがくりだす。南側にわたると、難波《なんば》にむかうアーケード街がつづき、東側には動くカニの看板や太鼓をうちならす人形が目をひく「食い道楽」の道頓堀通りがある。

また、「ひっかけ橋」の異名をもつ戎橋は、大阪の若者のナンパのスポットとしても知られている。阪神タイガースがリーグ優勝した一九八五年、歓喜したファンがつぎつぎと、この橋から道頓堀川に飛びこんだことでも有名だった。日ごろからコンパ帰りの学生などが、酔ったいきおいで川にダイビングすることもめずらしくない。

歩行者専用の橋のうえには、ギター演奏、大道芸、チラシやビラまき、路上販売、ナンパ、待ちあわせ、テレビカメラの撮影、街頭インタビュー、そして通行人をながめながら座りこむ人、野宿する人――。歩行し、通過していくだけの橋ではなく、ここでは人がたち止まり、集まり、たむろする光景が日常的になっている。

路上に人びとがとどまることを恐れ、管理しようとする者たちは、「道路交通法」の名のもとに人を通過させ、つねに「道」を取り締まろうとする。戎橋も例外ではなく、ときおり警官が思い出したように排除しにくることもある。

それでも戎橋にたち止まり、路上に「居場所」を求めて集まる人の姿は絶えることがない。

そんな橋のうえで、事件は起こった。

死者の無念さを想って

まだ人通りの少ない平日の午後三時。戎橋に着いてまず私は、事件の現場、橋の中央東側の欄干のまえに立った。長さ約三十六メートルの橋の中央の欄干の両側は、そこだけ半円形に突きだしたバルコニー状になっている。

事件から二週間がすぎた現場には、被害者の藤本さんの〝初七日〟まで置かれていたはずの慰霊の祭壇も、花も線香も、すでにあとかたもなかった。

欄干から、約五メートル下の道頓堀川をのぞきこんでみる。藤本さんの命が絶たれた場所、よどんだ深みどり色の水面をみつめながら、ふっとまえに身をのりだしてみて、すぐに足がすくんだ。十月の川の冷たさを想いながら、目を閉じ、手を合わせた。けれど、〝冥福〟を祈ることばがみつからなかった。

どんなにもがき苦しみ、そしてどんな無念を抱えて、藤本さんは逝《い》ったのか。想像してもしきれなかった。どうか安らかに眠ってくださいと、まだ私にはいえなかった。

藤本さんの無念を、声にならなかった叫びを、私はまだこれから知らなくてはならない。その届かなかった声に耳をすませ、藤本さんの命が何を問いかけ、いま何を訴え求めているのかを、私は確かめねばならない。そのために、どうすればいいのか。いま何ができるのか。冥福を祈るためにも、まずそれを、私は藤本さんにたずねたかった。

そこに立ちつくしたまま、十分ほどが過ぎていた。やがて橋のうえにやってきた、修学旅行らしい女子高校生たちが五、六人、巨大な〝グリコ〟の看板を背景に、にぎやかに記念撮影をはじめた。私が欄干のまえから離れると、いれかわりに「ね、こんどはこっちで撮ろうよ!」と、一列に並んだ女の子たちが「ハイ、チーズ!」とVサインをだして笑っている。つい二週間まえ、ここで一人の老人の命が奪われたことを、彼女たちは知っているのだろうか。

向かいの欄干のうえでは、二人の若い青年が平均台のマネをして片足立ちでふざけあっている。一人が一方を「ワッ!」と川につきおとすふりをし、一方は「おっとっと」とよろめきながら笑って相手にしがみつく。ちょっとしたスリルをもて遊ぶように楽しむ。そんな彼らの光景は、ジャングルジムのてっぺんや、高い塀や木のうえなど、狭くて危ないところにのぼって遊びたがる幼い子どもたちの姿にも似ていた。この橋は、大都会の真ん中に残された、大きな子どもたちのささやかな遊び場《グラウンド》なのかもしれないと、ふと想う。

まるでなにごともなかったかのように、橋のうえをのどかに人びとが通りすぎていく。こうして藤本さんの死も、お茶の間に映るワイドショーのなかの、一人の「不運なホームレス」の悲劇として通過されていってしまうのか。私は自分のなかのチャンネルを切り替えられないまま、いま橋《ここ》に停止していた。そしてもう一度、奪われた命の無念さにたち止まることなしには、つぎの場所には進めないと、信じていた。

橋のうえのストリート・シンガー

ミナミに人がふえはじめた午後五時。しばらく街を歩いて戎橋に戻ると、待ちあわせた橋の北詰めの銅像下で、大介はギターケースを片手に立っていた。

「こんにちは、大介です。すぐわかりました？」

短い髪に深くかぶったキャップ帽。その帽子をサッと取り、大きな目を輝かせて挨拶する清々《すがすが》しい笑顔の大介は、予想以上に好青年といった印象だった。黒いハイネック・セーターにジーパン姿、うえにはおった赤いジャンパーの腕と背には、やはり〝龍の刺繍〟がはいっていた。

「べつに、ゼロとおそろいっていうわけでもないんやけど。ゼロが、おれのマネして着てただけでね。でもおかげで、おれがあいつの兄貴分のように思われたりして、ほんま、ええ迷惑やわ」

そういって笑う大介は、ゼロより二つ年上の二十六歳。昼は実家の会計事務所で働き、夜は街頭でギターの弾きがたりをしながら、プロのミュージシャンをめざしている。通称「ギター弾きの大ちゃん」と呼ばれる彼は、二年まえ、この橋のうえでゼロと知りあったという。

「最初、おれがここでギターひいて、ブルーハーツの曲を歌ってたら、ニコニコしながらあいつのほうから寄ってきた。〝おれもブルーハーツ、好きやねん。詞がええし、人の痛みとかやさしさとか、すごいわかってる感じがするよなー〟って。それから、ここに来ては二人でいっしょに歌うようになった。橋の欄干のうえからいっしょにジャンプしながら、〝リンダリンダー!!〟って叫んだり、あいつの好きなラブソングひいてやったり。あいつはちょっとオンチやったけど(笑)。いっしょにいて、すごい楽しいやつやった」

ロックバンド〝ブルーハーツ〟の音楽を、私がはじめて聴いたのは約十年まえ。ちょうど私自身が最初の本を出したころ、彼らもレコードデビューした。七〇年代に〝RCサクセション〟や〝ARB〟といった同じバンドの音楽《ロック》を聴いて育った、私とほぼ同世代のバンドである彼らは、やがて、より若い世代たちの日本のロックの教祖《リーダー》として人気を集め支持されてきた。大介が最初にギターを手にしたのも、ブルーハーツをとおしてはじめてロックを聴いたのがきっかけだったという。

「ゼロはギターはひけへんかったけど、詩をかくのが好きやった。それも歌詞をかくのが好きで、ゼロがかいた詞に〝大ちゃん、曲つけて〟って頼まれることもあった。ゼロとは、よく夜中に二十四時間営業のラーメン屋に行っては、世の中のことや夢を語りあったり、マジな話をすることもあった……。けど、この二、三か月、しばらくおれ、忙しくて橋にこれへんかったから。いったいゼロになにがあったんか、事件のときのことはおれにはわからへんけど……」

事件の第一報に驚いた大介は、その後のゼロの逮捕とマスコミ報道に、さらに強いショックを受ける。

「だけどゼロはそんな、人の痛みがわからんやつやったわけやない」。大介はみずから新聞社に出かけ、記者たちに訴え、橋のうえに取材にきたテレビカメラにも、懸命に説明したという。

「〝血も涙もない〟とか〝人の心をもたない鬼〟とか、マスコミでいわれてた。けど、おれの知ってるあいつはむしろ、人の痛みとか、傷ついてるやつのしんどさとかに、すり寄ってなぐさめてやるような習性のあるやつやった。暴力団につれていかれそうになってた家出少女を助けてやったり、若い子の話や悩みを一晩中きいてやってたり。おれなんかよりずっと面倒みがようて、保護者感覚のすごいあるやつやった」

そして大介は、ゼロを語りながらこういった。

「ゼロみたいに、ここに集まる〝橋の子〟には、みんなどっかしら傷ついた痛みを持ってるやつが多いからな」

橋の子――？　その言葉の意味を、私はそれまで知らなかった。

大介はあらためて「橋の子」について語ってくれた。

筋がね入りの〝橋の子〟

「ひっかけ橋」として有名なこの戎橋に、最近では「黒服」とよばれるホストクラブの客引き、つまり「プロのナンパ師」の姿がめだつようになった。髪を茶色や金色に染め、前髪をひさしのように立てた黒っぽいスーツ姿の若い男たちが、会社帰りのＯＬなど若い女性に声をかけて店へと誘う。その数はこの二年間で、二倍以上にもふえたという。

そして同じ時期から、深夜、橋のうえに集まり、ギターをひいたりしながら夜を明かす若者たちがふえはじめた。いつしか彼らは自分たちを「橋の子」とよぶようになり、顔見知りのグループがうまれた。午後十時をすぎるころ、橋の銅像周辺に毎晩のように十人から三十人が集まり、夏など多い時期には百人近くになったこともあるという。

家出してきた少年少女や自宅からくる学生、中退者、ミナミで働く十代〜二十代や、無職の若者。なかには彼らの親世代のようなミュージシャンや元テキヤのおじさんなど、三十代、四十代の姿もまじる。

ギターをひいて歌ったり、話をしてふざけあったり、とくにほかに何をするわけでもないという。そしてそれが、外側から見る大人や通行人にとっては「たむろ」と映ることにもなるのだろう。

ナンパや待ちあわせのために橋にきて、目的が達成されれば去っていく若者たちの群れとはちがい、「橋の子」たちは一晩中、橋にとどまり夜を明かす。深夜営業の喫茶店やラーメン屋を利用することもあるが、実際、橋のうえや周辺で「野宿」することも少なくないという。

「なかでもゼロは、筋がね入りの橋の子やった」と、大介はいう。

始発の電車で帰っていく仲間を見送ったあとも、ゼロは実家にも帰らずミナミにのこり、ほとんど毎晩、橋に来ては橋に泊まり、ここを「家」のようにしていたらしい。

そして、その橋のうえや周辺には、やはりゼロのように橋を「家」にする「ホームレス」の人びとが、野宿しながら生活していた。そんな「橋の子」と「ホームレス」の人びととは、たがいにこの橋を居場所として共有し、ときにはいっしょに交流しつつ、一定の「棲《す》み分け」をしながら、共存していたのだという。

「ゼロはよく、ホームレスのおっちゃんらの話し相手にもなって、いっしょに歌ったり、将棋さしたり、タバコや食いもんをおごったりもしてた。そりゃ、なかには酔ってからんでくるようなおっさんもいて、ケンカになることもあった。仲よくなる人もいれば、タチの悪いのもいる。けど、それはどこにいる人間でもおんなじやろ。それにケンカするのも、〝相手になる対象〟として見てたからやと思うねん」

大介は「一般の通行人なんて、ホームレスに目もくれへん」と吐き捨てるようにいう。

「まるで、いないと同じ。相手にもせえへんし、ケンカも売らへん。酔っぱらって道に寝ころがってようが、血ィながして倒れてようが、通行人も交番のおまわりも、知らんふりや。けど、少なくとも、橋の子やゼロには、ホームレスのおっちゃんらとの接点があった」

そんな接点があったにもかかわらず、ならばなぜ、こんな事件が起こってしまったのか。

「学校のクラスのいじめと、おんなじやと、おれは思う。接点があるからこそ、起こるんや。自分と同じ土壌にいる、同じ目線にいるもの同士やからこそ、そこでより弱いやつをみつけて、いじめる。先生とか目上の人間とかにぶつけるんやなくて、同じ視界にいる、同じ場にいる人間やからこそ、いじめるんとちゃうかなって」

とすれば、この橋も、ひとつの「クラス」のようなものだったのだろうか。教室の片すみで肩をよせあっていた「橋の子」のグループの一部が、より弱い「ホームレス」の一人をみつけていじめる。警官や通行人は、それを見て止めようともしない教師や生徒、いじめの「傍観者」だったのか――。そんなことを想っていると、「ああ、でもやっぱり、わからん」と、大介がうめくように頭を振ってつぶやいた。

てんかんの発作の持病

「事件のとき、ゼロがどんな気持ちでそうしたかなんて、おれにはわからん。おれはただ哀《かな》しいだけや。なんでこんなことになってしもたんか、むちゃくちゃハラがたって、くやしいて、やりきれん……。けど、おれらはここで、コンパ帰りの連中が、酔っぱらっておもしろがって、川に飛びこむのをしょっちゅう見てきた。おれかて、欄干のうえで横になったまま寝たりすることもあったし、プールサイドでふざけあうみたいに落とすまねして遊んでた。まさか、ここから落ちて人が死ぬなんて、ゼロも思ってなかったと思う。ホンマに冗談半分のつもりやったんやと思う。殺すつもりなんて、絶対なかったと思う……」

たしかに、この橋の欄干をプールサイドにして遊ぶ若者の姿は多い。けれど、体の弱った小さな老人にとっては、プールサイドでさえも、一瞬にして奈落の底につうじる。それを思いはかれなかったとしたら、ゼロの〝痛みへの想像力〟とは、なんだったのだろう。

「けど、ただいえることは、だれもがやりえることや、この世のだれもが。面白半分でからかおうって思うその動機があった時点で罪やっていうなら、そんな罪はおれにだってある。それがどこまでいきすぎてたかは、やったあとにしかわからへん。おれだって、だれだって、やってしまうかもしれへんことや」

失われているのはむしろ〝死への想像力〟かもしれない。「マサカ死ぬとは思わなかった」と、いじめっ子たちはいう。そして殺すつもりはなく、「面白半分」でからかい、ふざけ、笑いながら、クラスメートを死に追いこんでしまう。そんな子どもたちのいじめの風景が、ここにも重なる。

大介のいうように、だれのなかにもいま、ゼロと同じ「罪」を負ってしまう可能性がある。だからこそ、私はゼロを追い、その「罪」が起こった背景を知るために、ここへ来た。そして、面白半分で人を襲い、仲間たちを殺しあうこの「いじめ社会」の土壌をつくりだし温存させてきた私たち自身の「罪」を、もう一度、〝ゼロ〟から問いなおしたかった。

ゼロがこの橋に来るまで、どこでどんなふうに育ち、生きてきたのかは、大介も知らない。ゼロが自分の生い立ちや家族のことを話すことは、ほとんどなかったという。が、そのなかで大介は、ゼロが「持病」のためにずっといじめられてきた、と語るのを聞いたことがあった。

「ゼロには、てんかんの発作の持病があったんや。そのことで小学校のころからすごいいじめられて、〝特別学級に入れられてた〟っていうてた。橋で夜明かししてたときに、ウトウトしながらゼロがいうたことがあった。〝おれ、いまここで眠ってしもたら、発作がおこって、大ちゃんに迷惑かけてしまいそうや。そやし、がんばって起きとくわ〟って」

それは私がはじめて知る、マスコミ報道ではいっさいふれられることのなかった、隠されたゼロの背景だった。

愛のたりない若者たち

ビルにネオンがともり、家路をいそぐ買いもの客や、ミナミにくりだす人びとで橋がにぎわいはじめるころ、大介は銅像下の石段にこしかけながら、ギターをつまびきはじめた。

ギターを手にする以前、大介にもかつて「さみしくてただ橋のうえをうろついていたころがあった」という。

成績が悪かった中学時代、親に「スパルタ塾」に入れられ、進学校の高校へ進んだ。やがて芸術大学にはいったものの、夢中になれるものも目標もみつからなかった。華やかなミナミのネオンと活気に魅《ひ》かれ、「そこに行けば、なにかあるんじゃないか」と、街をさまようようになる。

「でも結局、なんにもなかった。この街は、パワーのあるやつにとっては何かあるけど、パワーも夢もないもんは、よけいさみしくなるだけ。おれには何の目的も方向性もなかった。そうわかったとき、このままではアカン、自分からなんかせなアカンって思ったんや」

そんなころ、たまたまラジオではじめて〝ブルーハーツ〟の曲、『未来は僕らの手の中』を聴いた。

〝誰かのルールはいらない／誰かのモラルはいらない／学校もジュクもいらない／真実を握りしめたい／僕等は泣くために　生まれたわけじゃないよ／僕等は負けるために　生まれてきたわけじゃないよ／未来は僕等の手の中／僕等　なにかを始めよう……／僕等　ここから始めよう〟

「そうや、そうなんや！　未来はおれの手のなかなんや！　って、涙がボロボロ出てきてとまらんかった。それまで歌なんて歌謡曲かアニメソングぐらいしか知らんかったから、ものすごいショックやった」

二十歳《はたち》ではじめて大介はギターを手にし、やがて大学を中退。家業を手伝いながらギターに打ちこむようになる。そして三年まえの二十三歳のとき、「尾崎豊の死」を引き金に、街頭に出て歌うことを決意する。そのとき、大介が最初に選んだ場所が、戎橋だった。

「はじめてこの橋のうえで、ギターをケースから取りだして握りしめた瞬間、〝あ、おれは無力やない！〟って思えたんや。それは、人類が最初に石器を手にしたときのようなもんやな。自分のふところに、はじめて自分だけの武器を手にいれたような感覚やった」

大介にとってそれは、ありのままの自分を認め、表すことのできる〝自己表現〟という名の武器だったのかもしれない。やがて大介は戎橋から、ミナミやキタの街角、天王寺公園や大阪城、さらに日本各地をギター片手に放浪し、歌ってまわるようになった。

「だからおれは、橋の子やないねん。おれにとってこの橋は、たくさんある活動の場の一部やけど、ゼロみたいな橋の子にとっては、ここが生活のすべてやった……」

大介は、「橋の子」たちとつきあいつつも、一線をひきながら客観的に見ている部分があるともいう。

「人間は愛されんとあかん。みんなもっと愛されたいんや。ここには、愛がたりない、どっか壊れた、居場所のないさみしい連中が多い。けど、そこでただ傷をなめあってるだけのやつもいれば、ここから仲間や恋人ができて、新しい夢や目標をみつけて、それを支えに立ちなおっていくやつもいる。ゼロも、そんな一人のはずやったのに……」

ゼロにはどんな夢や目標があり、また、はたしてどんな自己表現のすべを持っていたのだろう。大介が手に入れた武器とはちがい、なぜ、他者を脅し自分の力を誇示するための「ホームレスいじめ」という〝凶器〟を彼は手にしてしまったのか。

雑踏に消えてゆく歌声

「おれがいま、あいつにしてやれることは、歌をつくってうたうことぐらいやから……」

ギターの弦をつまびきながら語る大介を見ながら、私は彼の歌を聴いてみたいと思った。

事件後、大介はやりきれない思いを吐きだすように、一気にひとつの曲をかいた。『ZERO』と名づけたその歌を、はじめてこの日、大介は橋のうえで、ギターを激しくかきならしながら人波にむかって叫ぶように歌った。

〝今夜も賑やかな　この街の片隅で　誰かの心が壊れてゆくよ
行き交う人々は　こんなにいるのに　淋しさに耐えきれず　ちぎれて消えた
帰る場所がないの　彼女は言った　奴の胸のなかで　一夜の安らぎを
それでも朝が来れば　誰もがまた独り　わずかな温もりと　やりきれなさが残る
人を裁くことは　あまりにもたやすいけれど
分かってやることや　許してやることは　身を切るほど　困難で

そ知らぬふりで　通り過ぎる顔なき人々よ　心の内がキリキリ痛まないか
私には関係ない　ブラウン管の向こうで　薄笑い浮かべる
アンタの為に　捧げる唄さ

そしてやり場のない悲しみだけが　この橋の上　刻みこまれた
多分　誰もが　本当の意味なんて　受け止めきれず　とまどっている

死んでしまった人の叫びが　いったい誰に届くというの
殺しちまった奴の　本当の気持ちが　いったい誰に分かるというの

きっと　時がゆけば忘れ去られてしまう　いつもの雑踏の中に踏み消されて
愛を　愛を　愛を　愛を　傷つくことを恐れて　見失っちまった
アンタの為に　捧げる唄さ

どこにも居場所が　ない奴だった
淋しくて淋しくて　しょうがない奴だった
おびえることしか　知らぬ人達よ
本当に人の痛みが　分からないのは　果たして　どっちだい？〟

橋のうえを行く人たちは、こちらをちらりと一瞥《いちべつ》するだけで、たち止まることもなく通りすぎていく。大介の叫びそのものが、届かないまま雑踏にかき消されていくようだった。

「死んでしまった人」と「殺してしまったやつ」。この橋に来て、その二つの狭間《はざま》でさらに引き裂かれていく私は、深い葛藤を抱えたまま、まだ大介のようにはストレートに自分の思いをあらわせないでいた。けれどせめて、大介が懸命に問いかける〝ZERO〟からの叫びを、事件を追うこれからの私自身の途上にしっかりと刻みつけておきたかった。

約束の証のネックレス

週末の夜、橋はラッシュアワーの駅のような人波であふれている。

大介と出会った翌日、私は「橋の子」に会うために、ふたたび戎橋をおとずれた。

事件後、警察の捜査がつづくなか、「橋の子」たちの姿も減っていたが、「土曜の夜なら、ゼロの仲間たちに会えるかも」と大介から聞いていたからだ。

午後十時を待って橋の銅像下にむかうと、ギターをひく青年をかこむように、すでに五、六人の若者が集まっていた。

ゼロのことをたずねたいという私に、「どういうことですか?」と、最初けげんそうな顔をして問いかえしてきたのが、アキだった。

「ゼロくんは、私の大事な友だちですけど」

細い体に、茶色いソバージュヘアとブルージーンズの似合うアキが、キッと挑むように私をみすえていた。

石段にならんで腰をおろし、私はまず自分がここに来た動機を説明した。アキは真剣な表情で聞きながら、やがて手にもっていたタッパー容器のなかのリンゴの一切れを、「食べます?」と差しだしてくれた。それはアキが仲間のために用意して持ってきていたものだった。

「ごめんね。いつも記者の人とか警察とか、みんな同じことを聞くから。〝なんで、ここに集まるんや?〟って、不思議そうに。なんでって聞かれても、来たいから、としかいわれへんし、そんな人らには、なんぼ説明してもわからへんねん」

アキはゼロと同じ二十四歳。近くのミナミのレストランで働いているという。この日も彼女は、仕事帰りだった。そんなアキに、まず私は彼女のことが知りたくなった。

アキがはじめて、橋に来るようになったのは一年半まえ。

「もうなにもかもが、信じられなくなってたときやった」という。

信じていた友人に裏切られ、恋人を交通事故でなくし、毎日、死ぬことばかりを考えていたころだった。アルコールにおぼれ、血を吐いては飲み、自分で自分を痛めつけるように、体も心もボロボロになっていた。

病院を退院して、なにをする気力もなく過ごしていたある日、アキはさまようようにミナミの街に出た。たまたま通りかかった戎橋のたもとで、数人の若者が集まり、だれかがギターを弾いていた。アキもかつてバンドを結成し、ボーカルとして歌っていたことがあった。いそぐあてもなく、ぼんやりその場にすわりこんで聴いていると、今度はべつの男の子が目のまえに絵を並べはじめた。

「わー、きれいな絵。この絵、いいねー」

「あ、わかる?」

「うん、私も絵かくの、好きやもん」

「へへ、これ、おれがかいてん」

話がはずみ、時がたつのも忘れた。

「明日もおいでえや｜。おれら、明日もいるから」

もう一人の男の子がいう。冗談ばかりいってみんなを笑わせていたタカちゃんだった。

「ホンマにいる？」

アキはなにかを信じて、ふたたび裏切られるのがこわかった。

「絶対、いるって」

「ホンマにホンマ？」

「そんなにうたがうんやったら……そうや、ネックレス、交換しよう。約束のしるしや」

そういってタカちゃんは、自分の首にかけていた重そうな鎖のネックレスをはずすと、「ハイ」とアキに差しだした。

アキが首にかけていたのは、亡くなった恋人の指輪《リング》に細い鎖をとおしたものだった。何度も捨てようとして、ずっと捨てられないでいた。〝なくなってもええわ！〟。思いきって首からはずし、タカちゃんに手わたした。

つぎの日の夜。アキは家を出て、地下鉄にのり、ふたたび橋をおとずれた。

「あッ、来た、来た！」。銅像の下で小踊りするタカちゃんの笑顔があった。二人はネックレスをふたたび交換し、それからアキは毎晩、橋に通うようになった。しだいに顔見知りがふえ、友だちができ、仲間になった。もう過去に縛られることも、約束の証《あかし》も必要なくなった。やがてアキは、そのネックレスを自分の手ではずし、橋のうえから川に捨てた。

「ここに来ると、かならずだれかがいて、だれかが待っててくれる。どこにも居場所がなくて、行き場もなかったとき、両手をひろげて自分を受けいれてくれた場所、それが私にとっての橋やった」

そのなかでもとくにゼロは、いつもこの橋にいて、アキを笑顔で迎えいれてくれた「かけがえのない友だち」だったという。

「私が落ちこんでるときは笑わせてくれて、泣いてるときはなぐさめてくれた。私は自分の悩みを人にいえへんコやったけど、ゼロくんは自分を見せてくれるコやった。病気のことも、いじめられてたことも、ぜんぶ自分から話してくれた」

橋に取りのこされたゼロ

アキもやはり、かつていじめられっ子だった。小学校時代、生まれつき体にあるアザのことで「気色わるー」とからかわれ、クラスではいつも孤独だった。

小学三年生のある日、給食当番をしていたアキが、一人の男の子にお盆を差しだすと、「うわッ、きたないやろ!」と払いのけられた。その瞬間、怒りとくやしさが爆発し、アキは相手に飛びかかり、馬乗りになっていた。

「気がついたら、その子の頭から血が出るまで、夢中でムチャクチャなぐってた」

そんなアキの話を聞いて、「おれ、すっごいそれ、わかるわー。つらいよなー」。心の底から共感するようにいったゼロの言葉が、アキの胸にしみた。

「すごい、うれしかった。自分のこと人に話して、はじめてほんまにわかってもらえた気がした」

ゼロだけでなく、ミナミでOLとして働いている同い年の通称〝チーズ〟とも、アキは親友になった。チーズは、会社の昼休みに休憩しにきた戎橋でたまたま橋の子たちと知りあい、仕事帰りにも来るようになった。そして彼女もアキと同じように、体のアザを理由にいじめられてきた体験をもっていた。

「会社や、短大時代の友だちとは、表面上は仲よくしててもこんなホンネの話はできひんかった。でも橋に来て、アキちゃんやゼロくんたちと話してると、ありのままの自分でいられたし、すごく楽やった」という。

そんなチーズもやがて、橋で出会った仲間の一人と結婚し、いまは生後一か月半の赤ちゃんの母親になっている。この夜、チーズは産後はじめて、赤ん坊をベビーカーに乗せて橋に来ていた。「今日は、みんなにこの子を見てもらおうと思ってね。でも、ゼロくんに一番に会わせたかったのに、見てもらえへんかった。この子が産まれてすぐ、あんな事件《こと》になってしもたから……」。そうつぶやくチーズのかたわらで、「橋の子」から産まれた小さな命が、仲間たちにかわるがわる大切そうに抱きあげられ、丸い瞳をパッチリと見開いていた。

橋での出会いのなかで、アキもまたともに暮らすパートナーをえていた。二歳年上の彼は、仲間から〝ジョー兄《にい》〟と慕われるゼロたちの兄貴分のような存在だった。アキは家族に彼を紹介し、半年まえから二人はいっしょに暮らしはじめた。そして、たがいに仕事をさがし、ジョー兄はミナミのマージャン店、アキはレストランに勤めながら、新しい生活をスタートさせた。

心のよりどころを求めて橋に集まっていたかつての「橋の子」たちも、そこから新たな希望や目標をみつけ、橋の外に家庭や仕事をもつ「大人」になっていった。そんな仲間たちが、しだいに橋を〝卒業〟していくなかで、ゼロは取りのこされたように橋で生活しつづけていた。

「みんなも私もだんだん忙しくなって、橋に来ることがまえより少なくなってた。週末ぐらいしか集まらなくなってたし、来ても終電までに帰ったりして、いっしょに夜明かしすることもなくなってた。ゼロくん、さみしかったのかもしれへん……」

ゼロは、アキやジョー兄がいるときは明るく楽しそうにふるまっていたが、いっしょに家に帰っていく二人を見送るときは、「さみしそうな顔で手をふってた」ともいう。そんなゼロを弟のように気にかけていたジョー兄は、ゼロにきびしい反面、ゼロのために職をさがして紹介したりもしていた。

「ゼロくんも、みんなにはげまされて働こうとしてたけど、これまでもずっと病気のことでクビになってきてたみたいやった。持病の発作をおさえる強い薬のせいで、仕事中もウトウトしたりボーッとしてしまったりするらしかった。事件の少しまえも、私の働いてる店に来てくれて、〝これからおれ、仕事の面接に行ってくる。がんばるわ！〟って、はりきって出ていったんやけど。帰ってきたときは〝結局、病気のことがバレてアカンかった〟って、がっくり落ちこんでた……」

ゼロは中学卒業後、就職した電気会社に工員として三年間勤めた。だが、その後はトビ職、パチンコ店の店員、ホストクラブの客引き、街頭のティッシュ配りなど、仕事を転々としていた。アキがはじめてゼロと会ったのも、ゼロがホストクラブの「黒服」として、橋のうえに立っていたころだった。アキは最初、黒服姿のゼロを嫌って、口もきかなかったという。しかしゼロ自身、「やっぱり、おれにはむいてへん」とその職も一か月たらずでやめていた。

そして事件当時、かつての橋の仲間のなかでゼロとT、つまり犯行現場にいた彼らだけが、定職を持っていなかった。

寄りそいあう孤独者

ゼロの「共犯者」とされたTとは、どんな青年だったのか。

Tのことは大介にもたずねたが、印象がきわめてうすかった。

「最近では、ゼロとよくいっしょにツルんでたみたいやけど。おれは、よう知らんねん。無口でつかみどころがなくて、いつもボーッとしてる感じやった」

アキもまた、「静かな人で、あんまりしゃべったことがなかった」という。

事件まえの一か月間、ゼロはほとんど毎日、Tとミナミで野宿する生活だったと報道では伝えられていた。

Tが逮捕された当時の新聞記事には、Tの経歴がわずかに報じられている。(〔 〕内は筆者注、×は伏せ字)

〈T〔原文本名〕容疑者について、××市の同容疑者の自宅周辺の主婦らは「おとなしそうな××ちゃんが、どうしてあんなひどいことを……」と一様に驚きの表情を見せていた。同容疑者は中学、高校時代は目立たない生徒で、非行に走る様子もなかったという。

地元の公立高校を卒業後、堺市内の会社に勤めていたが、今年の春〔事件の半年前〕に退職。定職につかず、深夜の繁華街を出歩くことが多くなった。父親との口論が絶えず、隣近所まで二人の罵声《ばせい》が届くこともあった。昨年十月に家を出て以降、ほとんど帰らなくなっていたらしい。

今年五月ごろから、事件現場の戎橋周辺で、T容疑者がS容疑者〔ゼロ〕と一緒にいるところがたびたび目撃されている。(中略)

T容疑者はこの一カ月間は、ほぼ毎日、大阪ミナミの繁華街で野宿していたという。友人はS容疑者しかおらず、カラオケをしていても、自分一人の世界に没頭するようなところがあったという。〉(日経新聞)
〈父親は昨年10月、タクシー運転中に交通事故で死亡。それと前後して、家に寄りつかなくなった。22日[逮捕の翌々日]は父の一周忌だった。〉(スポーツ紙)
父親が事故死した一年まえごろからミナミに来るようになったTは、その後、アキたちかつての仲間が橋から遠ざかっていくのと入れかわるように、橋で夜明かしする生活が頻繁《ひんぱん》になり、むしろ日常的になっていく。そんなTは、ゼロにとって、行き場のない自分といっしょに橋にとどまり孤独をうめてくれる「唯一の友人」になっていったのかもしれない。

ゼロのもうひとつの姿

戎橋に来て三日目、日曜の夜。アキたちの姿が消えた橋のうえに、今夜もまた新しい「橋の子」がやってくる。午後十一時の銅像下には、アキたちよりもずっと幼い雰囲気の男女が二十人ほど集まっていた。ほとんどが十代から二十歳すぎの若い子たちである。

「ゼロくんとは事件のまえの日も、ここで会ってた」という十九歳の少年は、九州から家出してミナミにやって来てまだ一か月たらずだった。

「ゼロくんには、世話になった。泊まるところを紹介してくれたり、おごってくれたり。だから警察にもゼロくんのことはいろいろ聞かれたけど……、ぼくにとっては、いい人やった」

ゼロはほかにも、新しく橋にやって来る若い子たちの面倒をよくみていたようだった。彼らがゼロのことを「やさしくて、おもしろい人やった」「相談相手になってくれた」というのは同じだったが、「ときどき、ホームレスのおっさんらをいじめてた」「カツアゲみたいなことをしていたらしい」、そんな声を幾人かから聞いた。野宿している人の体にものを投げつけたり、ジッポライターで段ボールに火をつけようとしたり、止めると「へーキや、へーキや」と笑ってつづけていたという。

ショックだった。それはゼロが、大介やアキ、かつての橋の仲間たちにはけっして見せたことのない、もうひとつの姿だった。

ゼロが藤本さんを襲う事件以前から「ホームレスいじめ」をくり返していたという新聞記事を、私も読んではいた。けれど、大介やアキたちに出会うなかで、それが何かの間違いであってほしいと、私はどこかで願いはじめていたのかもしれない。

「そんなことしてるゼロは一度も見たことない。けど、ゼロはおれのまえでは気ィはってたからな……。そういうとこは見せへんようにしてたのかもしれへん」と大介は語っていた。アキはさらに、かたくなに否定した。「最近、橋に来てるような若い子らはいいかげんやし、警察にビビらされたら平気でウソでもなんでもいうから。そんな話、あてにならん」。あとに私が話をきいたジョー兄は一言、「あいつにそんな度胸はない」と断言し、「あったらおれが先にゼロをボコボコにしてる」とつけ加えた。

けれど、ゼロのそんな姿を信じたくない、認めたくない思いが、大介やアキたちのなかにはあったのかもしれない。私には、この若い橋の子たちの話を聞きながら、それがすべて作り話だとは、やはりどうしても思えなかった。

いじめられっ子の弱者いじめ

茶髪にミニスカート、化粧した顔がまだあどけないユキコは十六歳。二か月まえから橋に来るようになったという。

「ゼロはよく私の相談にのってくれる、私のお兄ちゃんみたいな存在やった。私がゲンチャリ泥棒にうたがわれて、警察につれていかれたときも、私のこと心配して南署まで迎えにきてくれた。ゼロくんかて警察は苦手やのに、〝おれが引き取り人になれへんかな。ほんまにおれの妹みたいなやつなんや。お願いします〟って警察の人に一生けんめい頼んでくれた……」

私はユキコと深夜営業の喫茶店にはいり、ゆっくり話を聞くことにした。

「父親と合わない」というユキコは半年まえ、中学を卒業すると同時に神奈川の家を出て、大阪の美容学校に入学し学生寮にはいった。しかし、その直後、病気だった母親が急死。以来、無気力になり、学校もやめてしまった。それでも父親のもとには帰る気になれず、働きながら自分でミナミに部屋を借りてくらしはじめていた。

「ゼロには、家出してきた子を〝ユキコのとこに泊めたってくれへんか?〟って頼まれることもあった。いまは満員、私の部屋に三人泊まってる。でも、私もまえのバイト先に年齢《とし》がバレてクビになったから、家賃が払えなくなってきて……。いまなんとか働ける仕事をさがしてるところ」

十八歳と偽らなければ、なかなかバイトにも雇ってもらえないらしい。失業と同時に路頭にまよう「ホームレス」となるのは、ユキコも同じだった。彼女はメニューも見ず、オーダーも頼もうとしない。「水でいいです。お金ないから……」。お茶ぐらいおごらせてよ、というと、やっとコーヒーを注文した。途中で何度か、ユキコのポケベルがピーピーとなる。文字盤に浮かんだ数字は「８４２５１」。ハシニコイ——とい う仲間からのメッセージだった。橋の子たちのほとんどが、こうしたポケベルや携帯電話を持っていた。住所も本名も知らない仲間たちと、毎日これで連絡を取りあう。「匿名性」のなかでつきあう彼らのそんな関係は、やはり野宿する人びとの姿とどこか似ていた。

「事件のあとゼロが東京に逃げてたとき、ベルが鳴るたんびに『0』って出ないかなって、ずっとゼロからの連絡を待ってた。もし連絡がついたら、〝自首して〟っていいたかったから……」

ユキコもまた、ゼロの「ホームレスいじめ」を目撃したことがあった。ビルの下で寝ていた人をゼロが足でこづきはじめ、エスカレートしていく姿に、「やめときいや、かわいそうやんか！」と、体をひっぱって止めたという。

「そのときも事件のときも、ゼロがなんでそんなことしたんか、わからんけど。でもゼロは、ケンカやったら自分をおさえられるコやった。もしかしたらゼロは、からかってもホームレスの人がやり返してこないのが、よけい腹立ったんかもしれん。ゼロは、自分がずっといじめられてたことにたいして、腹立ってたから。そのとき何もいい返せへん、やり返せへんかった自分に、腹が立ってたんやと思う」

これまでのだれのどんな言葉より、ユキコのその言葉が、私のなかにストンと落ちた。

やり返せなかった自分への腹立ち——。弱いものが自分の弱さにいらだち、さらに弱いものを殴る。いじめられっ子だったゼロの「ホームレスいじめ」は、そんなゼロの「自分いじめ」であり「自傷行為」だったのか——。

置きのこしていったノート

橋のうえで夜を明かしながら、私はゼロがのこした影をさがすように街を歩いた。

詞を書くことが好きだったというゼロは、橋に集まるギター弾きたちに「いつか曲をつけて」と、いくつか自作の詞を預けていた。その一つがいま、彼らの手によって『僕らの街にかかる橋』という歌になって生まれていた。

〃人にあふれた　ゴミにあふれた街さ
だけど僕らが　生きている場所なんだ
きたない河が流れる　よごれた街だけど
僕のまわりの人の　やさしさが大好きだ
にぎやかな街にかかるこの橋は　大切な友達と出会える橋なんだ
よくにたイタミを心に抱えてる　そんな君達は誰にも負けやしない〃

この街をもりあげたい、夢をつかみたい、とゼロはよく仲間に語っていたという。けれど、ゼロのその〃夢〃のなかみを説明できるものはだれもいなかった。

約一年まえ、ゼロが一か月間だけ勤めていたというミナミのホストクラブには、彼が先輩に「読んでみてください」と預けたままになっていたバインダーノートに、十九曲の自作の詞が残されていた。

〃きらわれる事にビビッてる／少年の心のままでいたい……／大人になれない二十歳すぎの十五歳〃と、ゼロは自分自身の幼さを表現している。

〝おもしろくない人生はうんざりだ／もういやだ／心を真っ白けにして／ゼロからのスタートだ〟

ミナミに来るようになって、ゼロが自分から名のりはじめたその名には、「ゼロからすべてをやり直したい」という、彼の願いがこめられていた。そしてノートの最後のページには、ゼロが二十三歳の誕生日にかいた『今日からの僕の生き方』という詞がつづられていた。

〝23のたんじょう日じゃ／すこしおそすぎると思うけど／昨日までのあのデタラメな生活はもうやめにしよう／自分チュウシンに地球を　自分カッテにまわしていた／わかってる／わかってるんだ／このまじゃダメになるってこと〟

〝信じてよ／信じてほしい……／変わるから／変わりたいから／今日からの僕の生き方を〟

生き方を変え、ゼロからすべてをやり直したかったはずの彼が、その一年後になぜ、「殺人犯」として捕らえられてしまうことになったのか。ゼロのなかで克服できない何が起こり、ゼロはなぜ「ホームレス」を襲わねばならなかったのか。ゼロ自身のほんとうの〝声〟が聞きたかった。

「人間」の街・釜ケ崎

ダンボール百キロ七百円

橋の子たちと戎橋で夜を明かした三日間、一方で私は、藤本さんを知る人を探してミナミの街を歩きまわった。ネオンのともる繁華街の裏通りで、段ボールをつんだリヤカーを引いて歩く〃寄せ屋〃さんに、声をかけてみた。もしかしたら、藤本さんの仕事仲間に出会えるかもしれない。

けれど、黙って首を横にふり、行きすぎる人。「ワタシは何も知りません！　何もわかりません！」と、緊張してこたえる人。かかわりたくないという表情で足早に去っていく人……。藤本さんについて語る人は、なかった。

新聞報道によると、事件当夜、現場ちかくにいた野宿者仲間が藤本さんのことを、「麦わら帽子をかぶった、酒好きの気のいいおっちゃんやった」と、その人柄を語っている。しかし、藤本さんの本名や過去を知る人はいなかったという。

事件の二日後には、警察からの連絡で、藤本さんの七十六歳の兄が、大阪府警南署の霊安室におもむき、遺体をひきとった。行くえ不明だった十三歳年下の弟との、約三十年ぶりの再会だった。が、記者の取材には「年ごろの孫娘がいる。身内に宿なしがいたとわかると、結婚にさしつかえる」と、弟のことは話したがらなかったという。

事件への複雑な心境のなかで、私はそうした「被害者の遺族」をたずねる気持ちにはとてもなれず、また世間の非難にさらされているだろう「加害者の家族」に会いにでかけることも、できずにいた。

野宿生活を強いられている人の事情はさまざまだが、その多くは、かつては日雇い労働者として働き、労災事故や病気、不況や高齢化にともない失業に追いこまれた人たちである。その後の調べから、藤本さんもやはり、もと「日雇い労働者」だったことがわかった。以前は釜ヶ崎《かまがさき》の就労紹介の場「西成《にしなり》労働福祉センター」にも出入りし、仕事のあるときは日雇い労働をしながら、一日数千円をかせいでいた。しかし、二、三年まえから体がもたなくなり、道頓堀周辺で段ボールを集めて古紙回収業者におさめる〝寄せ屋〟をして生計を立てていた。野宿している人の多くがまた、そうした仕事で賃金を得て働いている「野宿労働者」でもある。しかし、集めた古紙を業者が買いとる相場は九五年当時で、段ボール一キロ当たり約六～八円(九七年現在では一キロ約四円)。一晩中かけて歩きまわり、台車に百キロ積んだとしても、七百円程度にしかならない。高齢で体が悪かったという藤本さんは、おそらくその半分も集められなかったのではないだろうか。釜ヶ崎の一泊千三百円からの簡易宿泊所(ドヤ)にも泊まれず、ミナミの繁華街で野宿しながら、飲食店などから出る残飯や生ゴミをさがして、飢えをしのいでいたのかもしれない。

藤本さんの遺品となった手押し車の把手《とって》には、わずかに水がはいったペットボトルが一本くくりつけられていたという。ほかに現場に残されていたのは、ゴザ、毛布、紐靴、帽子、「田中」とネームのはいった紺色の背広上下、文字盤のこわれた腕時計。そして中華料理の残飯の生ゴミ、空き缶などがはいったビニール袋と、少量の梅酒がはいったガラスびん、ふりかけパック、古新聞などがはいった段ボール箱……。それらがおそらく、藤本さんの命をつないでいた所持品のすべてだった。

かつて私は、藤本さんがいた日雇い労働者の街・釜ケ崎で半年間を暮らした。そのなかで、私が出会い、学び、体験したすべてのことが、「ホームレス」襲撃事件を追う現在の私につながっている。

そしてゼロと神戸のタツヤが私のなかで重なったように、藤本さんの「死」はそのまま、私が出会った多くの野宿の仲間たちの、たったいま脅かされている「命」の存在につながりつづけていた。

神戸〝校門圧殺事件〟の衝撃

「大阪の釜ヶ崎に来てみぃひんか？　会《お》うてほしい子たちがいるんや」

大阪で若者たちのフリースペースを主宰していた友人から、そんな電話をもらったのは一九九〇年の夏のことだった。「釜ヶ崎？」。日雇い労働者の集まる〝ドヤ街〟として知られるその街が、私ははじめ、大阪のどこにあるかも知らなかった。

「釜ヶ崎のなかに『こどもの里』っていう、子どもらの集まる遊び場があってな。すっごい素敵なとこなんや。ぜったい気にいると思うし、北村さんの書いた本や記事を読んで、そこの人らも会いたがってはるんや」

しかしその夏、私はかつてない深いスランプのなかで、どこに向かう気力ももてないまま、家に閉じこもっていた。

一九九〇年七月。兵庫県立神戸高塚高校で、登校しようとしていた十七歳の石田僚子さんが、教師の押した門扉にはさまれて死亡するという「校門圧殺事件」が起こった。

子どもたちの「いじめ自殺」があいついでいた一九八五年、二十三歳だった私は、編集者からフリー・ライターになり、〝女〟であり〝子ども〟である十代少女たちの「いま」を追って取材をはじめ、やがて一冊の本をまとめた。以来、知り合った女の子たちとミニコミやフリースペースの場をつくり、学校事件や子どもたちの状況を取材しながら、十代とかかわりつづけてきた。そうして五年目を迎えたその年の夏、私は高塚高校の事件の衝撃とともに、激しい無力感に襲われていた。このままでは「学校」に子どもたちが殺される——その危機感が、文字どおり現実となり、はっきりと具現化されてしまったのである。

校門のまえ、駆けこんでくる生徒たちを目前にカウントダウンしながら門扉を押したという高校教師。そして、血を流してたおれた石田僚子さんの体のうえを飛びこえ、試験におくれまいと教室にいそいだ生徒たち。さらに事件翌日の全校集会で、生徒たちにわびるどころか「きみたちがもう五分、早く学校に来ていたなら……」と語った校長の言葉。

けれど、なにより私がショックだったのは、そうした校長や門扉を押した教師、生徒の命を奪った学校にたいして、怒りの声をあげることもなく沈黙している生徒たちの静けさだった。

「ばかやろー、石田さんを殺したのはおまえらだろう！」

テレビニュースから流れる全校集会の映像のなかに、そんな叫びをあげる生徒は、だれ一人いなかった。たったいま自分のいる学校で、教師のおした門扉によって、石田僚子さんが血まみれになって亡くなった。もはや比喩ではなく現実に、目のまえで仲間の一人が、学校に殺されたのに。

怒りを怒りとして、痛みを痛みとして、あたりまえに感じ、それを表し、叫ぶ力。そんな人間としての

「生きる力」を、もはや子どもたちはここまで奪いつくされているのか。学校はすでにここまで子どもたちを追いこんでいたのか。身震いするような怒りと絶望を感じた。

けれど同時に、〝では、いったい私は、これまでなにをしてきたのか？〟――そんな問いが、くり返し私を襲った。たしかに門扉を押したのは、一人の教師だった。けれど、その門扉を押させ、石田さんを殺させてしまったものは、だれなのか。

それは私自身であり、その門扉を止めなかった、止めることのできなかった私たちだった。子どもたちの「個」の権利を奪い、日々、命を抹殺していく学校に子どもたちをゆだね、送りこみつづけてきたすべての大人、私たち自身だった。そして石田さんの「死」を氷山の一角として、いま高塚高校だけでなくあらゆる「門」の内側で、すでに多くの子どもたちの命が侵《おか》され、生きる力を奪われつづけている。

〝では、私はこれからどうするのか。いったい何ができるのか？〟――その新たな問いのまえで、私はうずくまったまま、動き出せず、あせりながらも無為に日々をすごしていた。

「まあ、とにかく、いっぺんおいでえや。それに釜に来たら、きっと元気が出ると思うで」

その釜ヶ崎の「こどもの里」が、どう素敵なところなのか、友人の電話だけではわからなかった。けれどスランプのなかで二か月がすぎようとしていた九月、父の十七回忌に京都の実家に帰省することになっていた私は、友人の言葉に誘われるまま、釜ヶ崎に足をのばしてみることにした。ちょうど二十八歳の誕生日を迎えたばかりの夏の終わりだった。

釜ヶ崎・こどもの里へ

東京の〝山谷《さんや》〟、横浜の〝寿　町《ことぶきちょう》〟とともに、日雇い労働者の「三大ドヤ街」のひとつに数えられる〝釜ヶ崎〟は、そのなかでも約二万人とも三万人ともいわれる日雇い労働者が生活する日本最大の「寄せ場」だった。

しかし、〝釜ヶ崎〟という地名は、地図にはない。大阪市西成区の一角、JR環状線の新今宮《しんいまみや》駅から南側のほぼ六百メートル四方一帯が、〝釜ヶ崎〟とよばれる街になる。そこを行政サイドでは「あいりん地区」という奇妙な名称でよんでもいる。

友人に聞いたとおり、まず新今宮駅を出て、通りを南へと歩いた。道の両側に林立するコンクリートのビジネスホテルふうの建物に、私ははじめ、それがすでに釜ヶ崎のドヤ(簡易宿泊所)の光景だとは、思いもよらなかった。私がめざす「こどもの里」は、そのドヤ街の中心部、西成警察署のすぐ南向かいにあった。

開放された玄関の扉から「こんにちはー」とそっと声をかける。と、奥の部屋から、よだれをたらした小さな男の子がヌーッと顔を出し、ポテトチップスの袋を手にニヤッと笑う。するとすぐに背後から、「こらっ、ロッキー！　また勝手におやつ取って！」と、長い髪を一つにたばねたジャージ姿の女性があらわれた。

ふと男の子の顔を見直してみると、たしかに痩せこけてはいるものの、映画「ロッキー」の主演俳優シルベスター・スタローンに似ている。玄関口で思わず吹きだしそうになっている私を見て、「あれ、北村さん？　いやー、よう来てくれはったね」と、あらためてにこやかに出迎えてくれたのが、子どもたちから「ネーはん」「デメキン」とよばれる「こどもの里」の指導員の荘保《しょうほ》共子《ともこ》さんだった。そして幼く見えたロッキーは、養護学校に通いながらそのあと毎日ここにやって来る十歳の「障害」児だった。

一九八〇年にカトリック系の民間団体によって設立された「こどもの里」(以下、里)は、釜ヶ崎の子どもたちのいわば「児童館兼学童保育」のような場だった。

三階建てのスペースには、一階に遊戯場になるホールと事務室、二階にはモンテッソーリの玩具やピアノ、図書などをおいた学習施設のほか、子どもたちがいっしょに食事をつくったり食べたりできるキッチンや、緊急避難時などのための宿泊室などもある。

けれど、けっして学童だけでなく、ここには赤ん坊や幼児、小・中・高校生や「障害」児、喫茶店やスーパーで働く十代、トビや大工として働いている二十代の青年まで、さまざまな子たちが集まり、幼いころからきょうだいのように過ごしながらともに成長していた。

夕方になると、里は学校や仕事先から帰ってくる子たちで二、三十人にもなり、一気ににぎやかさを増す。仕事帰りに「あー、今日はメチャしんどかったー」と作業着姿のままやってきたトビの若者に、「おかえりー!」と群がるように飛びついていく小学生たち。たちまち、大小いりまじってのプロレスごっこがはじまる。それを見ながら手をたたいて喜んでいるロッキー。そんなロッキーのお尻を突然むんずとつかんで、「あ、また、ションベンちびってるな!」とズボンを引きさげ、オムツを取りかえてやる中学生の男の子。二階では、机にならんで小さな子の算数の宿題をみている小学生の女の子。キッチンでは、みんなのオヤツを皿にわけて用意している女子高校生。それを「おやつできたでー」と下の子たちにはこんでやる青年——。

この空間そのものが、まるでひとつの「大家族」のような、雑多で健《すこ》やかなエネルギーにあふれていた。そしてだれもが、それぞれの個性と役割を発揮し、たがいを助けあい補いあい調和しながら、大きなひとつの「円」となって動いていた。そんな里の子どもたちはまた、見慣れないヨソモノの私をすぐに人なつっこい笑顔で迎えいれ、つぎつぎと遊びに誘った。

子どもたちは、口も悪いし、手もすぐ出る。でも、それは学校で起こる「体罰」や「いじめ」とはけっしてちがう。人のおやつに手を伸ばしたロッキーの手を、女子高生の純ちゃんがパシンとはたきながら、「このアホ、なんべんいうたらわかんねん!」と叱る。それを見ていた二十歳《はたち》のマモルがのんびりと、「まあ、そないにアホアホいうたんなやー」と、ロッキーの鼻水をティッシュでふいてやっている。「ちゃうねん。ロッキーはぜんぶわかってんねん。ほら、目がわろうてるやろー」と、こんどは共子さんが声をたてて笑いだすロッキーを抱きよせながらいう。そして、どなられても叱られても、終始ニコニコと笑ってみんなにちょっかいをかけにいくロッキーの姿は、たとえ言葉がしゃべれなくても、自分がどれほどみんなから愛されているかを全身で雄弁に物語っていた。

自分とは異なる「他者」の存在、さまざまな「個」の違いをありのままに認め、受け入れる力を、里の子どもたちは持っていた。そしてここには、いまの学校にはない、子どもたちが人間として生きていくためにもっとも大切な〝学び〟のすべてがあるように、私には思えた。

けれどそこを一歩出ると、「寄せ場」釜ヶ崎の、「家族」のない単身者の街、「女・子ども」の姿がみえない労働者の街、とよばれるにふさわしい風景がひろがる。

一日の仕事を終えて、労働者たちが街にもどってくる夕暮れ、ニッカ・ボッカや七分ズボンの作業着に地下足袋姿の男たちの群れが、通りにあふれる。道の両脇にあかりのともる屋台や飲み屋、ホルモン焼きのにおい。カップ酒の空きびんがころがる路上に、半裸で寝ている人、座りこんで酒盛りをはじめる人たち。ハーモニカで黒田節を吹く人、それにあわせて気持ちよさそうに舞い踊る人。

やがてパチンコ屋のまえではじまる酔っぱらいのケンカ。「まあ、まあ」と止めにはいる人、「やれ、やれ！」とはやしたてる野次馬。「立ち小便禁止」の貼り紙のあるガード下でわざわざ用を足す人。西成警察庁舎のまえで、「こら、おまえら、労働者をバカにしやがって！」と叫ぶ人の〝抗議演説〟……。

この街を「こわい」という人が一部にいる。けれど私には、その〝人間〟くさい街の匂いや光景が、なぜか無性になつかしく思えてならなかった。この街そのものが、さまざまな人の歴史や思いを無言で呑《の》みこむ、ひとつの「ふる里」のようにも、私には思えた。

しかし、あかりの消えた夜のドヤ街を歩くとき……、公園でたき火を燃やして夜を明かす人たち、ベンチでひとり毛布にくるまり眠る人、そして傷ついて倒れている動かない人の姿に、思わず寝息をたしかめ、胸をなでおろす。この街の労働者たちの朝の活気の一方で、仕事をなくすと同時に「家」をうしない、野宿生活に追いこまれていく人びとの現実があることを、私はあらためて思いしらされた。

子どもたちの夜まわり

過酷な日雇い労働のすえに、高齢・病弱・労災事故など、さまざまな事情で野宿を余儀なくされている人は、釜ヶ崎内だけで一日平均百五十人、大阪市内では多いときで二千人にもなるという。そして釜ヶ崎周辺の路上で、行き倒れとなって亡くなる人(行路死者)は、年間約百五十人、道端から瀕死《ひんし》の状態で病院にはこばれ亡くなった人(行路病死者)は、年間五百人以上にものぼる。

とくに寒さのきびしい年末年始は、日雇い仕事もなくなるうえに、出張先の飯場からもどってくる人で寄せ場のドヤも満杯になり、野宿するしかない人たちの凍死や行路病死があいつぐ。そんな冬のさなか、各地の寄せ場では、労働者を中心に野宿者を支援する人びとによって「越冬活動」がおこなわれ、炊き出しや深夜のパトロールが連日つづけられる。

釜ヶ崎では全国の寄せ場でも唯一、子どもたちが中心となった「子ども夜《よ》まわり」が、八七年からおこなわれている。「野宿するおっちゃんが一人も死なないで、いっしょに春をむかえたい」――そんな願いをこめて、一月から三月にかけての毎週土曜、里の子どもたちを中心に、日中からおにぎりやみそ汁、毛布やカイロを用意し、夜九時集合の学習会のあと、深夜十二時ごろまで、釜ヶ崎内や日本橋《にっぽんばし》、天王寺《てんのうじ》公園などで野宿する人のもとを、声をかけながらたずねてまわる。

「でも、私も昔は、おっちゃんらのこと、サベツしてたんや。道に寝ててうっとうしいとか、酔っぱらっててくさいとか、アオカン(野宿)するんはなまけてるからや、とか。でもな、夜まわりしたり、里の学習会でいろんなこと知っていくうちに、だんだんわかってきてん。野宿せなあかんのは、おっちゃんらが悪いんとちがう。おっちゃんらをそうさせてるもんのほうが、ぜったい悪いんやって」

当時、十七歳の女子高生だった里の純ちゃんは、そういった。

釜ヶ崎に住んでいても、それまで野宿する人を嫌悪したり、差別し攻撃する子どもたちも少なくなかったと、共子さんはいう。

「大人たちの夜まわりは釜ヶ崎でもずっとやってたけど、それまで子どもと回ることは考えてなかった。でも、八六年に大阪でも四天王寺のエアガン襲撃事件があったり、釜の子たちにもおじさんをおちょくったりしてる子がいてた。そこから、釜ヶ崎の子どもとおじさんたちがいっしょに過ごし、助けあっていけるための場をつくろうと運動をはじめて、それが子ども夜まわりのきっかけにもなった」

その「釜ヶ崎生活センター」を求める運動のなかで、共子さんらは八六年、「釜ヶ崎子ども実態調査」をおこなう。その結果、釜ヶ崎の子どもたちにも、釜ヶ崎地区外の子どもたちと変わらない、野宿者への根強い差別意識があることがあきらかになった。

約四〇パーセントの子たちが、野宿者に「汚い」「じゃまだ」「他に行ってほしい」と嫌悪感をいだき、さらにその五〇パーセント近くが、「野宿者をからかったり暴行したことがある」と答えていた。

「寝ているときにロケット花火を尻にめがけて飛ばした」「すべり台の上からオロナミンのびんを、下にいるおっちゃんにころがした」「道を聞いてきたので思いっきり殴った」「つばをかけた」「たたいた」「バカとかアホとか、コジキとかいった」……。

ところが一方で、全体の六〇・三パーセントの子どもたちが、「おじさんたちの仕事を知らない」「働く姿を見たことがない」と答えていることに、共子さんはまた愕然とする。

「つまり子どもたちは、おじさんたちのごく一面しか知らないということ。おじさんたちの働く姿、額に汗して仕事をしている労働者の姿を、見たことがない。それが、子どもたちが野宿者を差別する第一の理由になってるんやと、この調査でわかった。そして日雇い労働者がいやなんじゃなくて、仕事がなくて野宿してる人、酔っぱらってる状態の人がいやなんだと。でも、なぜおじさんらがお酒を飲むんか、なぜ野宿しているのか、昔どんな仕事をしてきて、なぜ失業したのか。それを子どもたちはまったく知らないし、知らされる場も機会ももってこなかった。〝なんで？〟って子どもらがたずねても、その答えは〝学校〟にはない。だからこそ、その機会をつくっていくのが、私ら大人の役目やと思った」

体験・学習・解放

子どもたちの、野宿者を「いやだ」という気持ちを否定するのではなく、その嫌悪感がどこから生まれているのか。野宿してるおじさん自身を汚いから、くさいからと、排除し差別するのか。それとも、おじさんがおかれている状況、野宿せざるをえない状況をいやだと思うのか。それを知識だけでなく体験をとおして理解し、実感とともに学んでいくことが「最大のポイント」だと、共子さんは考えた。

以来、里の子ども夜まわりは、つぎの三段階をくり返しおこなうことを基本につづけられてきた。

▼第一段階「体験」

「おっちゃんらが、いっぱい寝てはる」

寒いなか、実際に野宿しているおじさんとの出会いをとおし、ふれあい、話し、実感することで、日雇い労働者の現実や、野宿せざるをえない人の背景や生活を膚《はだ》で感じること。

▼第二段階「学習」

「なんで、こんなとこで寝てんの？」

野宿に追いこまれる現実が、なぜ生まれるのか。日雇い労働の実態や仕組みを知り、失業する要因などを理解すること。

・日雇いでは、どんな仕事をしているのか。

・なぜ、日雇いの仕事内容が、危険で、汚く、きらわれる(3き労働)といわれているのか。
・なぜ、アブレ(失業)るのか。
・病気やけが、高齢のため、働けないおじさんたちに、行政はどんな対策をとっているのか。
・まわりの大人たちは、なぜ、このおじさんたちを「浮浪者」というのか。
・おじさんたちが、自分たちで自分の命を守ろうとしているのに(越冬パトロール、炊き出しなどの活動)、なぜ、警察(国)は妨害するのか。
・この小さな釜ヶ崎の街のなかで、なぜ、年間百人ものおじさんが道ばたで死んでいくのか。
・病院は、なぜ、差別的な待遇と治療を、おじさんたちにするのか。
……など、学習会で学んだことを、実際に自分たちが夜まわりで体験したことと照らしあわせたうえで理解し、それぞれの意見や感想を出しあいながら、さらに学びを深めていく。

▼第三段階「解放」

「どないしたらええんやろう」

体験と学習をとおして、社会の偏見や差別に気づき、そこから自分自身が解き放たれて、ひとりの人間の生命の〝尊さ〟や〝権利〟を知っていく。そして、差別を見ぬく力を養い、「じゃあ、どうしたらええねん」「自分には何ができるやろう?」と考え、行動し、差別とたたかいながら生きていく。

参加したいと思う子どもは、たとえ幼児であってもその意思を尊重し、いっしょにまわる。そして、子どもらと夜まわりに歩けば歩くほど、子どもたちのまなざし、豊かな感受性から教えられ、学ばされるのは、いつも大人たちのほうだった。

はじめて夜まわりに参加した六歳の女の子は、その晩、自分が見聞きし〝体験〟したことを作文に書いた。


〝はじめてかまのぱとろおるにいきました。

たくさんのおっちゃんにほっかいろあげました。

みそしるもあげました。

だからおもしろかった。

はなしもいっぱいききました。

おにぎりも2こもちました。

しょーてんがいにもおっちゃんがいっぱいいました。

みそしるやふとんをおっちゃんにいっぱいあげました。かまのおっちゃんはかまにいっぱいいっぱいいました。（後略）〟


小学四年生の女の子は、〝学習会〟で学んだおじさんたちの仕事を夜まわりのなかで実感していく。

〝わたしは日本橋に行きました。おじさんは、ねていたり、ダンボールを集めたりする人がいました。ダンボールを集めているおじさんに、話を聞きました。そのおじさんは、ダンボールを集めながら、ドカタをしているおじさんで、はたらいて、もうけたお金を、見せてくれた。するとおじさんは、千円さつとかを見せてくれて、「千円あげるわー」と言いました。その時、私は、びっくりしました。とうとうもらいました。そのお金は、おにぎり代につかわれます。私は、よかったなーと思いました〟

夜まわりの体験と学習をへて、中二の女の子はさらに〝解放〟へとむかう。

〝私が夜回りに参加して、変わったことは、おっちゃんたちを見る目です。今までは、おっちゃんたちが朝はやくからセンターに仕事をさがしに行ってることや、土木工事や原子力発電所などで私たちのためにいろいろ働いてくれていることや、好きで道ばたに寝ているのでは、ないということや、とにかく学習会にいってていろんなことがわかりました。こわいと思っていたおっちゃんもしゃべってみれば、やさしく、かわいそうで、どうにかならないものかと考えました。もっともっとたくさんの人が、学習会、夜回りに参加して、もっとたくさんの人が見る目をかえてほしいと思いました〟

その〝差別を見ぬく目〟をもって、十六歳の働く少年は、現実社会への怒りとジレンマに葛藤する。

〝会社の人は、労働者のことを、浮浪者とゆう。そのとき、ぼくは、いつも、ピクピクとくる。いつも、ゆわれるたびに、浮浪者とちがう、よごれたかっこうをしてても、ダンボールとかカンを集めて仕事している、労働者やと、いつもゆうたろかと思うけど、社長とかだから、いつもがまんする。

いつも、釜ヶ崎のことをわかってほしいなーと思う〟

〝ちむぐるさ〟の共感

こうして毎年、変容し成長していく子どもたちの姿を見つめてきた共子さんはいう。

「これまで釜ヶ崎内の中学校でも、夜まわりに参加したり、人権教育に取りくんだりもしてきた。けど、一部の熱心な先生がいなくなれば、すぐに消えてしまう。継続してやりつづけることが、なかなかできない。でも、学校には毎年新しい子がはいってくるんやし、算数や国語を教えるように、毎年、毎回、くり返しやっていかなあかんことやと思う。それに、ひとつのことを徹底してやれば、人権の問題はかならず同じところにつながっていく。野宿者の問題も、在日外国人、障害者、被差別部落、アイヌや沖縄の人の問題すべてにつながっているし、そこに広げて話していくことが大切やと思う。でも、そのためにはまず、先生自身の意識と人権感覚を変えていかなあかんよね」

野宿のおじさんたちを、たんに〝かわいそう〟とみる同情や憐れみの意識ではなく、まるでわがことのように胸がしめつけられ心が痛む気持ち、〝肝苦《ちむぐる》さ〟という沖縄の言葉を、子どもたちはまた里の学習会のなかで学んでいた。その深い〝共感〟のなかで得た理解や心の変化を、さらに多くの子どもたちが毎回、多くの作文や感想のなかに残している。

〝私は、北回り（新今宮駅の北側・浪速区）に行きました。おにぎりや、カイロやたくさんもって行きました。駅についてから、おにぎりを、わたしました。ねているおっちゃんは、おこしたらかわいそうなので横に、おいてあげました。おっちゃんはなきそうな顔して「ありがとう」と言いました。もうふを、かぶせてあげました。はじめてだったので、はずかしかった。でも、おっちゃんがうれしそうな顔をしていたので、私もうれしくなった。犬をかっていたおっちゃんもいました。犬をかっていたおっちゃんは、たいへんだったなと思いました。いろんなたくさんのおっちゃんも、たいへんだなと思いました。私は、パトロールに行けて、よかったなと思いました。いろんなおっちゃんにあえたし、たのしかったです。今度もまた行きたいと思います。〟(小学四年・女子)

〝昨日、あたしは必死でおにぎりやらみそ汁やらをYちゃんと渡した。一人のおっちゃんが、「あんたぐらいの子がおるんや」とか言うてた。あたしはその言葉をきいて「家族の人に会いたいやろなあ」って思った。釜のおっちゃんらはみんな、子どもたちを見たら自分の子どもを思い出して話しかけたり、おかしくれたりするんねんやろうなって思った。〟(中学二年・女子)

〝ドヤが千五百円でたかくてとまれないからそとでねてると、いったおっちゃんがいた。こうこおのじてんしゃにのったふたりぐみが、おっちゃんのかおをいしころみたいなんでなぐってにげた。大人のおっさんにねてたらけられた。

中学生の五人組にねてたらあたまをけられた。

「たすけてくれ。もおーあかん」と、いった、病気のおっちゃんがいた。〟(小学三年・男子)

〝ぼくは、きのう、ねてるおっちゃんに石とか、ビンをなげるやつを見つけて、走っておいかけたけどにげられた。ぼくは、くやしかった、はらたった。だから、ねいちゃんが、夜中の三時にもう一度行くって、言うとったから、ぼくもいくことにした。そのけっか、にげたやつは、出てこえへんかった。はらがたったくやしかった。今度行く時は、ぜったいつかまえようと思った。〞（十六歳・男子）

五歳の男の子は、おぼえたばかりのたどたどしい文字でこうつづっている。

〝おっちゃんに　おにぎりあげた。
おっちゃんに　みそしるあげた。
おっちゃんに　こうこうせいがおおきないしをなげた。
おっちゃんが　いぬをかってた。
どんなおっちゃんが　おるかわからへんからいく。
びょうきしてるおっちゃんが　おるかわからへんからいきたい。〞

はじめて夜まわりに参加した六歳の女の子は、こんなつぶやきを残していた。

〝このおっちゃんら、かあちゃんから、生まれたんやろ。
なんで、こんなとこで、ねなあかんの？〞

そんな子どもたちの素直な感性にふれながら、野宿する「おっちゃんたちをそうさせているもの」の正体を、私はあらためて想った。釜ヶ崎の日雇い労働者の問題が、いまの日本の企業社会の構造を象徴する大きな問題であることにはまちがいない。けれど、私が釜ケ崎のなかで感じた〝野宿のおっちゃん〟たちの生き苦しさは、いまの学校・社会のなかで子どもたちが抱えている息苦しさとどこまでも重なり、その苦しみの根がいったいどんなふうにつながっているのか、それをまず私は確かめたかった。

寄せ場と学校の二重写し

釜ヶ崎の朝は早い。労働者たちは毎朝三時ごろから起き、「今日の仕事」を求めて、四時にシャッターのあく「西成労働福祉センター」にむかう。ひと足でも先に仕事にありつくために、まえの晩からシャッターのまえで野宿している人びとも多い。

日雇い労働の仕事は、公共職業安定所があっせんするのが〝原則〟になっている。だが、実際には、職安の紹介する日雇い仕事は圧倒的に少なく、こと釜ヶ崎ではまったくない。結局、雇用の大部分は「手配師」と呼ばれる暴力団関係者の「ヤミ雇用」に依存し、そのため労働者は賃金の大半を暴力団にピンハネされるうえに、労災時の保障もない不安定な雇用状況のなかで、条件や約束の反故《ほご》、賃金未払い、といった労働被害に日々さらされている。しかし、労働者たちは現実に仕事がない状況のなかでそこに頼るしかなく、警察や行政もまた暴力団の違法行為を黙認しているのが実情である。

釜ヶ崎を歩きながら、私はこの街の労働者の姿に、いまの子どもたちの状況が写しだされていくのを感じた。早朝、「センター」のまえで、「にいちゃん、仕事あんで、どないや?」と声をかける手配師たちは、瞬時に、労働者を必要な人間とそうでない人間とに選別していく。若く元気で役に立ちそうなものは、つぎつぎと車におしこみ、高齢者や体の弱ったものは、たとえ働きたい意思があっても、「あかん、おっさん、ヨボヨボやないか」と追いはらわれ排除されていく。たとえそれまで懸命に働いてきても、もはや役に立たないものとして切りすてられた人間は、仕事にアブレ(失業し)、ドヤ(宿)賃もなくなり、野宿を余儀なくされ、ますます困難な状況に追いこまれていく。

それは学校のなかで、学力や偏差値、教師の「評価」の基準によって、「不良」「落ちこぼれ」「不適応」として切りすてられた子どもたちが、この学歴社会のなかでさらに差別され落ちこぼされていく姿に似ていた。そして、人間の「価値」が数値によってはかられ序列化されるそのヒエラルキーのなかで、受験戦争の勝者を頂点に、多くの豊かな個性を持った子どもたちや〝おっちゃん〟たちが、人間としての尊厳を踏みにじられ権利を侵されつづけている。

釜ヶ崎のあちこちの電信柱には、西成警察に通じる〝監視カメラ〟十五機がそなえつけられていた。二十四時間、労働者の行動を管理し、「なにをしでかすかわからないもの」として取り締まろうとするその視線に、私はとっさに学校のなかの「教師」の目を思った。そして労働者を見張る西成警察は、監視カメラの下で白昼堂々とサイコロバクチを打つ暴力団の違法行為には見てみぬふりをし、瀕死の状態で倒れている野宿者を「450(ヨゴレ)」と暗号でよび、助けることなく放置し、救急車は重体の労働者を路上に置きざりにしていく。それが〝寄せ場〟の報道されない現実だった。「一般社会」ではおよそ許されない人権侵害が、学校という密室と同様、この釜ヶ崎の「治外法権」下では横行していた。

けれど、「おっちゃんたちをそうさせている」この社会システムの巨大な〝壁〟のまえで、打ちのめされ、思いあぐね、うずくまってしまうまえに、「なんでこんなとこで寝なあかんの?」という素朴な疑問から、「どんなおっちゃんがおるか、わからへんからいきたい」とむかっていく子どもたちの力についていきながら、私も彼らといっしょに歩き、釜ヶ崎のなかで体験し実感できるもののすべてを知りたいと思った。そして、なぜ私はこの街の〝人〟と〝匂い〟にこんなにも魅かれるのか、そんな自分自身をなにより確かめたかった。

約一週間の滞在のあと、私は里の子どもたちとその年の釜ヶ崎の「越冬」をともに過ごすことを決めて、いったん東京に戻った。そして、仕事を整理し、荷物をまとめていた矢先——突然、テレビから「釜ヶ崎暴動」の映像が飛びこんできた。たった数日まえ、自分が歩いていた街に炎が燃えあがり、労働者が西成警察に怒りの声をあげ、石を投げ、機動隊とぶつかりあう光景が映しだされていた。

〝暴動〟にかけつけた若者たち

一九九〇年十月二日。暴力団と癒着《ゆちゃく》する大阪府警西成署の「ワイロ事件」が発覚し、それに怒った労働者たちによって「九〇年・釜ヶ崎暴動」が起こった。同じその日、東西ドイツを分断していた〝ベルリンの壁〟が崩壊し、朽ちた壁のうえに仁王立ちになって拳《こぶし》をあげ、自由と解放を叫ぶドイツの若者たちの姿が、テレビニュースのトップを飾って報じられていた。そしてつづいて画面に現れた、経済大国ニッポンのドヤ街の「暴動」の映像に、戦慄《せんりつ》し、釜ヶ崎へとかけつけた多くの日本の少年少女たちがいた。

《なぜ、〝西成暴動〟にこんなにも多くの若者たちが集まるのか》

連日、マスコミはそんな問いをくり返していた。「釜ヶ崎暴動」に集まった少年の一人は、テレビカメラにむかってこう語っていた。

「おれ、はじめテレビでみたとき、また中国の天安門(八九年六月の天安門事件)かと思ったんだ。まさか日本だと思わなかった。だって機動隊がいっぱいでてきて、車や電車が燃えて、みんながワーッと石投げててさ。スゲーッて思って、ドキドキしてきて、なんか、おれも行きたいって、いてもたってもいられなくなって、ここに来てた。理由なんてよくわかんないけど、とにかくおれもいっしょに石を投げたかったんだ」

西成警察庁舎の壁にむかって、機動隊の楯にむかって、石をなげ、気炎をあげる画面のなかの彼らの姿をみながら、私の頭のなかでは、〝ブルーハーツ〟の『トレイン・トレイン』が鳴りひびいていた。

〝見えない自由が欲しくて/見えない銃を撃ちまくる/本当の声を聞かせておくれよ〟

わけのわからないいらだち、見えない息苦しさのなかで、彼らは何をもとめ、どこに石を投げているのか。ジュラルミンの楯のむこうに、いったい何を見て、どんな怒りをぶつけているのか。

興奮した声でさらに少年が語る。

「ヨボヨボのおっちゃんが、石いっぱい運んできてさ。〝おまえら、ワシのかわりに石投げてくれ〟っていうんだよね。〝ワシら、あそこまで、力とどかへんから〟って、どんどん持ってきてくれんの。おかしかったよ。ほら、防火訓練のバケツリレーみたいな感じでさ。流れ作業で、ほい、ハイ、ほい、ハイ、やったー、当たったー! って」

けれど彼らは明日、同じその手で、やり場をなくした石つぶてを〝ヨボヨボのおっちゃん〟たちにむけるかもしれない。

「ムシャクシャしてたから。なんか面白いことないかなって」

「汚いモノをそうじしただけ。大人はだれも叱らないと思った」

「ボキッて骨のおれる音をきいて、胸がスカッとした」

かつて横浜で、野宿していた労働者をつぎつぎと襲撃し惨殺した「浮浪者」殺傷事件の少年たちのように。見えない「敵」にむかって石を投げる彼らは、何をいま、叫んでいるのか。

ほんとうの「人間」に出会いたい。そして自分の「ほんとうの声」をたしかめたい。釜ヶ崎で石を投げる若者たちの姿に、そんな悲鳴を聞いた気がした。

そして、高塚高校の「門」のなかで、怒りの声もあげられなかった生徒たちの、従順な静けさを思い出すとき、自分たちを踏みにじるものへの怒りと痛みを、全身であらわし抗議するこの街の健全な「人間」らしさに、私は感嘆せずにはいられなかった。また、もしかしたら、この「暴動」に集まった無数の若者のなかに、門のなかで息を殺しつづけてきた生徒たち・子どもたちがいたかもしれない。

なぜこんなに魅かれるのか、わからない。とにかくいてもたってもいられなくて、ここに来た。そんな若者のように私も一九九〇年、この日本社会のなかで唯一、「暴動」の起こる〝人間の街〟、釜ケ崎にたどりついていた。

野宿の〝おっちゃん〟たちとの出会い

四日間の「暴動」の終焉《しゅうえん》とともに、若者が去り、マスコミも去り、釜ケ崎が「日常」に戻った一九九〇年十月末。焦げたタイヤの臭い、割れたガラス、暴動の残骸《ざんがい》が散らばる釜ケ崎にふたたび私がたどりついてから、その街で暮らした約半年間の日々は、私にとってかぎりなく密度の濃い「非日常」の連続のなかでめまぐるしく過ぎていった。

釜ヶ崎に来て二か月がすぎた十二月、私は釜ヶ崎内に小さな部屋《アパート》を借りた。釜ヶ崎のドヤは、どこをたずねても「女性お断り」。そのため、里の部屋をかりて寝泊まりさせてもらっていたのが、それまでずっと心苦しかった。釜ヶ崎で知りあった労働者の一人が「ええとこあったで」と紹介してくれた〝ナニワ荘〟の三畳一間の一室は、家賃一万六千円で、テレビ・冷蔵庫・フトン付き、トイレ・ガス・水道は共同。ほとんど月決め払いのドヤといった感じだった。

布団をしけばそれでいっぱいの、薄い壁一枚の部屋では、隣室の労働者の咳払いや寝息もよく聞こえた。顔をあわせなくても気配やもの音で、「あ、今日は遅かったんだな」「かぜひいたのかな」と、いつのまにか耳をすませて眠るくせがついた。

たった一度だけ言葉をかわした隣室の五十代くらいのおじさんは、いつも長期の出張が多かった。ある日、飯場から戻ってきた様子に、石けんを持って「こんにちは、こんど隣に越してきた北村です。よろしくお願いします」と入居のあいさつにいくと、黙って戸口に立ちつくしたままポカンとしていた。そんなあいさつにいく者は、ドヤ街にはめずらしいのかもしれない。けれど半日たってから、こんどはおじさんのほうからトントンと私の部屋をノックした。戸を開けると、おじさんは二切れのプロセスチーズを私に差しだしながら、ポソッと「タナカといいます……」とひとことだけいって、また自分の部屋に戻っていった。手のひらに残ったチーズをながめながら、いつまでも食べるのがもったいなかった。

土曜の夜、里の子どもたちと、夜まわりに歩いた。

厳冬の夜十時、シャッターのおりた商店街を、子どもたちがリヤカーをひいて歩く。荷台には約八十個のおにぎり、みそ汁、紙コップ、割り箸、カイロ、そしてポットが二つと、毛布の山が積まれている。大人のリーダーが各班に二、三人はついているが、あくまで子どもたちを〝主体〟として、大人たちは必要なときに手を貸せるよう背後で見守る。

「おっちゃん、体のぐあいはどうですか？」

路上で寝ている人のそばにしゃがんで、子どもたちがそっと声をかける。

「足がいとうて歩けへんのや……」、病状やけがを訴える人。「トビやったんやけど、建築現場の足場から落ちてな……、もう何年にもなるわ」、労災で働けなくなった経緯を語る人。「仕事さえあればなー。今月は仕事がなくて三日しか行けへんかった」と、日雇い労働者の被保険者手帳〝白手帳〟をみせながらアブレている状況を説明する人。それぞれの話に、子どもたちはじっと耳を傾けている。

「おっちゃん、おにぎり、どうですか？　おみそ汁も、あんで。あったかいやつ」

「おおきに……。ほなひとつ、もらおうか……」

ポケットのなかで温めていたおにぎりを、おじさんに差しだす子。あるいは紙コップに即席みそ汁をポットのお湯でとかし、こぼさないようにそーっと運びながら、おじさんに手わたす子。子どもたちは防寒着に身をくるんでいても、かならず手袋ははずす。寒さのなかでふるえているおじさんの手に、自分の素手を、直接ふれあわせる。

「あついから、気ィつけてな。はい、おはし」

「あー、おいしいわー。あったまるわー。ありがとう」

おじさんたちに笑顔で「ありがとう」といわれるたび、子どもたちは照れくさそうにはにかむ。その瞬間のために寒空の下を歩いてきたかのように、いつも、ほんとうにうれしそうな表情をする。

「ワシにもあんたくらいの息子がおったんや……」、会えない家族を思い出して語る人。「昔は炭鉱で働いてたんやけどなー。閉山になって、こっちに出稼ぎに来るようになってな。それから病気になったり、いろんなことがあってな……」、日本各地の工事現場で働きながら、故郷に仕送りしていたはずのその人が、どんな事情でいま野宿しているのかは、わからない。

「わしは山谷にも行っとってな。××の水族館、あれもわしがつくったんやで」

大阪万博、関西空港、関門トンネル、瀬戸大橋、そして美浜原発……。危険で過酷な日雇い労働をにないながら、日本の高度成長を底辺から支えてきた人たちの軌跡が、ときにポツリポツリと語られる。そして仕事の話をするとき、きまってどの人の顔もイキイキと輝いた。

「へー、すごいなー。おっちゃん、いろんなとこ行ってたんやなー」

「でな、あの水族館にはな、こーんなでっかいくじらがはいっとるんやぞ。知ってるか？」

「へー、知らん。けど、そんなおっきいくじら、どないして水族館に入れたん？」

「ハハ、それはわしも知らんわー」

子どもたちとの会話に、凍てついていたおじさんの顔もほころぶ。

「おっちゃん、ほなまた来るな。体に気をつけて、がんばってな」

そういってつぎの場所へとむかう子どもたちを、逆におじさんたちが、「寒いからな、かぜひかんときや」「気ィつけてなー」と案じながら手を振り、後ろ姿を見送る。

「私ら大人が行っても〝同情はいらん。ほっといてくれ！〟ってどなる人も、子どもらが〝おっちゃん、かぜひくよ〟〝これ、ボクらがつくってん〟っておにぎり渡すと、素直に〝おおきに、ありがとう〟って泣きながら、受け取ってくれはる。大人には溶かせへんもんを溶かす力を、子どもらは持ってるんよ。ほんまに子どもが主人公で、私ら大人の教師《せんせい》や」

そんな共子さんの言葉を、私はなんどとなく痛感させられた。

「なんで、あなたたちはそんなに優しいのですか……」と涙を流す人もいれば、たしかに、なかには「いらん！　帰れ！」と子どもたちをどなりつける人、文句をいいながら「金」をせびるような人もいた。しかし、そうした体験をふくめて「わたしはかまのおっちゃんがだいすき。こわない。やさしい、ええ人や。けど、いやなやつもいる」と作文にかく子どもたちは、自分にとって大切なものを、自分自身で見きわめ学びとる力もまた育《はぐ》くんでいた。

野宿者のなかには、毎週土曜に子どもたちがやってくるのを楽しみにして、逆にお菓子やおもちゃを用意して待っている人もいた。自分の生活もこんなに苦しいのに、ポケットからなけなしの百円玉や千円札を取りだして、子どもたちに〝こづかい〟を渡そうとする人までいた。

こんなこともあった。クリスマスまぢかのある夜、私が里でひとり留守番をしていると、突然ドンドンと激しく扉をたたく音がした。おそるおそる扉をあけると、年配の労働者がひとり、両手に紙袋をさげて立っていた。

「あの、これ、つまらないものですが、みなさんで食べてください！　いつも、みなさんにはお世話になって、ほんまにありがとうございます！」

いそいでそういうと、その人は紙袋を置いてすぐに走り去ってしまった。二つの紙袋をのぞくと、クッキーやチョコなどのお菓子がびっしりはいっていた。おそらく野宿生活者だったその人に、今日は仕事があったのか、それともパチンコで勝ったのか、どうやって買ったのかはわからないが……、とにかくそこには、名前もなのらなかった一人のおじさんから里の子どもたちへの、ありったけの感謝の贈り物《クリスマスプレゼント》がつめこまれていた。

道端に置きざられる命

しかし、その冬十二月までの二か月間にも、すでに六人の人が路上で亡くなっていた。深夜、雨のふりしきる公園のベンチで体をガタガタ震わせて、着のみきのままで横たわっていた人は、いくら「たき火のほうへ」と誘っても動かなかった。「ええんや、おおきに。ワシは、ずっとここにおるんや……」。そう応える人の力ない笑顔に向きあうとき、あるいは暗がりの道に点在する血のりのあとに、深い傷を負っているはずの「命」の行くえを想像するとき――〝私はいったいなにをしてるんやろう〟――何もかもがわからなくなってくる。

そして、夜まわりのなかで路上に寝る人びとと出会ったあと、屋根があり、布団のある部屋に戻る自分自身に――欺瞞《ぎまん》、偽善、憐れみ、自己満足――そんな言葉が頭をめぐっては眠れず、何度も外に飛び出していきたくなった。

さまざまな出会いと、そして別れがあった。

年末のある日、里にむかう途中で、西成警察のまえに救急車が止まっているのを見かけた。白衣の救急隊員三人に取り囲まれるように、地べたにおじさんがひとり座りこんでいる。気になって近づいてみると、救急隊員が「こんなとこで寝ててもしゃーないやろ！　オッサン、のるのか、のらんのか、はっきりせいや！」と、頭のうえからどなりつけている。これまで夜まわりのなかでも、何度となく出会った光景だった。救急隊員の野宿者へのぞんざいな口のきき方、差別的な対応、そしてかたくなに〝乗車拒否〟する野宿者たち。

救急車が去ったあと、ポツンと座りこんだままのおじさんのそばにしゃがみこんで、話を聞いた。かなり酔っている。タオルで口をおさえ、目のふちには一面、血のかたまりがこびりついている。聞き取りにくい声のなかで、「血タン、はいた……」と、おじさんはつぶやく。救急車は？　「イヤや」。病院いく？　「大《だい》中《ちゅう》は行きたぁない」。釜ヶ崎で〝悪名〟高い大和《だいわ》中央病院のことだった。路上に倒れていた野宿者の多くが、「あそこは労働者を人間あつかいせえへん」といやがった。たとえ救急患者として運ばれても、ろくな検査も治療もせずにふたたび路上にほうりだされる、あるいはモルモット扱いでクスリづけにされて「飼い殺し」にされる、そんな話ばかり聞いた。けれど救急隊員は、「釜ヶ崎《ここ》からやったら、大中か、杏林《きょうりん》記念病院しか、連れていけへんで」という。労働者にとっては、どちらも似たりよったりの病院だった。そして結局、「あんなとこ行くぐらいやったら、ここで青カンしてるほうがマシや」となる。

「おじさん、病院いくのに、〝白手帳〟かなんか持ってる？」

「いや、手帳はないけど、金が……。あれ……？　二万四千円、あったはずなんやけどなあ……」

あたふたとおじさんは、上着やズボンのポケットを、血だらけの指で探してはいるが、何も出てこない。酔っているところを、シノギ(路上強盗)に襲われたのかもしれない。襲うために、わざと親しげに近づいて酒を飲ませるシノギもいる。

「名前、なんていわはるの？」「あ……、タナカ……」

この人もタナカさんだった。〝匿名性〟の街、釜ヶ崎には、「田中」や「山田」と名乗る人が少なくない。お金も白手帳も身分証もない。荷物は小さなビニールのボストンバッグひとつ。話を聞くと、タナカさんは三日まえまで、大阪府下のH病院にいたのを〝自己退院〟して出てきてしまったらしい。H病院はとくに〝結核〟患者の治療で知られる病院だった。

とりあえず里から連絡を取ってもらい、野宿者のための民間社会福祉施設「三徳寮」へタナカさんを案内することにする。

まだ酔っている状態では、他の人の迷惑になるということで、タナカさんはすぐには入室できなかった。いっしょに玄関へ着いたとたん、はいってすぐの二畳ほどの待合室のようなスペースで、タナカさんはバッグをまくらにして長椅子に倒れるように横になってしまった。

「タナカさん、そしたら、酔いがさめたら係の人に、ちゃんと話してね。途中でまた飛びだしたらあかんよ。また道で倒れてたら、ほんまに死んでしまうよ。体、大事にしてね」

丸まって寝ているタナカさんの、ジャンパーの背中をさすりながら、声をかける。

「ありがとう、ありがとう」。血のこびりついた瞼《まぶた》の奥で、うつろな目をひらいて、タナカさんは体を起こし両手をあわせながら、くり返した。その「ありがとう」という言葉が、胸に突き刺さるように痛かった。

「どうか、よろしくお願いします」。職員の人にあとを頼むと、「はい、どうも、ごくろうさん。おっちゃん、元気になるといいね」という。親切そうな人の笑顔に少しホッとした。

けれど、里にもどる帰り道、いったいこれでどうなるのか、私はなにをしているのか、また何もかもがわからなくなってくる。もしもタナカさんが〝結核〟だったとしたら、あの施設にも長くはいられないだろう。

病院にはいっても、すぐまた釜ヶ崎の路上に戻ってきてしまうかもしれない。体も直したい、働きたい、けれど飲まずにいられない。その一人ひとりの思いのうちには、はかりしれないそれぞれの歴史があり孤独があり、他者には立ちいれない聖域もある。

いまの私にわかるのは、タナカさんにとって、とにかく今夜、一夜をしのげる場所が見つかったこと。ただそれだけだった。

警察官からの性差別事件

除夜の鐘にも〝紅白〟にも無縁の、釜ヶ崎での新年を迎えた一九九一年一月。年末からの越冬活動のなかで炊き出しや医療パトロールに参加しながら、一月二日、私は思わぬ事態に遭遇することになる。

その日、釜ヶ崎内外の野宿者たちを励まし、暴行から命を守るための〝人民パトロール〟の列にくわわった私は、里の子どもたちとともにミナミの繁華街へとむかって、釜ヶ崎の三角公園を出発した。

しかし、そのパトロールにたいして連日、四百人以上もの大阪府警・西成署の警官や機動隊員らが、歩く道の先ざきにジュラルミンの楯をならべて立ちはだかり、通行止めにした。さらに、そこを前進しようとする労働者を、機動隊が棍棒《こんぼう》や楯でつぎつぎと殴る蹴るといった暴行が目のまえでくりひろげられていた。かつて映像で見た「暴動」の場面がよみがえる。けれどなぜ、武器も防具も持たない素手の労働者たちの「野宿者へのパトロール」に、これだけの暴行がくわえられるのか。私には理解できなかった。

まるで警官たちは、釜ヶ崎の「人間」の群れが、釜ヶ崎の外の「社会」に踏みだし流れこんでいくことを恐れ、必死で阻止しようとしているように見えた。

地下鉄に乗り、さらに梅田《うめだ》の駅構内や地下街にはいると、こんどは機動隊にかわって多くの私服警官が、私たちのそばをぴったりとはりつくようについてくる。「一般社会」の通行人の目前では、釜ケ崎内でのようにおおっぴらに暴行をくわえることはなかったが、人通りのないところにくると、こづいたり嫌がらせの妨害をくり返してきた。

私は、シャッターのおりた梅田の地下街を、里の純ちゃんと手をつないで歩いていた。「早よ、歩け!」。突然、そういって純ちゃんの体を押してきた一人の私服警官に「さわらんといてよ!」と純ちゃんが叫び、「なにすんの!」と私も声を上げた。すると周囲にいた警官七、八人が、「もっとさわったれ、さわったれ」「なんや、このブス!」といっせいにはやしたて、私たちを取りかこむようにして笑った。そして一人の若い私服警官が、私たちにむかってこう叫んだ。

「おまえら、オッサンらに、やらせてんのやろ! 公衆便所!」

一瞬、耳をうたがった。「なに?」。

「コウシュウベンジョ!」

はっきりとくり返し、あざ笑うその警官の顔を、私はとっさに持っていたカメラで写そうと身構えた。「なに写してんねん、こら」。近づいてくるその顔に、指がふるえ、足がすくみ、全身が怒りと恐怖でこわばった。強い力でカメラをつかまれたそのとき、後ろを歩いていた仲間の支援者の女性が、なにか大声で叫んで、まえの列にいたほかの仲間に呼びかけてくれた。「なんや、どないしたんや」。振りかえって集まってくる仲間たちの姿に、その警官はあわててその場から逃げだし、階段の途中で労働者の一人を背中から蹴り落として走り去った。

〝許せない……〟。その夜、釜ヶ崎にもどった私は、やり場のない怒りと悔しさのなかで、純ちゃんといっしょに、生まれてはじめて抗議の「ビラ」を書いた。

あの警官たちが踏みにじったものは、「私」自身や、私たちの「女」性だけではない。夜まわりをつづけてきた純ちゃんら里の子どもたちの〝おっちゃん〟たちへの思い、さらに、路上で懸命に生きている〝おっちゃん〟たちの思いと、私たちの出会い、そのすべてを侵し、はずかしめ、踏みにじった。

もしも私たちが、釜ヶ崎の「オッサン」らとともに歩く女でなかったら、たんに梅田の街でショッピングから帰る若い女性の二人連れだったなら、彼らは「市民」の安全を守る「公僕」として、「親切なおまわりさん」にさえなったかもしれない。

しかし、同じ「人間」であるにもかかわらず、野宿者を「ヨゴレ」として見る彼らの意識は、その野宿者の側に立とうとする女性をまた「公衆便所」として蔑視した。「日雇い労働者」「野宿者」という属性への差別視のなかでおこった、さらに「女性」という属性への攻撃と差別。あらためて私は思い知った。「人間あつかいされない」といった野宿者の言葉、その属性や身なり、社会的地位や職業、住居や身分の保証の有無によって、いつ私たちは「人間」としてのすべての権利を剝奪《はくだつ》され、尊厳を踏みにじられ、そして攻撃されるやもしれないことを。

また帰ってといでよ！

一枚の抗議ビラから端を発して、翌日の一月三日、西成警察署まえで突発的な抗議行動がわき起こった。前夜の私服警官の一人をみつけた仲間たちが、謝罪をもとめて追及したところ、警官は西成警察庁舎内に逃げこみ、扉を閉ざした。「出てきて謝れ！」「きのうの行為について説明しろ！」。さらに謝罪をもとめる私たち三十数人の声にたいして、西成署がこたえてきたものは、約三百人の機動隊による暴力だった。

「なんや、これは?!」「話しあいたいだけやのに、なんで機動隊が出てくるんや！」

目のまえで、機動隊の楯にメッタ打ちにされて救急車で運ばれた労働者。数人がかりで体を押さえつけられメガネを割られ、西成署内に引きずりこまれた少年。そして梅田の地下で私と純ちゃんを助けてくれた仲間の女性は、機動隊の指揮官から指揮棒で後頭部を打たれ、全治一週間の傷を負った。

さらに、最前列で、楯にくらいつき「殴らんといて！」と叫ぶ私や純ちゃんの顔を、〝公衆便所〟といいはなった側の警官たちが、何度もライトで照らしだし、笑いながらシャッターを切った。

その「二重の暴力」による排除から、私は釜ヶ崎の仲間たちと「警察の性暴力・差別発言を許さへん会」をつくり、大阪府警と西成署にたいして抗議申し入れをしていくことを決めた。しかし、仲間の存在や里の子どもたちの支えの一方で、さらなる攻撃や非難をあびることにもなった。

「たかが女性差別やないか」「公衆便所といわれて、そんなにくやしいんか。つまらんプライドや」といった活動家。そして「警察だけやなくて、釜ヶ崎の男だって女性差別してるやないか」という女性からの批判。また、会として私たちが出した抗議ビラそのものが、女性差別的だと糾弾されもした。

もちろん、釜ヶ崎のなかでも「女性」として差別されることは何度もあった。通りすがりの労働者からヒワイな言葉を投げつけられたり、すれちがいざまにツバを吐きかけられたり、やたらと体にふれてこようとする酔っぱらいもいた。けれどそんなとき、「黙ってたらあかん。怒らなあかん！」と私に身をもって教えてくれたのは、だれより釜ヶ崎で生きてきた里の女の子たちや女性たちでもあった。「いい人もいれば、いやなやつもいる」。それを見きわめる目を彼女たちから学んだように、たとえ相手が警官であっても労働者であっても、自分の尊厳を侵すものにたいして、自分を守り抗議していくこと、そしてはじめて他者の痛みや怒りにもつながりあえることを、私はなによりこの街で学ばされた。

抗議行動の過程で一度だけ、すべてを投げ出したくなって、釜ヶ崎の夜道をぬけて、タクシーの走る大通りをながめていたことがあった。どこにも居場所がなく、逃げ場もなかった。ぼんやり車のライトをながめながら立っている私の足元で、道端にうずくまっていたおじさんが顔を上げて、ふと何かつぶやいた。「えっ?」と思わず、しゃがんでその人の口元に耳をよせると、「ねえちゃん。かぜ、ひきなや」と、ひとこといった。

その夜、暗いアパートの部屋に戻って、私はひとり声を上げて泣いた。まだ私は、ここにいてもいい。そう許された気がした。

沈んでベンチに座っていた三角公園で、何も問わず、何も語らず、ひとこと「食べるか?」とミカンを差しだしてくれたおじさん。顔をみれば「キタムラ、元気かー?」と、遊びに誘ってくれた里の子どもたち。いちばん力ない、その〝野宿のおっちゃん〟たちと子どもたちが、どんな属性からも自由な一個の「人間」として私をあつかい、ありのままを受け入れてくれた。

三月末、ようやく大阪府警と西成警察署への抗議申し入れをはたした結果、大阪府警は「調査したところ、そうした事実は認められなかった」と否定し、西成警察副署長は私のまえで「夢でも見ていたんでしょう」と返答した。けれど〝負けいくさ〟だとは思いたくなかった。その過程のなかで、私がえた仲間との出会いと絆《きずな》は、はじめて私にとって〝たたかう〟ということの意味を明確にしてくれた。

「私、運動っていうのは、つながっていくことやと思うねん」

そのときの共子さんのことばが、いまも私のなかに生きつづけている。

「あんたは書かなあかん。伝えなあかん。それがあんたの役割やろ」

そういってふたたび私の背中を押してくれた仲間にまた、つぎの一歩を踏みだす力をもらった。

半年間の生活を経て、釜ヶ崎から東京にもどる五月一日の朝、去りがたい思いのなかで、私は釜ヶ崎の街を歩きまわった。三角公園で、一人の野宿のおじさんが「よー、ねえちゃん、今日は、ええ天気のメーデーやな。またいっしょに、デモ行こか?」と、声をかける。「今日は行けへんねん」、そう答えると、「そうかー、残念やなー、ほなまたなー」と笑って手を振った。

純ちゃんが別れぎわにくれた手紙を、帰りの電車のなかで読んだ。三枚の便せんの最後に、こう書かれていた。――〝北村、『ありがとう』。また帰っても、帰っといでよ!〟

そうして釜ヶ崎は、もうひとつの私の「里」になった。

東京に戻って、私は翌年の二月、子どもを産んだ。

この時代の、いまの社会に、命を生みだすことが、罪悪のように私はずっと思っていた。そしてまた自分自身が親になる自信を持てずにいた。けれど――こんな私でも母親になってもいいのかもしれない。子どもに育てられ、学ばされながら、いっしょに成長し、この時代を歩いていけばいいのかもしれない。

里の子どもたちに学ばされ導かれながら、私のなかに生まれた新しい力、そして釜ヶ崎でのすべての出会いと体験をくぐりぬけてはじめて産まれでた、新しい命だった。

路上に生きた命

見過ごされた三度のチャンス

ミナミで藤本さんを知る人には出会えないまま、私は戎橋の近くで飲み屋を経営する年配の女性《ママ》と知りあった。彼女は事件後、藤本さんのために現場に花をそなえ、戎橋をとおるたびに手をあわせてきたという。

「同じミナミにいて、毎日、私も橋をとおってたのに……、ほんま、なさけないわ。もし事件の朝、私がその場にいてたら、〝こらっ、あんた何してんの、やめなさい!〟いうて、若い子の背中ひっぱって止めてたと思う。だれか一人でも、止める人がおらんかったんか。そう思うとほんま、くやしいわ……」

事件当時、現場にいあわせた人びとに〝藤本さんを救うチャンスが三度はあった〟ことについて、毎日新聞社会部の相原洋記者は、十一月二日付けの署名記事「記者の目」のなかでこう指摘している。

〈まず、台車の上で寝ていた藤本さんが橋の中央まで運ばれるまで〉〈次は台車を止めて、二人が男性を持ち上げた時〉〈最後は藤本さんが川に落とされてから〉。

藤本さんが川に落とされたころには、通行人は三十人近くにも増え、大半の人が欄干ごしに川をのぞきこんでいたという。しかし、二人の若者が逃げるまでの約十分間に、救助に飛びこんだり、若者たちを取りおさえるものはだれもいなかった。

〈橋上から川面までは六メートル。水は冷たい。水深は三メートルほどだが、底はヘドロだ。取り押さえるといっても、相手はいかにも腕力がありそうだ。相当の勇気が必要だったろう。だが私は、勇気が出なかった一番の理由は、ホームレスの人に対する差別意識だと思っている。目撃者の一人は私にこう漏らした。「心の内では助けなあかんと思った。普通の人やったら、すぐ近くにいた人たちと協力したと思う。でも、落とされたのは、野宿の人やった」〉

それがおそらく周囲の人びとの意識にあった〝正直〟なところではないだろうか。そしてその「ホームレス蔑視」のなかで、救われえたはずの命さえ、絶たれてしまった。

飲み屋のママは、さらに私にこう語った。

「けどな、こんなことがなかったら、たぶん藤本さんはだれにも知られることなく、行き倒れのかたちで人生の最期《さいご》をむかえはったかもしれへん。そう思うと、こうやって、みんなに知ってもらって、こんなにたくさんの人に祈ってもらって、もしかしたら藤本さんもしあわせやったかもしれへんな……」

そうだろうか。たしかに私自身、藤本さんが、そこで「殺されて」亡くなったのでなければ、その名前も存在も知ることなく、いまこうしてたずねてまわることもなかっただろう。けれど、生きているときにも存在を否定され、死んでなお命を軽んじられていく無数の野宿者の怒りも、無念さも、「殺される」ことでしか気づかれえないのだとしたら、あまりにも悔しく哀しい。藤本さんが、こんな「死」をもってでしか出会えなかった〝野宿の仲間〟のひとりだったからこそ、なおさら私はこのまま冥福を祈るだけで藤本さんの命を見送ってしまいたくなかった。

こんなかたちでしか気づかれることなく、終止符をうたれてしまった藤本さんの六十三年の人生とは、いったいなんだったのか。日雇い労働者として働き、その瞬間まで路上で懸命に生きてきたはずの藤本さんの軌跡をたどって、私は戎橋からあらためて釜ケ崎へと向かった。

祭壇に置かれたノート

五年まえに半年間をすごした釜ケ崎の街を、私は一年半ぶりにおとずれた。

釜ケ崎の労働者たちは、バブル崩壊後の深刻な不況のなかで、仕事にアブレる人たちが増えつづけていた。阪神・淡路大震災の直後、神戸を中心とする建設ラッシュのなかで一時的に仕事が増えたが、震災半年後にはふたたび仕事も激減。とくに五十歳以上の高齢者は敬遠され、仕事にありつけないまま野宿するほかなくなる。その数は現在、釜ヶ崎地区だけで千人をこえるという。

そんな釜ケ崎の高齢日雇い労働者が、昼間の寄りあいの場としている民間福祉施設「ふるさとの家」をたずね、日雇い労働者の支援活動をつづけてきた本田哲郎神父に話を聞いた。

事件の翌日、本田神父らは釜ヶ崎の労働者や支援者とともに戎橋の現場に祭壇を設け、藤本さんの冥福を祈る追悼集会をひらいた。

「追悼集会には、釜ケ崎からも約百人の仲間が集まって冥福を祈り、通行人にビラを配ったりハンドマイクでアピールしたりしながら、野宿労働者の状況を訴えたりもしました。こんな事件がなぜ起こってしまったのか、藤本さんの死を無駄にしないためにも、ひとりでも多くの人たちに考えてもらいたいと思いました」

追悼集会では、通行人のサラリーマンやOL、若者らも線香や花をそなえて手をあわせ、祭壇に置かれたノートには、四日間で五百四十九名が記帳したという。

ノートにつづられた声は、その大半が〝犯人の若者〟への憤りの言葉でしめられていた。

「弱いもんいじめするなんて許せない！」「地球よりも重たいといわれた一つの命。ごみとちゃうで！」「今時の若いもん〝何を考えてんや〟」「ひとのいのちをもっとたいせつにしろ。このばに来てあやまれ。ゆるさん」

教師や大人の立場から事態を憂える声もつづく。

「なんてひどい！　胸がつまる。教育者の一人としてこのような若者にしてしまって恥ずかしい」「人の生命をどう思っているのですか。犯人の人たちへ。あのおじさんにももしかしたら若い頃はあなたたちと同じように楽しくくらしていたかもしれないということを考えなかったのか。おじさんはみんなの〝先輩〟なのに。こんなひどい事は二度としないでほしい」

しかし、藤本さんを悼《いた》む言葉のなかに、みずからを省《かえり》みる若者の姿もあった。

「僕達はいつも段ボール一つ大事に扱っていませんでした。こんな形でしか、命や物の大切さを理解することのできないことに、悲しみの念に耐えません。どうか、貴男の魂が安らかに眠れますよう……」「貴方のことは全く存じませんが、同じ大阪に住む若者がしたことに対して、ごめんなさいと伝えたいです」

また、わずかに〝橋の子〟の声があった。

「死んだ人もかわいそうかもしれないけど、こんなにひどく見せつけなくてもいいと思う。Tくんたちのこともかんがえるべきだとおもう。死んだ人はもうもどってこないけどTくんたちは罪をつぐなってかえってくるからこんなにひどくしなくていいとおもう」

そして、事件の背景にある〝藤本さんを殺したもの〟へのもうひとつの怒り。

「警察は目と鼻の先にいながらなぜ救えなかったのか」「大阪市はこの事件に対してどう考えてるのか、市民をないがしろにした市政のしわよせがこの事件にも来てると思う。APEC（注・アジア太平洋経済協力会議）も大事だろうが、もっと市民、労働者のことを考えるべき！」

野宿者ら社会的弱者の生活保障を切り捨て、地域からも福祉対策からも排除してきた「殺人行政」とよばれる大阪府・市行政にたいする抗議の声だった。

野宿者の命より迎賓館

事件当時、大阪市と大阪府警は、APEC大阪会議（十一月十六日〜十九日開催）を一か月後にひかえ、警察官二万五千人を動員しての警備強化とともに、街の〝美観〟を守るための「ホームレス対策」に奔走していた。なかでも、会場となる大阪迎賓館のある大阪城公園では、「段ボールなどのゴミが多くなり、国際会議の舞台にふさわしくない」（大阪市）、「警備上、問題がある」（大阪府警）として、公園内で段ボールハウスやテントをたてて暮らしていた六十人以上の野宿者に「立ち退き」を説得。しかし最終的には、彼らの「家」を処分するなど、事実上の排除をおしすすめていた。

この問題にも抗議してきた本田神父は、事件の背景をこう語った。

「戎橋で殺された藤本さんが、なぜそこで野宿していなければならなかったかを、まず考えてもらいたい。市や警察が、これまで〝クリーン作戦〟と称して、野宿者を公園や駅から追いだしてきたことが、今回の事件の背景にあります。行き場をなくし、安心して眠れる場所もなく、追いやられるように、繁華街などの人の多い危険な場所で野宿せざるをえない人たちがふえています。またそんななかで、高齢で体が弱っていた藤本さんが、段ボールを少しでも多く集めるためには、古紙のよく出る繁華街のちかくで野宿するしかなかったのでしょう」

藤本さんはなにもすき好んで、ミナミの繁華街に寝ていたわけではない。命の危険にさらされながらも、そうするほかに、生きるための手立てもすべもなかったのだ。

本田神父らは、これまでも野宿労働者の就労保障を求めて、大阪府・市行政にたいし、雇用のための公共事業の発注を要望する交渉をつづけてきた。その結果、大阪市は九五年四月から、休日・祝日をのぞく毎日、釜ヶ崎内の路地清掃のために一日十人の日雇い労働者を日給五千七百円で募集するようになった。しかし、仕事を待つ五十五歳以上の登録者は約八百人。せいぜい二か月に一度しか仕事の順番は回ってこない。

「大阪市が、大阪迎賓館の整備にかけた費用は、十二億円。それにたいして、野宿労働者への就労対策費は、三か月間でわずか千九百万円です。行政が最低限、生活保護法で決まっていることをやり、就労の機会を保障すれば、いま野宿している人の三分の二は、野宿せずにすんでいるでしょう」

現在、大阪市内の野宿生活者は推定四千人ともいわれ、九四年度には年間約二百五十人もの人びとが行路病死者として亡くなった。そしてその人たちの「命の重さ」は、いまも新聞の片すみにのることもない。

若者によって奪われた一人の野宿者の命に、これだけ多くの人が嘆き、その死を悼んだ。しかし、大阪市行政が市民の税金から、四日間の会議に投じた十二億円もの莫大な金額のたとえ何割かでも、野宿者の生活再建の援助のために費やしたなら、二百五十人の路上の命がどれだけ奪われずにすんだことだろう。

事件から二週間後の十一月初旬、私が大阪を訪れたときには、戎橋のうえにも、野宿者の姿はまったくなかった。かわりに街のあちこちに、制服姿の警官や装甲車《カマボコ》がならんでいた。APEC直前の戒厳体制と新たな〝クリーン作戦〟のなかで、おそらくミナミの野宿者たちもさらに居場所を追われ、どこかに姿を消していたにちがいない。

フジとは三十年来の知りあいや

「ふるさとの家」の一階談話室では、「こどもの里」で成長した二十四歳のマーコが、カウンターで労働者たちにコーヒーを入れたり話し相手になったりしながら、いそがしく働いていた。私は釜ケ崎をたずねるたびに、マーコの顔を見たいがために高齢者専用のこの部屋をそーっとのぞいた。

「おう、キタムラ、ひさしぶりやな」

あいかわらずの挨拶で迎えてくれたマーコは、私の取材を知ると、「たしか、藤本さんを知ってるって人が、ひとりおったで。いまちょうど、二階にいてるはずやわ」という。驚いて、私はさっそくマーコに案内してもらい、二階のガスコンロを借りてインスタント・ラーメンをつくって食べていたその人、Hさんに会うことができた。

「フジのこと？　あいつとは三十年まえからの知りあいやった……」

Hさんはそういって、ラーメンをすする箸をとめながら、ポツリポツリと藤本さんのことを語ってくれた。

「フジが死んだ夜……、あいつのことを思いながら一晩中、おれも戎橋で夜を明かしてた」

やはり〝寄せ屋〟をしながら生活しているという小柄なHさんは、藤本さんより五歳年下の五十八歳だった。日雇いの仕事仲間だった二人が、とくに親しくなったのは、一九七〇年の万国博覧会後の仕事がきっかけだったという。

「〝万博のバラシ（解体）の仕事があるから来るか？〟って、おれが最初、フジを誘ったんや。あいつとは、スッといえばカッという仲やった。飯場に泊まりこんで、半年ちかくもいっしょに寝起きしてたからな。あいつとは何をするのも、いっしょやった。あのころは、おれもフジもバリバリでなー。明日はどこバラそうって、毎日、現場の話ばっかりしてたわ」

働き盛りの当時のことを語るとき、Hさんの声ははずみ、ラーメンの丼が揺れ、汁がこぼれそうになった。

「けど……、二人で、表と裏に別れて板をバラしてたとき、あいつ、はずみで足を板にはさんでケガしてしもたんや。千里《せんり》の山んなかで、救急車なんてきてくれへんし、いそいで会社の車で医者につれていったんやけど、スジが切れててな、足の神経があかんようになってしもた。それからフジは足をちょっと引きずるようになってな……。あんまり現場の仕事には行けんようになった。行っても、現場のはき掃除の日雇い仕事で、土方の半分ぐらいの金にしかならんかった……」

Hさんはその後、病院に入院した藤本さんを案じて、「出張から返ってくると、毎日、フジのとこ行ってた」と、見舞いに通ったりしていたという。が、ある日、藤本さんはいつのまにか退院したあと、そのまま行くえがわからなくなってしまった。

「西区の飯場にいると風の便りに聞いて、あちこち探しにいったけど、そのときは見つからんかった。仲間に迷惑かけたくないと思ってたんやろな……。それが、十五年ほどまえ、ナンバでバッタリおうたんや。おれがリヤカー引いてるときに、むこうから歩いてくるフジを見つけてな。そら、うれしかった。〝おー、フジ、生きてたんか！ 大阪にいるとわかれば安心や！〟って、ホッとした」

当時、Hさんも野宿生活のようだったが、深くは私も聞かなかった。藤本さんと再会したあとHさんは、仕事でお金がはいると、食事やお酒をおごったり、ひとつの食べものを分けあったりしたという。「ミナミの飲み屋にも、よう連れていったった。フジはおれの顔見ると、いつも〝金ヅルがきた！〟っていうて喜んどったわ」と、Hさんは得意げに語った。

「気がやさしくて、おとなしいやつやった」という藤本さんは、年下のHさんを「兄《あに》イ」と呼び、そんな藤本さんをHさんは何かとほうっておけなかった様子だった。二人はよくいっしょに、釜ヶ崎の炊き出しの列にもならび、「ふるさとの家」にも来ていたという。

「フジは、ここで本田神父さんにも、よう頭の毛、刈ってもろてたんや。ニコニコうれしそうにしとったわ」

毎日、多くの野宿者と接している本田神父にとって、そのだれが藤本さんだったかは、わからない。そして、もしかしたら私も、釜ケ崎のどこかで藤本さんとすれちがっていたのかもしれなかった。

藤本さんはどんな人だったのですか、とたずねると、「そうやなー、動物にたとえたら、猫やな」と、Hさんは笑った。

「甘えん坊で、すごいさみしがり屋やった。でもある日、突然ふっといなくなったりな……。酒飲んで、故郷《くに》の話をすると、姉さんのこと話しながら、よう泣いとった……」

それ以上、Hさんは藤本さんの過去や家族についてはふれず、私もたずねなかった。

野宿しながらの暮らしをする人たちには、自分の過去や本名を話したがらない人が多い。語りはじめた自分の経歴を、少し脚色したり誇張したりして話すこともある。でも、それはけっして野宿する人にかぎらないことだろう。その人生が困難なものであればあるほど、だれのなかにも隠しておきたい過去や体験はある。

ラーメンも食べおえ、「ふるさとの家」を出て、路上に置いてあった自分のリヤカーを引っぱってきたHさんは、からっぽの荷台に腰かけていった。

「これいっぱいに段ボールつんだとしても、百キロで七百円くらいや。いまはナンバ、心斎橋あたりまで行っても、どこもリヤカーだらけで段ボールなんてひとつも残ってへん。けど、フジは足が悪かったから、あそこで野宿しながら、段ボール見つけるしかなかったんや」

Hさんは、そんな藤本さんをはげましながら、「〝六十五歳になったら民生(生活保護)にはいれるから、あと二、三年がんばろうな〟って、話してたのに……」という。

「おれはもう戎橋には行かん。フジのこと、思い出すからな……」

午後七時がまわるころ、Hさんはリヤカーを引きながら「今日はもう、寝に帰るわ」と、北の方角へゆっくり去っていった。

調書のなかの藤本さん

それから約二か月後、事件の公判がはじまるなかで、私が検察側の冒頭陳述から知りえた藤本さんの経歴はつぎのようなものだった。

〝昭和七(一九三二)年、大阪生まれ。九人きょうだいの六男。小学校を卒業後、ゴム工場工員として働いていたが、昭和三十七(一九六二)年ころ解雇され、昭和三十八年ころから自宅に帰らなくなり、昭和四十五(一九七〇)年以降、親族と音信不通になっていた。結婚歴なし。被害当時、段ボールなどの古紙回収により糊口をしのぎ、事件現場で野宿する生活を送っていた。両親なし、現在は実兄二人と実弟一人がのこる。〟

それだけが、野宿生活のすえに命を奪われた被害者・藤本さんの、六十三年の流浪の人生を物語るすべてだった。

しかし、わずかながらも公判で知りえたその藤本さんの経歴は、Hさんが私に語った過去の年月の流れと、ほとんど一致していた。一九六二年(三十三年まえ)にゴム工員の仕事を解雇されている藤本さんと、Hさんが「約三十年まえ」に日雇い仕事を通じて知りあっていたこと。また、一九七〇年以降から藤本さんが親族と音信不通になっていることも、Hさんのいう「七〇年の万博後」の解体仕事の労災のあとに、藤本さんが行くえ不明になってしまった時期と、ちょうど重なる。

ただ一点、「大阪出身」だった藤本さんを、Hさんは「フジは山形の出身やというとった」と、私に語っていた。けれど、Hさんの話のなかにたとえ多少の脚色があったとしても、そのことじたいがウソだったとは思えない。それよりむしろ藤本さん自身に、面倒みのいい親しい仲間にも、いや、だからこそ、語りたくない過去や家族への思いがあったのではないか、と私には思えた。

仕事があるのはうれしい

Hさんと出会ったその夜、私は一年半ぶりにおとずれた釜ケ崎の街を、ひとり歩いた。

労働福祉センターのシャッターのまえには、その夜も多くの野宿者が並んで眠っていた。新今宮駅のガード下で、ちょうど段ボールをしいて寝じたくをしようとしていた人と出会い、ふと目があった。「こんばんは」と声をかけると、

「今日は仕事があったんやー。土方で一万円もろたんや!」

その人はニコニコと上機嫌でいいながら、「これ買《こ》うてきたんやけど、食べるか?」と、段ボールのうえに置いてあったビニール袋を差しだしてくれた。なかには大福、バナナカステラ、あんドーナツにキャラメルなど、菓子類ばかりがつまっている。「虫歯になるよ」と私がいうと、「わし、甘いもんが好きやねん」、シワだらけの顔が子どものように笑った。

「働いたのは三か月ぶりや」というその人は、広島生まれの六十一歳だという。けれど、瘦せこけた顔に落ちくぼんだ目や頰《ほお》は、年齢よりも老いてみえた。「もう、年寄りはどこも使《つこ》うてくれへん。でもやっぱり、仕事があるとうれしいわ。働けるんはええなー」と、しきりにくり返す。

でも、なぜ一万円もらったのに今夜も野宿《アオカン》なのだろう、と思っていると、おじさんは自分から話しはじめた。

「一万円はいったからな、今日はドヤに行ったんや。金も払って、荷物も置いて。で、食べもん買いに外に出て、さて、もどろうと思ったら……。どこやったか、わからへんのや。忘れてしもて」

道もドヤの名も、まったく思い出せないという。

「ずーっとアオカンしてるとな、頭がおかしいなってしまうんや。わし、頭がおかしいなってるんや」

穏やかな澄んだ目で、おじさんはじっと私を見つめていう。

「でも、ま、しゃーない。すんでしもたことは」。あっさりそういうと、おじさんはあかぎれた手でバナナカステラを取りだしてくれた。「ありがとう、いただきます」。一つもらい、いっしょに食べた。

「でもな、これでも自分は、まとまな人間やとおもてるんや……」

くぼんだ頰をもぐもぐ動かしながらつぶやいたその声に、バナナカステラが、私の胸につかえた。

この五年間で、釜ヶ崎の状況は、どう変わったのか。

路上に人びとが眠る萩の茶屋《はぎちゃや》商店街、三角公園、西成銀座……五年まえの冬、里の子どもたちと夜まわりに歩いた道をたどりながら、十九歳だったマーコが語った言葉を思いだす。

「釜ヶ崎のおっちゃんらの家とか生活が、ほんまに国とか市とかに保障されたら、釜は釜らしくなくなってしまうかもしれへん。けどな、それでもやっぱり私は、おっちゃんらの生活が保障されなあかんと思うねん。釜のおっちゃんらの生活が保障されたら、みんなの生活が変わると思うねん」

釜ヶ崎が変われば、社会が変わる――。マーコのいうとおり、この日本社会の「底辺」労働者といわれる〝釜のおっちゃんら〟の生活が保障されるということは、すべての労働者だけでなく、働けなくなった高齢者、「障害」や病気をもつ人、在日外国人、被差別部落や沖縄・アイヌの人びと、そして女性や子ども、あらゆる生活弱者、少数者の生活が保障され、各個の権利が尊重され、社会全体が変革されることにちがいなかった。しかし、釜ヶ崎が変わるためにも、まずその〝釜のおっちゃん〟たちを見る社会の意識、個々の一人ひとりのうちなる変革が、必要不可欠なのだった。

深夜〇時すぎ、「こどもの里」では、事務室にあかりをともして共子さんが待っていてくれた。この一年、私は大阪をとおり越して神戸へと通っていたが、共子さんもまた、震災で宝塚市の実家が「全壊」となり、避難所から仮設住宅へと移り住んだ両親のもとへ通う日々がつづいていた。釜ヶ崎と被災地の状況をかさねながら、共子さんはいう。

「だれもみんな、なりたくて〝ホームレス〟になったわけやない。野宿してる人らが、みんなどんなに働きたがってるか、仕事があり屋根のある生活をどれだけ求めてるか、それが世の中の人にはなかなか理解してもらえない。でも、私はこんどの大震災で、神戸や被災地の人たちは、きっとそれがわかってくれると思ってた……」

口惜しそうに、共子さんはつづける。

「被災して、避難所にいる人、仮設にいる人、みんな同じ〝家をなくした人〟たちなんよ。だけど結局、そこでも〝自分らと、あいつらホームレスはちがう〟って線引きして、あくまで差別する。おんなじ被災者やのに、〝おまえらの来るとこやない！〟って、公園からも避難所からも追いだしていく。けど、たとえ天災でなくても、労災にしろ、人災にしろ、望んだわけやなく、住む家をなくさざるをえない立場に追いこまれたのは、みんな同じやのに。神戸の人でさえ、自分にはもう絶対そんなことは起こらないと思ってる。だれもが〝ホームレス〟になる可能性があるってことを、もっとみんなにわかってもらいたい」

たとえ、仮設住宅という「仮りの家」でふたたび暮らせても、〝家族〟を亡くし、〝職〟を失い、生きる希望も地域の人とのコミュニティーも奪われ、孤独のなかでひっそり亡くなっていく人の死もまた、「ホームレス死」といえるかもしれなかった。

明日、だれもがそんな「弱者」の一人になるかもしれないことを、あの震災は、私たちに思い知らせたはずだった。そして逝ってしまった七千人以上もの命の重さをもって、私たちは学ばされたはずだった。困難のなかでこそ、人と人とがたがいの「弱さ」を助けあい、共に生きていくことの大切さを。その意味をいま問い直し、生き直していくことこそが、私たちの社会の「復興」のために与えられた最大の教訓ではなかったのか。

ゼロと藤本さんとの接点

私が滞在中の十一月十二日、釜ヶ崎の人びとを中心に、大阪市内で『藤本さんはなぜ殺されたのか』と題するシンポジウムが開かれた。そこであらためて「ふるさとの家」の本田神父は、こう発言した。

「かつては私自身、野宿している人たちのことを〝忍耐力のない人なのだ〟とか〝まだ若くて健康そうなのに、なんでブラブラしてるんだろう〟と差別視してました。しかし釜ヶ崎に来て、じつは野宿している人びとには、働きたくても働けない〝隠れた就労障害〟があることを知り、自分の認識がくつがえされました」

その〝隠れた就労障害〟を聞いたとき、私は一瞬、息が止まった。

「一つは、〝発作性の持病〟を持っておられる人が、ひじょうに多いことです」

本田神父の婉曲《えんきょく》な表現は、まさにゼロと同じ持病、「てんかん」を意味していた。

「そしてもう一つは〝文字を奪われている〟ことで、貧困やさまざまな事情で教育をうける権利を奪われ、読み書きができないハンディを持っておられる人たちが多いことです」

ゼロと、藤本さんら野宿生活者をむすぶ〝隠れた接点〟が、そこにもあった。

「発作性の持病」のために職場を転々とし、事件当時、無職だったゼロ。そしてその持病のために、小学校時代は「特別学級」に入れられ、他の生徒たちと同じように授業を受ける権利を奪われ、成績も悪く、さらに中学時代は教護院ですごしてきた。たとえ読み書きはできても、中学卒業後も、学歴社会の競争から「落ちこぼされ」てきたハンディを持つ若者であったことに違いはない。

〝ゼロは、やり返せへんかった自分に、腹が立ってたんや〟──「ホームレス」を襲ったゼロのいらだちは「自分自身」に向けられていた、と語った橋の子・ユキコの言葉が、ふたたび私の胸に重く響いた。また、いじめられていた「過去の自分」にたいしてだけでなく、ゼロの野宿者への憎悪は、いまも「やり返せない」自分、そして「未来の自分」の姿への不安と恐怖をもはらんでいたのではないだろうか。

シンポジウムの終わりちかく、パネリストの大学教授の発言をうけて、会場から一人の野宿労働者が声を上げた。

「さきほど先生は、いまの子どもたちは〝善・悪〟の区別がわからない、その感覚が大人の意識とズレてきてる、といわれましたけど、ぼくは、そう思いません。大人の意識が、子どもに反映してるんです。まず大人が、差別してるんです。商店街では水まいて寝られないようにするし、警察は追っぱらうし、公園には網を張ってはいれないようにするし、ベンチには仕切りをつけて寝られんようにする。大人がまず、排除してるんです。大人と子どもの違いがあるとしたら、大人は殺さないだけです！」

会場から「そーや！」と、労働者たちの拍手がおこる。

ミナミの街で遭遇した光景を思いだす。狭い歩道で、リヤカーを引いていた一人の寄せ屋さんの後ろを歩いていたとき、飲み屋から出てきたネクタイ姿のサラリーマンたちが、すれちがいざまに罵声をあびせた。

「くっさー！」「あいつら、風呂はいってへんからなー」「こらっ、オッサン、ポアしたろか！」

瞬間、体が凍りついた。黙って進むその人のリヤカーに寄りそいながら、激しい憤りと悔しさのなかで、私も何もいえなかった。けれど、もしもそのとき、投げつけられたものが言葉ではなく、固い拳や、石つぶてや、マッチの炎だったら、さらに、私に何ができただろう。

「藤本さんを殺したもの」は、私自身のうちにもある。

事件を追い、ゼロと藤本さんとの〝隠れた接点〟を知るなかで、私はゼロが、あくまで一部の「特異」な若者だったとは思えなかった。彼がもっていた病や弱さ、抱えていた「生き苦しさ」は、やはりいまの多くの子どもたちの息苦しさに通じている。

弱い、小さい、遅い、といった「個性」や「異質」のものを排除するシステムのなかで、どんな小さな他者との差異もそこでは〝負〟の要素にされていく。そして、その弱さや違いを認めない競争社会の能率主義のなかで、成績の悪い者は能力のないもの、働けない者は役に立たないもの、弱い者は攻撃していいものとして、切りすてられ、排除され、抹殺されていく。

裁かれるのはだれか

裁かれるのは、だれなのか。

「ホームレスは出ていけ」

「働いてないやつは、死んだってかまわない！」

東京で、野宿者のための臨時宿泊施設の建設予定地となった北新宿の地元住民たちは、建設に反対する交渉の場でそう叫んだ。同じことが、数年まえ、釜ヶ崎ちかくの南津守の住民たちのなかでも起こっていた。

野宿者を襲う若者、弱者をいじめて笑う子どもたち——。彼らの「善・悪の判断」がつかない「希薄な倫理感」を指摘し、非難し、嘆くことはたやすい。しかし、人間を襲う子どもたちの姿は、こうした地域の大人たちの倫理感そのものであり、社会全体の差別意識そのものを、まさに身をもって私たちに映しだして見せている。

大人は直接、殺さないだけ。そう叫んだ野宿者自身の声に、子どもたちがいま全身をかけて伝えようとしているメッセージを聞いた気がした。

子ども夜まわりテーマソング

なんで　よまわりするの

1

※なんで　夜まわりをするの
　なんで　おにぎりをわたすの
　なんで　みそしるをわたすの
　なんで　外で　ねなあかんの

おっちゃんは　とてもだいじな
仕事ばかりしてきたんだ
なんで　そんなおっちゃんが
外で　ねんとあかんのやろう

ぼくらは　おうちに帰ったら
お父さんや　お母さんがいて
あたたかい　ふとんでぐっすりと
夢見て　ねむれる

☆少し　さみしくて
　ちょっと　悲しくて
　とても　ちむぐるしい

2

※（くり返し）
おっちゃんは　朝の4時から
仕事　もとめてセンターへ
昼間から　お酒をのむのは
仕事にあぶれたからや

若いときには　ばりばりと
働いて　かせいできたけど
年とると　仕事にもありつけん
外で　ねるしかない
☆（くり返し）

3

※（くり返し）
おっちゃんは　何ももってないのに
なんで　こんなに優しいの
なんで　そんなおっちゃんを
邪魔者にするんだろう

今の日本はまちがってる
みんな　変なかざりばかり
どうして　本当のことを
見ようとしないんだろう
☆（くり返し）

4

※（くり返し）
おっちゃんの幸せって何だ
夜まわりなんかしなくても
いい社会にするには
みんなどうしたらいいんだろう

それは　自分で考えて
そして　みんなで考えて
おっちゃんの幸せ　夢見て
いっしょにがんばろう
☆（くり返し）

5

※（くり返し）
僕らの幸せって何だ
みんな同じ人間だ
みんな同じ仲間だぞ
みんなの幸せさがそう

今の僕らにできるのは
夜まわりすることしかないけど
心をこめて　おっちゃんと
お話したいな
☆（くり返し）

ii

〝弱者いじめ〟の連鎖

〝いじめ連鎖〟という地獄

供述とくい違う起訴事実

事件から三日後の十月二十一日、「殺人」容疑で逮捕されたゼロは、その後の取り調べから「殺意」はなかったものとみなされ、十二月、Tとおなじく「傷害致死罪」で起訴された。

法廷が、ゼロの罪をどのように裁き、そして「藤本さんを殺したもの」をどのように審理し、事件の真相を明らかにしていくのか。私は裁判の行くえを追いつづけることにした。

初公判がひらかれた一九九六年一月二十三日。東京から、午前十時の開廷ぎりぎりにかけつけた大阪地裁二〇一号法廷の傍聴席には、すでにアキとジョー兄《にい》、赤ん坊を抱いたチーズの姿があった。

初公判の冒頭、私はまず、検察官の読みあげた起訴状にたいし、ゼロが「まちがいないです」と起訴事実を全面的に認めたことに驚き、困惑していた。

逮捕直後の弁護人の会見発表によれば、ゼロは藤本さんを、起訴状にあるように「川に投げ落とそうと企て」「Tと共謀」してかつぎあげ投げ落としたのではなく、自分ひとりで、藤本さんを驚かすつもりで欄干にのせ、体をつかまれたので振りはらったら落ちてしまった、と主張していたはずだったからだ。

それがなぜいま、公判の段階になって変化したのか。

つづく検察官の冒頭陳述に、私は耳をすませ、懸命にメモを取りながらも、頭のなかは、たったいま起訴事実をあっさり認めたゼロへの疑問でいっぱいだった。冒頭陳述のなかで、検察官は「犯行状況」をつぎのように述べた。

「被告人とTは、ゲームセンターへ遊びに行くことにし、二人連れだって戎橋東側歩道を南下して行った際に、戎橋南詰めの東側歩道上の手押し台車の上で仮眠していた本件被害者藤本彰男を認めた。Tは、台車を引っぱったが、藤本は目を覚まさず、Tはそのまま戎橋南詰めの公衆便所へ行った。被告人は、藤本を浮浪者と思って嫌悪感を抱き、Tが便所から出てくるのを待っている間、藤本を起こしていじめようと考え、付近に落ちていた細い金属の棒で藤本の背中を叩いたが、藤本は目を覚まさなかった。被告人は、さらに藤本を起こそうとして台車を戎橋北側へ向けて押していった。その途中、Tが便所から出て被告人の方へ来たので、被告人は、Tと二人で藤本を道頓堀川へ落とそうと企て、Tに対し『台車を持ち上げるのを手伝って』と声を掛けたが、このときTは賛同しなかった。被告人はさらに台車を押していったが、戎橋中央付近に至ったところで藤本は目を覚まし、台車から降りて、高さ約九〇センチメートルの欄干を背にしてもたれかかった。被告人は、藤本を川へ落とそうとして、同人と向かいあってしゃがみ、同人の両膝を両腕で抱え、同人を持ち上げようとした。それまでの間に、被告人と協力して藤本を道頓堀川へ投げ落とす気になったTは、藤本の北側に立って藤本の背中を抱えて藤本を持ち上げようとした。被告人はTが手伝っているのに気付き、ここにおいて、被告人とTの間で本件共謀が成立した。被告人とTは、同日午前八時三十三分ころ、そのまま欄干越しに藤本を橋から約五・四メートル下の道頓堀川へ投げ込んだ」(冒頭陳述書・概要)

そしてその状況を、銅像付近で雑談していた元ウエイターの男性A(事件直後、ゼロ・Tとともに逃走した青年)

や若い女性Bが目撃したほか、通行人の主婦で姉妹のC・Dが目撃した、と述べたのだった。

かくされた目撃証言

しかし私の知るかぎり、一方で、ゼロの「単独犯行」を証言する目撃者がたしかに存在していた。事件後の取材のなかで、私が知りあったNHKテレビ報道番組のディレクターI氏は、警察の現場検証に立ちあっていた目撃者の一人のサラリーマンを追いかけ、直接インタビューを取ることに成功していた。事件当時、通勤途中で橋の現場にいあわせたその男性は、あくまでゼロがひとりで、藤本さんを欄干のうえにのせ、川に落としてしまったという状況を証言した。そして彼の証言内容は、プライバシー保護のために音声をかえたうえで、九六年十二月放映のNHKテレビ「報道特集」でも、すでにオンエアされていた。

もちろん警察の取り調べ、現場検証にたいしても、彼は同様の目撃証言をしているという。ならば当然、彼の供述した証言調書が存在しているはずだった。しかし、検察官の陳述では、その証言の内容どころか、証言の存在さえ、いっさい無視されていた。「共謀」と「単独犯行」では動機の点で重みがちがい、当然、のちのちの量刑にも直接、影響をあたえる問題だ。もちろん、犯行の計画性を推測させる「共謀」のほうが、罪は重い。

閉廷後、釈然としないまま、アキとジョー兄、赤ん坊を抱いたチーズとともに、法廷を出た。「どういうことなんやろう……」。だれに問うともなくいう私に、ジョー兄が、「とにかくTはずっと、自分はやってへんっていうてるからな……」とつぶやく。

起訴後も、Tは一貫して犯行を否認している。分離公判が予定されているTの裁判に、いずれゼロは「証人」として呼ばれ、あらためて尋問されることにもなるだろう。また、重要な目撃証人とみなされる元ウエイターの青年Aは、ゼロが逮捕された日にみずから警察に出頭し、いったんは事情聴取に応じたものの、その直後からふたたび行くえをくらましたままになっている。

「証人として裁判所に呼ばれるのがわかってるから、逃げてるんやろう。Aのやりそうなことや。警察もいま、やっきになってあちこち居所を探してるみたいやけどな」。ジョー兄がいう。

しかし、とにかくゼロ自身がいま、罪状認否で、当初の自分の主張とは異なる起訴事実をきっぱりと認めたのである。私は何がゼロの「ほんとうの声」なのか、わからなくなっていた。

初公判後、すぐに東京に戻らなければならなかった私は、数日後にあらためて、ゼロの弁護人に連絡を取ってみた。逮捕直後、最初にゼロの弁護を依頼され担当していた国選弁護人は、ゼロと同じ年の若い女性弁護士だった。が、起訴直前になって、なぜか彼女はゼロの弁護を「辞任」しており、現在の男性弁護士に引きつがれていた。その理由もまた疑問のひとつだった。

電話口に出た弁護人に、なぜゼロの供述内容が変わったのか、私はなるべく丁重にたずねてみた。私の質問が、弁護人には少し意外そうだったが、「彼ひとりの犯行である、という目撃証言はどうなったのですか？」とたずねると、「え？　そんな証言があるんですか」と、逆に弁護人は驚いたようすで私に問いかえしてきた。おそらく検察側が証拠として提示した供述調書のなかには、ふくまれていなかったのだろう。

私の知るかぎりの情報を伝えると、弁護人は「そうですか……」。私のほうでも、もう一度、調べ直してみます」とこたえ、とりあえず電話を切った。私も事実を確かめたい一心だった。

ゼロの罪が軽減されるのを望んでいたわけではなかった。なにが「真実」かは、やはりわからない。けれど、だからこそ、すべての証言・供述、あらゆる証拠材料が明白にされ、吟味され審理されたうえで、事件の背景と真相が明らかにされるべきだと、私は思っていた。またそうでなければ、自分が犯した罪にたいするゼロ自身のほんとうの「反省」も、藤本さんへの真の「供養」となる判決も、ありえないと信じていた。

拘置所でのはじめての面会

初公判から一か月後の二月二十二日。第二回公判がおこなわれる日の早朝、私はゼロに面会するために大阪拘置所へとむかった。

前夜、東京駅八重洲口から夜行バスに乗って約八時間。ほとんど眠れないまま、朝七時の大阪駅に着いた。ぼやけた目をこすりながらバスを降り、駅のトイレの洗面台で顔を洗い、喫茶店でモーニングのコーヒーを胃に流しこむと、私はいそいで目的地にむかった。公判は午後一時半からだったが、ゼロの身柄が裁判所に送られるまえの何時までなら面会が許されるか、心配だった。

東梅田駅から地下鉄に乗って、都島《みやこじま》駅で降りる。出口の掲示板には「大阪拘置所」の表示はなく、そこを意味する「友渕町《ともぶち》一丁目」方面の出口をでる。銀行や飲食店がならぶ駅前の光景から、地図を頼りに北へと歩き進むと、しだいに人気《ひとけ》のない大川ぞいの道にでた。通りにポツンと一軒、「差し入れ品」と看板のある売店が見える。そこをすぎ、やがて灰色のコンクリート塀で囲われた大阪拘置所の正門があらわれた。

拘置所に人をたずねるのは、はじめてのことだった。午前八時半の受付開始をまって、面会申込票に自分の住所・氏名などを記入する。「続柄」欄には、なんと書けばいいのか、迷ったすえに「知人」とした。

面会番号札六番をうけとり、出入り口が開けはなされたままの寒い待合室で、順番をまった。すでに手続きをすませた人たち四、五人が、所在なげにテレビを眺めたり、ストーブの火をぼんやり見つめたりしている。十分、二十分と時間がすぎ、つぎつぎと面会人が番号で呼ばれ、奥の通路に消えていく。私は、ほんとうにゼロと会えるのだろうか。ここまできたものの、彼本人が私の名を聞いて、「会いたい」と了解しなければ、面会は成立しない。

約三十分後、「受付番号六番。七番の面会室にはいってください」と、呼ばれた。手にした番号札をおもわず確かめ、いそいで奥の通路へと進んだ。

古い診療室のような木戸が、一番から十二番までズラリと一列に並んでいる。七番の扉の丸いノブを回してなかにはいると、一畳あるかないかの薄暗いスペースに丸椅子が二つ。扉の裏側には「すぐに鍵をかけてください」と貼り紙がある。粗末な棒状の鍵をカタンと横にたおし、窮屈な両壁のあいだに身をちぢませるようにして腰かけると、壁のむこう、同じようにこのわびしい空間のなかで対面している人たちの姿を想像する。

小さな穴が無数にあいたプラスチックの透明の間仕切りのむこうを見つめていると、まもなく扉があき、看守といっしょに、茶色いセーターのうえに青いハンテンを着こんだゼロが、はいってきた。私の顔を見てペコンと頭を下げると、少しはにかむような表情で目のまえに座った。看守がそのとなりの机のまえに腰かけ、すぐに会話を記録する態勢にはいった。

「はじめまして。やっと会えた」

「はい。ぼくも北村さんのことは、アキちゃんたちからよく話を聞いていて……会いたかったです」

ゼロは、驚くほど穏やかな目をしていた。けれど少し弱々しく、さみしげな瞳でもあった。

「まえに弁護士さんから、北村さんが書いてくれた記事を、読ましてもらいました。すごく、うれしかったです。ちゃんとぼくの友だちに会ってくれて、話をきいてくれて。ぼくのこと、すごくわかってもらえてるって思いました」

事件後まず一か月半の取材から、私が最初に月刊雑誌に書いた記事を、ゼロはすでに読んでくれていた。が、「ぼくのこと、わかってもらえてる」という彼の言葉に、私はとまどい、素直にうなずけなかった。私は彼について、まだ何もわかっていない。そして、わからないからこそ、いまここに彼をたずね、はじめて向かいあっていた。

「なかはどう？　寒くない？」

「ちょっと、寒いです」

「かぜは？　ひいてない？」

「ハイ」。ゼロは顔をくずし、はじめてにっこりと笑った。

〝ひとりぼっちはもうイヤ〟

彼に聞きたいこと、たずねたいことは、山ほどあった。しかし、面会のなかで直接、事件にふれる会話は禁じられている、と聞いていた。

「正直いって、ここを出てからのことのほうが、こわいです……」と、ゼロは目を伏せた。

「ここにいるぶんには、まだ守られているっていうか……。出てからのことを考えると、こわくなります。自分のやったこと、絶対忘れられへんやろうし、忘れへんと思うし……。おれ、ずっとひとりぼっちやったから。もう、ひとりぼっちはイヤなんです」

はじめて、わずかにゼロの「声」を聞いたような気がした。まっすぐにこちらを見つめ、ひとことひとことと言葉をたぐるようにゼロは語った。

「つかまったとき、おれ、ほんとうにすごく疲れてて……。これでもう、だれからも見放されるって思ったんです。こんなことしてしもて、またひとりぼっちになってしまうって。もうだれも、おれになんか、会いにきてくれへんって思ってたんです」

アキがゼロのことを「さみしがり屋で、ひとりではなんにもできないコ」といっていたことを思いだす。

「でも、こうやって、みんなが会いにきてくれて、こんなおれのためにかけつけてくれて、心配してくれる友だちがいて……、すごい、うれしかった。だから、すごく、大事にしたい。こんなことになって、逆にそれが、すごくよくわかったんです。だからおれ、こうなってよかったって、いまは思ってるんです。こんなことになって、はじめてほんまにわかったから。おれ、いままでがほんまにアホやった。今度こそ、何があっても、ほんまにがんばらなあかんって……」

そして、「ひとりぼっちは、もうイヤなんです」と、ゼロはくり返した。

彼の穏やかな瞳のなかに感じた弱々しさは、自分が「ひとりぼっち」になることへのはてしない不安の影を映しだしているのかもしれなかった。けれど、このおびえた目をした若者が、無抵抗の人をこづき、嘲笑《あざわら》い、暴行するとき、その瞳はいったいどんな憎悪に満ちたものに豹変《ひょうへん》してしまうのか。そして彼の心をどんな怒りが支配し、どんないらだちが「襲撃」へとかりたてたというのか。いま、私の目のまえで弱々しく頭を垂れている青年の姿からは想像もできなかった。

〝なぜ君は、あんなことを？　なぜ、藤本さんを？〟

そうたずねてしまいたい衝動を、私は懸命にこらえていた。その問いかけの先には、彼を責めたて、罵倒してしまいたい怒りも潜んでいた。けれど、おそらく彼自身がいま、その〝なぜ？〟の自問をくり返し、頭を抱え、答えられない自分自身を呪っているようにも思えた。そして、そんなゼロの犯した罪を明らかにするための審理が、四時間後にふたたび彼を待ちうけている。

面会時間のリミットがせまるなかで、私はあせるように口走っていた。

「ゼロくん。君のほんとうの気持ちは、私にも、だれにもわからない。だれかの解釈ではなく、私や、検事や、裁判官の言葉ではなく、君のことばで、君自身の気持ちをあらわしてほしい。人に〝こうだったんだね〟といわれて、〝ハイ〟と答えるだけでなく、ゼロくん自身のことばで……」

そのとき会話を記録していた看守が、そこまでとさえぎるかのように、無言で立ちあがり、ゼロの腕をつかんで引きあげた。

「おれ、口ではうまくいえへんけど……。書くほうが思ってること、いえるから……」

あわただしく立ちあがりながら、モゴモゴとゼロがいう。

「わかった、こんど、手紙を書くよ」「ハイッ、ぼくも書きます」

はいってきたときと同じようにペコリと頭を下げ、看守に引っぱられるように、ゼロの姿はふたたび扉のむこうに消えた。

約十分弱の、ゼロとのはじめての対話だった。拘置所の外に出ると、灰色の空からフワフワと白い粉雪が舞いおりてきた。

起訴事実の一部否認

ゼロとの面会を経た午後一時三十分、第二回公判がはじまった。

初公判とは一変して、マスコミ関係者の姿は消え、記者席もすべて空席になっていた。ゼロが初公判で起訴事実を認めたことは、当日の夕方いっせいに報道されたが、その後は事件の行くえを報じる記事もなかった。人影のまばらな傍聴席に、私は、アキとジョー兄、赤ん坊を抱いたチーズらとともに腰かけた。その日、開廷まぎわに、釜ヶ崎から「こどもの里」の共子さんやマーコ、そして昨年結婚し妊娠四か月めを迎えたばかりの純ちゃんが、傍聴にかけつけた。

公判の日程だけは彼女たちに伝えていたものの、まさかほんとうに来てくれるとは予想していなかった。釜ケ崎で生き、野宿者の人たちとともに歩みつづけてきた彼女たちが、どんな思いでこの法廷まで足をはこび、いま、ゼロの姿を見つめようとしているのか。視線をあわせ、〝来たよ〟というようにニコッと合図する共子さんたちに、私はせいいっぱいの〝ありがとう〟をこめて会釈したあと、それぞれの傍聴席で、ともに裁判のはじまりを待った。

第二回公判は、おもわぬ幕あけとなった。

ゼロへの被告人尋問が予定されていたこの日、ゼロの弁護人は冒頭でまず、起訴事実の「一部否認」を申し立てた。

「被害者の藤本さんを、道頓堀川に投げ落とそうと企てたこと、およびTと共謀した、という事実はなく、争います。また、その身体をTとともにかつぎ上げ、川に投げこみ、という点も否認します。二人で道頓堀に投げこんだのではなく、被告人がひとりで戎橋の欄干のうえに被害者をのせ、手を離したところ、被害者が川に落ちた、というのが事実です」

裁判長が驚いたようすで、あわててゼロ本人に直接たずねる。

「二人ではなく、一人でやったと？　どういうことかね？」

「あ、あの……。弁護士さんにやっぱり、あらためて、そういうことときかれたら……。やっぱり、いちばん最初に刑事さんにいったとおりで……」

ゼロの緊張した直立不動の後ろ姿から、弱くたどたどしい声が響いてくる。

「一月二十三日の法廷で、君は起訴状にまちがいないといったが……。弁護士の意見が変わった。君の意見も変わるのか？」

真正面の高い席から、強い調子で問いただす裁判長の言葉に、ますますゼロはしどろもどろになっていく。

「まえはあの、ぼく、二人でかつぎあげて落としましたっていいましたけど……。弁護士さんにあらためてきかれて、ぼくも……」

「一人で落としましたっていうのか？」

「ハイ」

アキやチーズたちのハラハラする思いが伝わってくると同時に、法廷内の空気がざわつくのを感じる。

権力者の野宿者蔑視

裁判長との問答が一段落すると、被告人の身上・経歴にかんする供述調書の要旨が、検察官によって朗読された。ここではまず、ゼロの持病に関わる経歴から述べられることになる。

「被告人の性格、おいたち、持病のてんかんについて。

被告人は、てんかんが原因で小学校ではいじめられ、中学校で特殊学級に入れられ、健常者からいじめられていた。窃盗のため、中三で教護院に入れられていた。が、教護院でははじめて友達もできた。性格は、明るくて目立ちたがり屋。喜怒哀楽が激しく、親分肌のところがある。乞食をみると、いじめられてた当時の自分を見るような気がして、腹が立っていた。てんかんは中一からひどく、薬を飲んで通院していた。中学卒業後、電気制御版製造会社で工員として三年、トビ職を一年半、その後、パチンコ店員、ホストの客引きなどアルバイトを転々とする。

平成六年八月ごろから、ミナミ・戎橋付近で夜をすごすようになり、平成七年九月ごろからTらと野宿する生活。そのころからホームレスいじめをしていた。いま考えると、浮浪者を人間あつかいしていなかった」（傍点は筆者）

いくら刑事がまとめた供述調書からの抜粋とはいっても、気になるのは、藤本さんら野宿生活者をさしていっている「乞食」「浮浪者」「ホームレス」といった蔑視の表現である。ゼロ自身が語ったとおりの言葉もあるだろうが、表現がまるで一貫していない点は、刑事側の解釈や誘導から出てきたものがまじっているようにも思われる。被害者の藤本さんは、段ボールを集めて廃品業者に売って生計を立てていた「野宿労働者」だった。しかし、検察官自身が公判のなかでも、藤本さんらをけっして「野宿生活者」「野宿労働者」とは呼ばず、やはり「浮浪者」「ホームレス」と総称していた。まさに「人間」あつかいされていない野宿労働者の現実が、こうした権力の側の意識にも如実にあらわれている。

つづいて弁護人の意見陳述がおこなわれる。

「被告人は、小さいころからいじめられており、強い者に従わなくてはならないという性格、習慣が身についている。取り調べにあたる刑事、検事らは、彼にとって強い存在であり、取り調べ中にどなられたり、押されたりしていた経過もあった。被告人は、人の意見には、もともと反論しにくい性格を有している。よって被告人の供述調書は、誘導された尋問にもとづく調書であり、任意性はないものと考えます」

ゼロの自由意志にもとづく供述ではなく、判決をきめるさいの根拠とはできない、という主張である。

双方の陳述が終わったあと、弁護人による被告人尋問がはじまるにあたって、裁判長が、小さな子どもにいいきかせるようにゼロに告げる。

「落ちついて、質問をよーく聞いて、答えてくださいね」

「ハイ」

ゼロの姿勢はこわばったままである。

弱いものはいじめられて当然

以下、弁護人の質問とゼロの返答から。

――てんかんの発作は、いくつくらいから?

「四歳ってきいてます」

――そうすると、小学校では、休んでいるのが多かった?

「休んでるほうが多かったと思います」

――じゃあ、学校の成績なんかは？

「あんまり、よくなかったです」

――中学校にはいってから、特殊学級にはいったね。いつごろから？

「二年生ぐらいやったと思います」

――いじめられていたのは、特殊学級にはいってから？

「いえ、そのまえからいじめられていました」

――教護院に行っているけど、そのまえに盗み(万引き)をやってるね。盗みはいつごろから？

「それは、小学校の六年のおわりくらいから」

――小学校六年くらいのときは、いじめられてたことがあるの？

「っていうか、そういう仲間しかいなかったんです」

――そうすると、盗みにいくのはだれかにすすめられたわけか。

「ハイ、そういうのもありました。友だちがそういうことしてたから、影響されたっていうか」

――おまえも行ってこい、とかいわれた？

「そういうのもありました」

弁護人は、いじめの具体的な状況についてたずねていく。

――中学校でいじめられていたというのは、どんないじめられ方をしたの？

「教室のロッカーのなかに入れられたりとか、やっぱり殴られたりとか……」

――掃除道具とかをしまうようなロッカーのことか。

「資料かなにか、本とか」

——そういうロッカーのなかに、閉じこめられてどうなるの？

「ガンガン、ガンガンやられて、もう出してくれへんかったりとか」

——授業中か、授業のまえか。

「だいたい、いつも授業のまえと、始まるくらいのころです」

——先生は来るわけやろう。どうなるの？

「しばらくは気づいてくれない……。気づいても〝席に座れ！〟って、怒られるだけで」

——あなたが怒られるの？

「はい」

——殴られたり蹴られたりとかしたこともあるわけやね。

「はい」

——そのとき、先生はどうしてるの？

「通りすがっていくだけです」

——あなたが殴られてるのを見てるわけ？

「はい」

——そのとき先生に助けてほしいとか、そういう気持ちはもたなかった？

「……ていうか、そういうもんかなって思いました」

——そういうもんかな、っていうのは？

「だから、弱いもんはいじめられて当たりまえというか」

――どういうこと？　まわりの人に知らん顔されても仕方ないということ？

「はい」

あまりにもあっさりと、ゼロはそう答えた。自分が受けてきた理不尽な暴力、そして自分の尊厳を踏みにじってきた者たちへのあってしかるべき怒りが、まるで感じられない。反撃することも助けを求めることもあきらめ、「弱い者はいじめられても仕方ない」と自分にいいきかせながら、ゼロは自分の怒りをうちにおしこめ、みずからの自尊心をひとつひとつ手放すことで、「いじめ」の場を生きのびてきたのか。

服従と引きかえの仲間意識

――そしたら、いじめっ子にたいしては、どんな気持ちでいたの？

「やっぱりイヤで、最初はやめてほしいと思いました」

――やめてほしいと思って、そのことをいったり口答えしたりするの？

「最初はそら、ちょっといいました。けど、やっぱりいうたらよけいやられるから、もういわなくなりました」

――そうすると、殴られたり蹴られたり、なになにせいとか命令されて、そんなときはどうするの？

「それはもう、やりました、いわれるとおり」

――そのなかに、さっきいった盗みとかもあるの？

「万引きとかあります」

弁護人はくり返し〝ゼロの気持ち〟を問う。

——そういういじめる子にたいしては、どんな気持ちになったの？

「ぼくもだから、そのなかにはいりたいというか、仲間がほしかった。だからいっしょに、その立場になりたかった」

——まず、いじめるほうの仲間にはいりたかった？

「はい」

——それとともに、そういういじめる強い子にたいしては、どんな気持ちになったの？

「ぼくも、強くなりたかった」

——その強い子にたいして逆らうとか、あるいは、そういうことにたいして従わないかんとか、その気持ちはどう？

「従わなダメだと、従わなやられると思ってました」

——強い子には従わないかんという気持ちにずっとなってたわけね？

「はい」

——あなた、自分で〝目立ちたがり屋〟やというてるね。どうしてそう思うか、考えたことある？

「はい。やっぱし、自分を認められてほしかった。自分がここにおるんやでって」

それがはじめて聞く、ゼロのわずかな自己主張の〝叫び〟だった。強い者に服従し、いじめに甘んじることでしか「仲間」をえられなかったゼロの願いは、自分の存在をありのままに認めてくれる人との関係だった。ほんとうは傷つき、助けを求めている自分の存在にだれか気づいてほしい、わかってほしい——金色の髪をしたタツヤが、悪戯《わるふざ》けをくり返し、自分を傷つけながら発していたSOS――ゼロもまた、そうしようとしていたのか。しかし、だとしたら二十四歳のゼロの取った無謀な行為は、やはりあまりにも愚かで幼かった。〝大人になれない二十歳すぎの十五歳〟と自分をうたったゼロの詩を思いだす。

満たされない少年の飢えと叫びを抱えたまま、肉体だけが力を増したゼロの幼稚な悪戯けは、どこまでもエスカレートし、もはや取り返しのつかない犯罪へと暴走してしまった。

ゆれうごいた供述

弁護人の質問は、犯行状況の確認へとはいっていく。

――事件のことについて聞きますが、あなたは、藤本さんを川に落とそうと思ったの？

「っていうか、びっくりさせたろうと思って。でも落ちるとか、そんなん考えてなくて……、だからぼくの心のなかには落ちてもしゃあないやろうというのはありました」

ゼロの返答は、ひじょうにわかりにくい。

――落ちてもしゃあないというのはあった、というのは、そのとき、そう考えてたの？

「いや、考えてなかったと思う」

――いまから思えば、そんな気もあって、ああいうことしたのかもしれないということやね。当時はそんな気持ちはなかったね？

「はい」

しかし、そう答えながらも、ほんとうに藤本さんを落とすつもりはなかったのか、また藤本さんの身体がいったいどのようにして川に落ちたのか、質問が核心に近づくにつれ、ゼロの返答は、ますますあやふやになっていく。

弁護人はまず、逮捕翌日に取られたゼロの最初の供述調書の内容を確認する。

――十月二十二日の調書によると、〝藤本さんの両ひざ付近を両手で抱きあげ、橋の欄干の上にいったんおいた〟。で、〝私にしがみついた両手を払いのけて、川の中に落としたのです〟と。これは記憶あるかな？

「あります」

――そのときもうひとつ、〝一人でやった記憶しかありません〟というてるんやけど？

「そのときは、はい、なかったです」

ゼロはさらにその二日後の二十四日、拘留を延長されるために裁判所へ出向いておこなった勾留理由質問のさいにも、同様の供述をしている。しかし、それが二週間後の供述調書ではにわかに一転し、現在の起訴事実とほぼ同じ内容へと変化しているのである。

――いつごろから、それが〝Tくんが一緒にやった〟〝落とすつもりであった〟というようになったの？

「ぼくの気持ちが落ちついてきて。それからやっぱ刑事さんに〝一人じゃそれは、でけへんことやろう〟とかいろいろいわれて。で、なんとなく、いっしょにやった映像が、頭のなかに出てきたっていうか……」

――刑事さんに、そのほか、どんなことをいわれた？

「一人でやったっていうてたときは、〝そんなん、一人じゃ無理や〟というふうなこといわれて、(Tをかばうのは)〝なにかTにもらったんか！〟とかいわれて。Tくんにはなにかもらったりとかそんなんしてないけど。でも実際一人では無理なんかなーって。〝目撃者もいっぱいおるぞ〟というようなこといわれて、やっぱそうなんかなーと思いました」

そうした追及のなかで、Tと自分が共謀している「映像」が頭に浮かんできたというゼロは、さらに刑事にいわれるままその情景を、自分の手で「絵」にしてかかされてもいた。また、刑事から何度も「大声で」どなられ、顔に「つばが飛んできた」り、「人間というのは字を書きたいと思って、鉛筆を持つもんなんや。だからおまえも、やっぱり落としたいと思ってじゃないと、そんなことせえへんやろう」といった「説明」を受けたりもしたという。

こうした一連の取り調べ状況が〝事実〟だとしたら、弁護人が冒頭で主張したように、ゼロの供述調書は「誘導された尋問」にもとづく、虚偽の自白調書である可能性が十分認められる。

自分に自信がもてない

しかしその後、ゼロの発言はこの法廷の場でも、逮捕直後の「一部否認」供述と、二週間後に取られた供述、つまり「起訴事実」に準じる供述とのあいだをいったりきたりしながら、揺れつづけた。

弁護人があらためてゼロに問う。

――現在なら、どう思う？　あなたは藤本さんをはじめから落とすつもりで抱きあげたの？　いま思いだしてみて。

「いま、思いだしてですか……。もしかしたら、そういうふうな気が、心にあったと思います……」

――いつごろから？　藤本さんが寝てたのを見たときから思ってたのか、抱きかかえるときか、欄干のうえに乗せてから思ったのか？

「……わからない……」

――この裁判のまえ、おとつい私と会ったときには、〝一人でやって、落とすつもりはなかった〟と、そっちがほんとうやと思うと、いったわな？

「はい……。そっちもだから、ぼく、どっちがホントかわからないっていうか。自分のやったことなのに……。だからなんせ、自分では、一人でやったと、そう思ってます。弁護士さんにこのあいだ、話したことのほうを」

――だから、いままでなんといったかとか気にせんと、いま思ったら、やっぱり一人でやったと思ってるの？

「はい」

気を取りなおすように、弁護人はもう一度、ゼロに聞く。

――落とすつもりがあったのか、おどかすつもりだけやったのか、いまどっちがほんとうやと思う？

「おどかすつもりやったと思います」

――まえの裁判のときは、起訴状を読んでもらって〝まちがいありません〟というてたわな？ その後、私と話をしてるうちに、やっぱりこっちのほうがホントやと思うようになったということか？

「なにかそういうふうに聞かれたら、そうかなって……」

――あなたは人にいわれたら、影響されやすい？

「はい、されやすいと思います」

――あなたが何かいって、それについて、おまえのいうてることはおかしいといわれたら、あなたは反論できない性格か？

「っていうか、考えてしまいます。ぼくがまちがってないか、正しいかを、考えてしまいます」

――で、そのあとどうなるの？

「やっぱり、ぼくがまちがってんのかなーって」

――思うわけか？

「はい」

躊躇《ちゅうちょ》なく答えるゼロに、深いため息がもれる。自分の記憶、自分の意見、自分の感情や気持ちまで、それらすべてがゼロにとって、あまりにも頼りなげで信じられないものでしかなかった。

人は他者から、ありのままの自分を受けいれられ、尊重される体験をとおしてはじめて、自分への肯定感や信頼感、自分を認め尊重できる力を育てることができるという。そして、それこそが、自分を否定し攻撃してくる暴力から、自分を守り対抗できる「生きる力」の基盤となる。しかし、彼からそうした「自信」や「自尊心」を、こんなにも失わせ、奪ってきたものはなんなのか。私はあらためて、彼のかかえる〝欠落〟の大きさに茫然としていた。

発作のなかでの取り調べ

事件をめぐるゼロのあらゆる発言が、あいまいにぼやけているなかで、彼が発作への恐怖を描写する言葉だけが、じつに具体的で、リアルで、鮮明なのが印象的だった。

「発作のときはどうなるの？」という検察官の問いかけに、ゼロは一気に饒舌《じょうぜつ》になって答えていた。

「机にうずくまってしもて、胸がドキドキしてきて、心臓がグッてにぎりしめられたような感じになって、息がゼーゼーして、頭がまっ白けになる」「で、あとはもう、そのまえの記憶がまったくわからなくなるんです。たとえば発作のまえに、本を読んでたとしても、発作のあと、何を読んでたか、本のこともぜんぜんわからないんです」

そんな感覚が、幼いころから日常的に自分の身に起こりつづけていたとしたら——「自分の記憶」が信頼できず、自分の意見に自信が持てなくなっても不思議はないかもしれない。「自分で、自分がわからないんです」といったゼロの不安と恐怖を、私はあらためて想いなおした。

ここで、〝てんかん〟という病気について、簡単に説明をくわえておきたい。(日本てんかん協会発行のパンフレット『てんかん』参考)

てんかんは、さまざまな原因によっておこる慢性の脳の疾患であり、大脳の「ニューロン」という神経細胞の一時的な働きの異常によっておこる発作(てんかん発作)が主な症状とされている。てんかん発作の特徴は、一度だけでなく、間をおいて何度もくり返すところにあり、多くの場合、本人は意識を失い、そのかんの記憶がない。本人が意識していられるごく軽い発作の場合もあるが、症状によっては意識を失って身体が倒れたり、強いけいれんを起こし、口から泡を吹いたりすることもある。こうした発作の症状への無理解や、また長い間、原因や治療がわからなかったために、多くの人がこの病気にたいして「治らない」「遺伝する」「うつる」といった誤ったイメージや偏見を抱いてきた。しかし、こうした脳機能の故障をひきおこすさまざまな原因がかさなれば、だれにでも起こりうる病気であり、かならずしも「遺伝病」というわけではない。現在、二十数種類も開発されている抗てんかん薬を適切につかい、根気よく治療することで、発作を抑えたり完治することができる。現在、人口の約一パーセントの人（日本では約百万人）が、この病気と共に生きているが、いまなお社会の無理解や、差別に苦しめられている現実がある。〝脳の病気〟であるてんかんにたいして、福祉的な援助が国に求められている一方で、私たち一人ひとりが正しい知識と理解をもって支えあい、ともに問題を克服していくことがなにより必要だろう。

そうしたてんかんの持病をもつゼロにたいして、さらに検察官がたずねる。（カッコ内は筆者注）

――逮捕されて以後、てんかんの発作は何回起きましたか。

「夜中は毎日起こってました。夜中っていっても（取り調べが終わったあとの）朝方なんですけど、ひどいときは十分に一ぺんくらいは、毎日起こってました」

――それは監獄（留置所）のなかに入れられているときですか。

「はい」

――発作が起こったら守衛さんというか監守さんは気づいてくれる？

「いや、気づいてくれないです」

――そういうとき自分一人で大丈夫なの？

「もういつものことだから、はい」

――取り調べ中に発作が起こったということは何回くらいありますか。

「二、三回くらい。……最初らへんのころです」

――取り調べの途中で発作が起こったとき、当然、取り調べできないですよね。その後はどうしたんですか。

「いや、また調べでした」

——発作が治まってから？

「っていうか、発作やって気づいてくれなくて、〝病気が出た〟っていうたら、〝おまえの病気は都合がいいのう〟という感じでいわれて、で、そのまままつづきました」

ゼロの返答に、裁判長が「休んでくれてないのか？」と質問に割ってはいる。

「はい……。そのまま、調べを途中でやめたことはないです」

検察官から「君を取り調べた人の名前はわかりますか？」と問われて、ゼロは「E刑事とY係長です」と、二人の名をあげた。その両名によって、逮捕直後から深夜遅くまで過酷な取り調べがなされていた状況が、やがてゼロ自身の口から、おそるおそるながらも少しずつ語られはじめた。

三人の裁判官のうち、むかって右側の裁判官が質問にはいる。

——先ほど刑事からどなられたことがあるといわれましたが……。調べのたびごとに、どなられてたんですか。

「やっぱし、そういうふうに、ぼくが、(刑事のいうことを)否認してるときは、やっぱり、どなられてました」

——何日間くらいですか。

「一週間くらい、勾留(理由)裁判のまえの調べのときはなくて、勾留(理由裁判)終わってから、またどなられはじめて」

——その後もどなられたということ？

「はい、やっぱし、刑事さんが思ってたことを、そこ(裁判所)でぼくがいわなかったから……」

さらに弁護人がたずねる。

——それで、どなられたら、どんな気持ちするの？

「やっぱりすごい……、なんていうか、ぼくは、ホントにほんとうのことを答えてるつもりやのに、どう答えていいか、わからへんようになって……」

——で、そのあとで、おまえのいってることはおかしいとか、こうと違うのかとか、いわれるわけか。

「はい、で、もう頭痛くなって、しんどくなって……」

——で、さっきいってたように、(刑事に)いわれてることがほんとうかなと思えてくるの？

「はい」

そして二週間目には、ゼロは刑事のいうとおり、Tとの共謀を認める供述調書に署名し、指印を押すことになる。

約一時間の審理の後、次回公判で、ゼロの取り調べにあたった大阪府警察本部のY刑事への証人尋問をおこなうことが急きょ決定されて、第二回公判は終わった。

退廷のとき、一度だけ傍聴席をふり返ったゼロは、アキたち仲間の姿をみつけてはじめてホッとしたように、力なく笑った。

くり返される自尊心の放棄

「すぐに流されてしまうやつやから……。〝ちゃんと自分の思ってることいえよ〟って、このまま面会にいったとき、ゼロに話したんやけどな……」

法廷を出て、裁判所内の傍聴人控室の長椅子に腰をおろしながら、ジョー兄がつぶやく。

「すごい緊張してたな……。もういうてることもメチャメチャやし。あのコ、自分のいうてることも、わけわかってないんやと思う」

はがゆそうにいうアキに、「うん」とチーズはうなずき、腕のなかで眠ってしまった赤ん坊を見つめている。

退廷してきた弁護人も、まず深いため息をついた。初公判のあと、ゼロの単独犯行を証言する目撃者の存在を確認した弁護人は、あらためてゼロに接見し、「君が一人でやったというてる目撃者の証言もあるが、どうなんや?」と、問いただしたようだった。その結果が、今回の「起訴事実の一部否認」の申し立てとなった。しかし、肝心の法廷の場で発言を二転三転させるゼロの態度には、弁護人自身も冷や汗をかいたにちがいない。

いったい何が真実で、何がゼロの真意なのか――。ゼロ自身がまだ靄《もや》のなかにいる姿に、だれもが途方にくれていた。

一人での犯行か二人での共謀か、また藤本さんを川に落としたのは、最初から意図して落とした「故意」なのか、結果として落ちてしまった「過失」なのか、といった点が法廷ではあらたに争われることになった。

しかし、何より私が知りたいのは、藤本さんを襲ったゼロの「動機」であり、野宿者にたいして彼が抱いていた「嫌悪感」のなかみだった。たとえ殺意がなかったとしても、ゼロがその悪意のなかで「ホームレスいじめ」をくり返し、なんの罪もない藤本さんのいのちを脅かし、死に至らせてしまったことはまちがいない。
公判書面のなかで、ゼロの犯行の動機そのものについて直接ふれている箇所はまだわずかである。
「被告人はかねてからいわゆる浮浪者に対して嫌悪感を抱き」「手押し台車の上で仮眠していた藤本彰男を認めるや、浮浪者と思って嫌悪感を抱き」（起訴状）
「乞食をみると、いじめられていた当時の自分をみるような気がして、腹がたっていた」（供述調書）
そして初公判の検察官の冒頭陳述では、こう述べられていた。
「被告人は、中学生のころ持病のてんかんが遠因で同級生にいじめられた経験があったところ、浮浪者を見るたびに過去の自分を思いだすように感じて浮浪者に嫌悪感を抱き、平成七年六月ころから浮浪者を繰り返しいじめるようになり、Tもこれに同調して浮浪者をいじめていた」（概要）
ゼロの「ホームレスいじめ」の背景に、みずからの「いじめられ」体験があったことはまちがいない。そしてゼロは藤本さんを、固有の人格や顔をもつ「一個の人間」として見ていたのではなく、あくまで「浮浪者」として嫌悪し、「乞食」と見て、いらだっていた。しかし、橋や路上に野宿する「浮浪者」の姿に、「いじめられていた自分」を重ねあわせていたというゼロは、いったい彼らと自分にどんな〝接点〟を見いだしていたのか。そしてなぜ、そんなにも「自分自身」の姿を呪うように否定し、嫌悪しなくてはならなかったのか。
強いものに服従を誓い、傍観者に助けを期待することもあきらめたゼロは、自分の受けた痛みを、いじめっ子たちへの「正当な怒り」として表すことのできないまま、その抑圧された怒りのほこ先を、自分自身の弱さにむけ、より弱いものへとむけた。
「弱いもんは、いじめられてもあたりまえ」――それが、ゼロが身につけてきた理解であり、くり返してきた〟自尊心の放棄〟だった。

何がゼロに、弱い自分は「一個の人間」として尊重されるに値しないと思わせ、弱いもの、路上に寝ているものは、差別され、いじめられ、攻撃されてもしかたのないものとして、嫌悪させてきたのか。

ゼロは、いじめられ差別される痛みを知っていたはずだった。働きたくても仕事がえられない状況も、野宿するしかない生活も、身をもって体験していたはずだった。ゼロと藤本さんは、かぎりなく近い場所で生きていた。なのになぜ――同じ「弱者」としての痛みも苦しみも知るはずのゼロが、段ボールを集め、わずかな生計でひっそりと生きていた「野宿労働者」の藤本さんを、ただ「浮浪者」として見ただけで嫌悪し、攻撃し、そしてこんなふうに出会わなければならなかったのだろう。

いじめっ子たちに「やり返せなかった」ゼロの弱さを、私は否定することも、非難することもできない。けれど、自分の弱さを嫌悪する「自分いじめ」から、さらに弱い無抵抗の人を襲う「弱者いじめ」にむかったゼロの、もうひとつの「心の弱さ」に私は憤る。彼が犯した行為は、どんな理由をもってしても、断じて正当化することはできない。

しかし――もっとも近い、出会えるはずの「人間」どうしが、出会えないこの社会の脆弱《ぜいじゃく》さとはなにか。彼らを分断し、対立させ、憎しみあわせ、「いじめの連鎖」を生みだしつづけている社会システム――その構造を支えている個々の意識こそを、私は問い直したい。

弱者による「弱者いじめ」が、なぜ起こりつづけるのか。かぎりなく「弱さ」を否定し、攻撃していくその連鎖を絶ち、いじめ社会を越えていくための手がかりを、私はあらためてゼロの「弱さ」に向きあい、その「弱さ」をどうとらえていくのか、まず私自身の価値観を問いなおすところからはじめなければならない。

奪われた自尊感情

夜半すぎからの取り調べ

ゼロの供述内容の任意性・信用性をめぐって、その後、公判では関係者への証人尋問がつづいた。

第三回公判(九六年三月二十八日)では、ゼロの取り調べにあたった大阪府警察本部刑事部捜査一課のY警部補、第四回公判(五月二十一日)では、ゼロの友人であり兄貴分のジョー兄《にい》、そして第六回公判(七月三十日)では、逮捕直後から公判直前までゼロの弁護人を担当していたH弁護士が、それぞれ出廷し証言台に立った。

その結果、明らかになったのは、ゼロが逮捕後、どんな取り調べを受け、なぜ供述をひるがえしてきたか。また、捜査段階においても、公判がはじまってからも、ゼロが自分の意思と記憶をきっぱり貫きとおせなかったのはどうしてなのか、ということだった。ゼロの供述の変遷には、つねに目のまえの強者に迎合することで事態を切りぬけようとしてきたゼロの「いじめられっ子」としての背景があり、刑事という「いじめっ子」の圧力におびえ、屈服し、公判においても抵抗することをあきらめようとしたゼロの姿が、しだいに浮きぼりになっていった。

三人の証人それぞれの証言をとおして、あらためてゼロの逮捕直後から初公判にいたるまでの状況、さらに公判を通じての供述の変遷をたどってみたい。

まず第三回公判で、証言台に立ったY警部補は、逮捕後のゼロへの取り調べ状況がどのようなものであったかについて語った。

事件発生から三日後の一九九五年十月二十一日夕方。逃亡先の東京・新宿の歌舞伎町で逮捕されたゼロは、その夜、最終の新幹線で大阪に護送された。引到先の大阪府警南警察署に着いたときは、午前〇時を過ぎていたが、そのままただちに深夜遅くの取り調べがつづいた。

証言のなかでY警部補は、取り調べを翌朝まで待たなかった理由として、「早急に事実関係を確かめたかったので」と主張した。それにたいし裁判長は、「早急にといっても、夜が明けてからでもいいんじゃないですか。なぜ深夜〇時過ぎての時間に調べなきゃならんのか……。しかも、てんかんがある人に」と、きびしい口調で問いただした。

Y警部補は、ゼロにてんかんの持病があることは承知のうえで、「顔の表情を見ていて、体がこわばったような緊張したような態度は見受けられました。……が、とくに、取り調べにたいして支障があるとは、考えませんでした」と答え、また「上司からも指示があった」ことをつけくわえた。

その取り調べ中、ゼロは容疑にたいして「自分一人で欄干のうえに抱え上げ、手を払ったら、川のなかに落ちた」と供述。Tとの共謀を追及するY警部補に「わたしにうそを言えというんですか」と反論し、「自己主張」していたという。

午前二時まえ、ゼロは「顔が青くなり、体を小刻みに震わせ、頭を机のうえに伏せて、けいれんの発作」を起こす。Y警部補は薬を服用させ、午前二時半ごろ取り調べを中断。ゼロは南署から阿倍野署に収監される。

一夜明けて二十二日、取り調べが再開される。午後一時から午後五時ごろまでと、夕食後の午後六時から午後九時すぎまで、七時間におよぶ取り調べがつづいた。

〝条理を尽くす〟取り調べ？

検察官の質問と、Y警部補の証言をたどってみる。

――その取り調べのさいには、どんな事項について取り調べをしたんですか。

「まず逮捕後の被告人の供述について、その時点で変遷がないのか、再確認しました」

――被告人はどのような供述だったんですか。

「供述は変遷せず、一人で橋の欄干に抱え上げて、手を払ったら落ちた、と供述しておりました」

――被告人はどんな供述態度だったんですか。

「被告は逃亡生活のせいか、取り調べ室の机に座らせるなり眠りこけ、また起きてるときといえば、歯が痛いといって口のなかに風をスースーと入れるような状態がつづいて、半分は寝ているような状態で、本来の取り調べではありませんでした」

――その取り調べのさいに、被告人にたいして大きな声を出しましたか。

「一度あります」

――どういう具合に大きな声を出したんですか。

「その取り調べは〝条理を尽くす〟という取り調べをやっとったわけですが、つまり被告に被害者の苦しんで死んだ状態をわかってほしかったんですが、その状態を訴えているときも、被告は眠りこけたり、歯が痛いと、自分の言いたい放題をいっておりましたので、刑事としてより人間として、もっと真剣に考えろと声を荒げたことはありました」

裁判長が質問に割ってはいる。

――いま、いわれた〝条理を尽くす〟というのは、どういうことなんですか。

「心を訴えるということと、私は思っております」

――どうやって、あなたの心を訴えたんですか。もうちょっと、抽象的ではなくて具体的事実を述べてくれませんか。

「はい」

検察官が質問をつづける。

――〝条理を尽くす〟さいに、どのような具合に言葉をかけたんですか。

「被害者は、被告に抱えられて川に投げられて苦しんでおぼれ死んだんや、その苦しみがわかるか、被害者を成仏させなあかんかったら、もっと真剣に考えなあかんやないか、もっと真剣に考えろと、いったわけです」

――午後一時から夕食までの取り調べのあいだに、大きな声を出したのは一回だけですか。

「はい。声を荒げたのは一回だけです」

――何度も声を荒げたりしていませんか。

「いいえ、そんなに声を荒げてませんし、この本件の取り調べにおいて、そんなに声を荒げて取り調べておれば、当然のどもかれると思うんですが、のどのかれることもありませんでした」

――夕食後の取り調べのさいに、声を荒げたりした場面はなかったんですか。

「わたしは本件のような凶悪事件の場合、過去の経験から、被告と刑事との心のつながりというものがなかったら、自供は得られないと、過去から経験してますので、被告にたいして、ほんとうに被害者にわびなければ、本来の自供は得られないと思っておりましたので、自分のやった行為について、罪悪感の呵責《かしゃく》の念を抱かせるような取り調べをつづけておりました」

――だから、声を荒げてないかどうか聞いてるんですが。

「はい、すみません。ありません」

Y警部補のいう「罪悪感の呵責の念を抱かせるような取り調べ」から生まれる「心のつながり」とは、どういうものなのか、私には想像がつかない。かつて「非行少年」たちの校内暴力を、力と管理で制圧した学校の光景が彷彿《ほうふつ》とする。

いかにも屈強そうな身体のY警部補のその声の響きに、さらに強固な信念を感じさせられる。そしてその信念の強さゆえの、迷いのない独善的な正義感。「教育」の名のもとに暴力さえも〝愛のムチ〟と公言してはばからない熱血教師のように、彼らの使命感にみちた「正義」は、ときにみずからの権力性・暴力性をかえりみない。

その後、Y警部補は、あくまで「行き過ぎた取り調べ」の事実を否定し、声を荒げたのは「一度だけ」もしくは「二度くらい」と主張した。

代用監獄への抗議

逮捕翌日の十月二十二日。大阪弁護士会の刑事弁護委員会から、当番弁護士として派遣されたH弁護士は、ゼロと同じ二十四歳という若さの、新進の女性弁護士だった。彼女は、ついで選任されたO弁護士とともに、ゼロの弁護を共同受任することになり、二十二日を皮切りに、その後、交代で毎日ゼロの接見に阿倍野署にかよった。

第六回公判での証言にさきだち、H弁護士は当時の「接見記録」をもとに、ゼロとの接見状況の「報告書」を作成した。弁護人はその「報告書」を公判で証拠として申請するが、検察側はそれを最初、証拠採用することを「不同意」にした(その後、撤回され、証拠として採用される)。そのため、みずから法廷で証言することになったH弁護士は、この「報告書」の記憶にそって、ゼロとの接見状況を具体的に語った。

弁護人の質問とH弁護士の証言はつぎのようだった。

――最初の日に接見室で会ったときの被告人の様子は、どんな感じでしたか。

「接見室にはいったときに机のうえに顔を伏せていて、何回も何回も名前を呼んでやっと顔を上げるというような感じで、話を聞いてくれているのかどうか、ちょっと確信が持てませんでした」

――接見時間の二十分のあいだ、そういう状態は、かなりあったわけですか。

「はい、ほとんどといってもいいぐらいだったと思います」

そのなかでH弁護士は黙秘権や弁護人選任権のことを説明したあと、ゼロに被疑事実を確かめる。ゼロは「一人でやったといっているのに刑事が聞いてくれない」「取り調べのときにどなられる」と語り、接見後、

H弁護士は刑事にたいし、行きすぎた取り調べのないよう抗議申し入れをした。しかし、刑事は「あるていど諭《さと》したり注意しないといけないこともあります」と、開き直った態度で否定したという。

翌二十三日の接見では、ゼロは前日よりかなり元気になって話ができ、犯行状況についてはつぎのように語った。——十八日の朝、藤本さんが台車のうえで寝ているのを見て、最初そのへんに転がっていた棒で体をこづき、そばにいた友人のTに、台車を運ぶのを「手伝って」と頼んだ。だが、Tはいやそうに離れていき、自分ひとりで藤本さんを台車ごと橋の中央の欄干まで運び、体を持ちあげ、欄干のうえに座らせた。そのとき藤本さんが自分の腹のあたりをつかんできたので、びっくりして振り払ったら、川に落ちてしまった——。しかし、ゼロがそのことを刑事に話すと、「違うやろう。Tがいっしょにやったんやろ!」と認めてもらえず、「振り払ったら落ちたというのは、落としたということや」と理詰めの取り調べをされ、結局、〝落とした〟という表現の調書にゼロは「署名した」と語った。

翌二十四日、ゼロは拘留理由質問のため、裁判所に出廷した。それは被疑者にとって、自分が拘留されている理由を「聞く権利」を行使する場であり、また刑事からの取り調べから離れた場所で、自分の意見を裁判官に直接、訴えることのできる機会でもあった。それにさきだちH弁護士は裁判所内で約十分間、ゼロに接見している。

ふたたび弁護人の質問をみてみる。

——そのときの被告人の様子はどうでしたか。

「ひじょうに具合の悪い様子で、接見室にはいった時点で、頬杖《ほおづえ》をついて目をつぶっていて、また話を聞いているのかわからない感じででした」

――勾留質問のまえということで、勾留質問についての何らかのアドバイスとか、しましたか？

「そのときに、はいった時点で、前日の晩の取り調べがひじょうにきびしかったと。三人の刑事にどなられて、椅子から落とされたり、あるいはツバをかけられたりとかしたという訴えがありましたので、ちょっと私もまえの日に彼が元気だったので安心していたところがあったんですが、その話を聞いて、これはひじょうに大変なことになっていると思いまして、そういう取り調べの状況とかをきちんと裁判官に話すようにと、いいました。それと事件については、一人でやったことと、それから振り払ったら落ちたということを、ちゃんと話すようにといいました」

ゼロは、自信はなさそうだったが、後で聞くと、「あるていどは話せた」ようすだったという。またH弁護士は、捜査本部が置かれている南署の署長と担当検事あてに内容証明郵便で取り調べについての抗議書を出すとともに、警察の留置場で被疑者を長時間拘束する現在の〝代用監獄〟は問題だとして、勾留裁判官にゼロの勾留場所を「拘置所にしてほしい」と、面談のうえで訴えた。しかし、裁判官からの回答はその場ではなく、担当検事は「違法捜査だとかいう非難がきているので、そういうそしりを受けるようなことはするなと警察にはきびしくいっている」と答えたという。

弁護士との接見を拒否

しかし翌二十五日、H弁護士が接見にたずねると、ゼロの供述は一転して、Tの関与を認めるようになっていた。ゼロは「取り調べにまいってしまった」と語り、Tの関与を認めると刑事の対応がよくなり、「タバコをくれたり、お茶を出してくれたり、頼みもしないのに肩をもんでくれる」ともらすようになる。

さらに日を追うごとに、Tの関与についてのゼロの供述内容はじょじょに詳しくなっていった。ゼロは、刑事に「Tがいっしょにいたはずだ」といわれたら、「そんな気がしてきた」といい、「もしTが被害者を持っていたら、こういうふうか?」と誘導されて、「絵をかかされた」という。だが、H弁護士がくり返し確認すると、「自分の考えでは、やっぱり一人でやった」と変わる。

当時の接見状況について、ゼロの弁護人が確認する。

——そういう被告人にたいして、弁護人としてはどのようなアドバイスをされたわけですか。

「調書を取られてしまったら、仮に公判になってから記憶のとおりにしゃべったとしても、ひっくり返すのはとてもむずかしくなるので、これ以上はしゃべらないようにしなさいとか、いままでいっていたことは違いますというのが大変であれば、黙秘しなさいとアドバイスしました」

——そういうアドバイスをしたとき、被告人のほうは、どういう雰囲気だったんですか。

「〝とてもそれはできない〟というふうにいってました」

——それはもう、本人が言葉ではっきりと、できないといってたわけですか。

「はい。まあ、こちらが〝頑張りなさいよ〟といえば、〝やってみます〟みたいには最後には毎回いってくれてたんですけども、それでもつぎの日に行ったら、やっぱり調書を取られてますし、警察にたいしては〝こわくてもうよう言えない〟という感じでした」

そんななかで十一月二日、ゼロは勾留理由開示のため、ふたたび裁判所に出廷する。事前にH弁護士は再度、「裁判官へは自分の記憶どおり話すよう」ゼロに念押しする。そして実際、ゼロはそこでTの関与を否定し、最初の自分の供述どおりに裁判官に話したという。しかしその夕方、阿倍野署に戻ったゼロは、たちまち刑事たちから「ウソつき」「鬼」「悪魔!」などと激しくどなられ、夜十時ごろまできびしい取り調べにあうことになる。

翌三日、H弁護士が接見に行くと、ゼロは「もうまたどなられるのは嫌だ」と訴え、刑事に「裏切った」と泣きながらいわれて申しわけない気持ちにもなったという。その後、ゼロは「警察に話を合わせていく」「いまは刑事と仲よくしとく」といいだし、H弁護士がかさねて説得しようとすると顔を伏せてしまい、やがてH弁護士の接見そのものを拒否するようになっていった。

H弁護士が最後にゼロに接見できたのは、起訴から二日後。「Tといっしょにやったし、落とすつもりでやったから、裁判でもそうしてほしい」というのが、ゼロからの意向だった。その後はH弁護士が何度、接見にたずねても、ゼロ自身が会おうとせず、悩んだすえにH弁護士はゼロの友人であるジョー兄とアキに相談し、ゼロの真意を聞いてもらうよう依頼した。

依頼をうけてアキとともにゼロの面会に阿倍野署に出むいたときのようすを、ジョー兄は、第四回公判で弁護人に聞かれて、つぎのように証言している。

――H弁護人が接見に行っても、被告人が会ってくれないので、理由を聞いてくれといわれませんでしたか。

「はい、いわれました」

――証人はそれについて被告人にたずねましたか。

「はい。〝なんで会わへんの?〟って理由を聞いたら、〝刑事からH弁護士の悪口を聞いた〟と、いってました」

――どんな悪口ですか。

「法廷をつぶしたことがある、あの人はあかん、というようなことです」

――警察から見て、弁護士に事件をつぶされたことがあると、だからあの人はあかん、と刑事がいったのを、被告人から聞いたのですか。

「はい」

――それ以外にはどうですか。

「〝刑事さんはウソつかへんし〟と(ゼロが)いっていたので、〝でも、ウソつく人もあるからね。警察自身をあんまり信用せんほうがいい〟といいました」

しかし結局、H弁護士はその後もゼロに接見を拒否され、すでに指定されてある初公判の日程が迫るなか、ゼロの両親とも相談した結果、H弁護士は仕方なくO弁護士とともにゼロの弁護を辞任することになった。

そして起訴後、あらたに国選弁護人としてゼロの弁護依頼を受けた現在の弁護人が、弁護を引きつぎ、初公判にのぞむことになる。

強者への脅え

のちに、ゼロ自身が最終的な被告人尋問にのぞんだ第七回の公判中、検察官はゼロにまず、このH弁護士にたいして「あなたのほうから会いたくないといったのはどうして?」と質問をした。

ゼロはその件について、こう答えている。

「やっぱしあの、がんばりやっていうか、覚えてないことはいわんでええからね、っていわれるのが、そのときはしんどかったんです」

「刑事さんのほうが、優しいときはすごい優しいっていうのはあったし。会う時間がやっぱしずーっと長いぶん……どなられたりして。自分がH弁護士にいわれたとおり、自分の思ったようにいうと、やっぱし刑事さんから〝ちゃうやろう!〟て何回もいうてこられるのが、つらかったし、しんどかったから」

「でも、H先生と会ったら、またそういうふうなこといわれると思って」

「最初はぼくも刑事さんのこと、すごい嫌いやったけど……、刑事さんが思うようなこと、ぼくがいうたら、なんかすごく優しくなるから、〝もうこれでええわー〟と思って」

そしてゼロは、より「ラクなほうへ」と流れていくことになる。

しかし、取り調べ段階ではともかく、起訴後、捜査が終わり拘置所に移され公判がはじまった段階でも、ゼロが起訴事実を認めつづけていたのはなぜか。その点を、検察官は追及した。

——公判で起訴事実にまちがいないと答えたのはなぜ?

「そのときもだから……二人でやったのかどうか、わからへんかったけど。二人でやったんかなって思いこんでたっていうか」

——どうしてそのとおり、裁判官にいわなかったの?

「やっぱし……そのときもまだ、迷ってたから」

——じゃあなぜ、迷ってるといわなかったの?

「いう勇気がなかったから」

——どうして勇気がいるの?

「…………」

——こういう法廷だし、べつに取り調べ室みたいに一対一で会ってるわけじゃないし。おまけに横には君を支えてくれる弁護士さんもいるわけでしょう。普通以上に心の支えというか、勇気を出すことができる場面だと思うんだけどね。

「……まだなんか迷いがあったと思います。Tくんのこととか……。ホンマにぼくは、二人でやったっていう記憶はないんやけど。でも調書では、二人でやったって、もうなってしまったんやしとか……」

——でも弁護士さんは、どうなんだと聞かなかったの、打ち合わせのときに。

「いや、そのときはまだ、弁護士さんにも二人でやったっていうたと思います。そのときもまだ、迷いがあったと思います」

——どうして迷ってるってことを、あなたの味方をしてくれる人に打ち明けなかったんですか。

「いや……わからない」

検察官はほんとうにそんなゼロが理解できず、いらだっているようだった。

——そしたら裁判官に、迷ってるんですっていうのを打ち明けなかったのは、なぜ？

「やっぱし、不安があったからやと思います。……調書に書かれたことをいうたらええんか、それとも一回調書に書いてしもうてるのに、やっぱし自分の覚えてることをちゃんというたらええんかとか。……やっぱしそのときは、こわかったたっていうのがあったと思います」

——何がこわかった？

「調書に書いてないことを、裁判官にいうのが」

——それをいったら、あなたは何があるからこわいと思ったの?

「また、裁判をひっくり返してしまうんじゃないかなって」

ここでゼロが「また」といっているのは、起訴前の勾留理由開示のさいに、裁判所で、当時の供述調書に反して自分の思う事実を話した結果、刑事から「裏切った」と激しく責められたときの状況を、自分のなかで重ねあわせていっているにちがいない。

被告人尋問のなかで、ゼロは刑事にそういわれて、「ああ、裏切ったんかなって思いました」といい、泣きながら怒る刑事の姿を見て、「ひじょうに悪い気がした」とも語った。そして「裏切ったっていわれたら、そう思ってしまいます」といったゼロの態度は、いじめられるのも「弱いぼくが悪いんかな」と思ってきたという態度と同じ姿勢で一貫している。それは自分の気持ちより、他者の感情や意見を優先させてしまうゼロの、低い自己評価のあらわれともいえる。また相手が強者であればなおさら、ゼロにとってその迎合のベクトルは、より〝服従〟へと近づいていく。

さらにゼロは初公判後も、その強者・刑事にたいして、まるで「裏切っていない」ことを誓うかのように、拘置所からハガキを書いて送ってもいた。

——拘置所に移ってから刑事に手紙を出したのは、どういうことを書いたの?

「ちゃんとマジメになって、心をいれかえて、みたいなことを書いたと思います」

——どうしてあなたの言い分を聞いてくれない刑事さんに、そんな手紙を書いたの?

「いや、〝手紙出さなあかんで〟っていわれたから。刑事さんから」

——でも、拘置所に移ってからは警察の人とは会ってないわけでしょ。なんで、その刑事のいうことを守ろうと思ったの？

「いや、やっぱし、書かなあかんかなって思って。心配してるかなっていうか、結果を教えてみたいなことを……ぼくがどういうふうに答えたかっていうことを、その刑事さんに書かなあかんなって」

——どうして書かなあかんと思った？

「いや、だから、約束したから。刑事さんと」

その後、さらに裁判長がこの点について確認した。

——手紙書く約束というのは、どんな内容のことを書くというのか、あるいはどういうことを書いて出してこいと、いわれたのか。

「だから、そういう、〃二人でやった〃っていうふうな内容で、はい」

——いつ手紙よこせっていうの？

「最初の裁判が終わったらすぐに」

——どんなこと書いて出したの？

「ぼくはもうマジメになって、裁判でもちゃんとY刑事さんとかE刑事さんと約束したとおりにいいますっていうふうに」

弁護人は補足質問のなかで、あらためてゼロにたずねた。

——あなた、起訴されたら、もう警察の調べがないということは、わかってた？

「いや、知らなかったです」

——拘置所にはいったら、もう警察とはぜんぜん関係ないとか、そういうことは？

「いや、ぜんぜん知らなかったです」

——裁判所は、警察みたいに無理いうとか、どなるとか、そういうことなしに自分の思ったことはきちんと聞いてくれるとこやと思ってた？

「いや、それもはっきりわからなかったです」

——それで裁判で供述をひっくり返したら、だれに怒られると思ったわけ？

「刑事に」

——そうすると、第一回公判のまえに私が面会に行ったときには、起訴状にまちがいないかって聞いたら、〝ハイ〟といったのは、もうそれはあなたとしては面倒なことはイヤやから、そのままいこうと思ってたわけか？

「はい」

——で、そのとおりですということやってんな。

「はい」

そこまで聞くと、弁護人は納得したように、腰をおろした。もつれていた糸が一本一本やっとほぐれていくようだった。

しかし、合点がいくと同時に、私は唖然《あぜん》としていた。拘置所に移ってからも法廷内でもなお、いるはずのない刑事という強者——その「いじめっ子」の影に脅えていたゼロの恐怖の深さをあらためて痛感せざるをえなかった。こうしたゼロの脅えは、たんなる彼の意思薄弱さ、あるいは優柔不断な個人の性格の問題として片づけられてしまうものかもしれない。けれど、思う。彼にとって、主張し、認められ、保障されるべき自分の「人権」とは、いったいなんだったのだろう。「いじめられっ子」にも「ホームレス」にも、どんな弱者にも、けっして侵されてはならない「同じ人間」としての権利があり、自分自身がその権利に値する人間であることを、ゼロはいつどのように知り、どれだけ体得してこれたのだろう。

しかし、だからこそいま、この法廷は、そんなゼロの犯してしまった罪を審理する場であると同時に、不当な暴力や権力に抵抗できなかったゼロ自身の正当な反撃の場になるべきものでなければならなかった。

いじめられるなかで自分の「弱さ」を否定し、強い者に抵抗するよりも迎合することで、事態を切りぬけ生きのびてきたゼロが、ここでもまた強者の圧力に屈し、権力の影に脅え、自分自身をあらわす勇気をもてないままこの裁判をやり過ごしてしまったら――彼は自分の犯した罪も、侵された権利も、真に理解することのないまま、ふたたび弱い自分を否定し、その弱さを嫌悪しながら生きていくしかないのではないか。

彼が「ゼロ」からやり直すために、いまほんとうに必要なものは何だろうか。

ゼロが、その弱さをふくめた〝ありのままの自己〟の存在を認め、より弱い他者のいのちを認め、自分が犯した罪を知るためにも、強者にいじめられ侵されてきた自分自身の権利を知り、自己の尊厳を取り戻していくことが、まず必要ではないのか。そのうえで、自分にとっての真実を問いなおし、それをあらわす意思と勇気を、自分のうちに生みだしていくことが、彼にとって不可欠な内省の作業であり、変容への取りくみであり、なにより、彼自身が奪ってしまった命への「償い」の第一歩であるにちがいない。

拘置所から届いた手紙

二度目の面会

Y警部補への証人尋問がおこなわれた第三回公判から四日後の四月一日。私はゼロへの二度めの面会に、ふたたび大阪拘置所をたずねた。

午後三時すぎの待合室ははじめて訪れたときとはうってかわって、大病院のなかのように混みあっていた。とくに子どもを連れた若い女性たちの姿が多く、彼女たちにまじって順番をまつあいだ、私はゼロへの差し入れ品を受付窓口に申しこんだ。私が十年まえにつくった十代少女へのインタビュー集『少女宣言』と、「いじめ」にかんする本を一冊。そして釜ケ崎の「こどもの里」のまえで、アキやチーズと撮った写真を一枚——里の純ちゃんが写してくれたものだった。

第二回公判に、釜ケ崎から共子さんや純ちゃん、マーコが傍聴に来てくれて以来、アキやチーズたちも、公判のあと、釜ケ崎に向かう私といっしょに里を訪れるようになっていた。とくにアキと純ちゃんとは同い年ということもあり、たがいに「なんかはじめて会った気がせえへんなー。昔からの知り合いみたいや」と、すぐに親しくなっていた。

けれどアキは、釜ケ崎に来るたびに、不安そうにつぶやいた。

「私、ゼロくんの友だちとしてどう見られるか、すごいこわいねん。やっぱり釜ケ崎の人から見たら、私は敵やから。自分の仲間を殺したやつの友だちやから……」

けれど、「そんなことないって。気にせんかっていいって」と、私がいうまえに、純ちゃんが励ますようにそうアキに語りかけていた。

約三十分待って、番号を呼ばれ、面会室に通された。はいると、すぐに坊主頭のゼロが、「どうも、お久しぶりです!」と元気な声であらわれた。「今日、散髪したんです」というゼロは、頭も顔もすっきりと明るく見え、はじめて会ったときよりも打ちとけた表情をしていた。第三回公判を終えて、「裁判、つぎは五月二十一日やね」というと、「ハイ」と答えてゼロはいった。

「やっぱり、裁判は慣れないし、緊張します。今回はしゃべらなくても、よかったけど……。こんどはまた、自分もしゃべらなあかんから、すごく緊張します」

実際には、そのあと第六回公判まで証人尋問がつづき、ゼロは約半年間、法廷で沈黙しつづけることになった。そのかん、こうした面会だけが、私がゼロの声や思いを知ることのできる、わずかな回路だった。しかし、面会室では当たりさわりのない会話しかできず、また十分間という短い時間がいつもはがゆかった。

「このまえ、Tくんから手紙もらって、すごいぼく、うれしかったんです。Tくん、ぼくのこと、すごい心配してくれてて。それでぼくも、すぐ返事だして……」

「そう、よかったね。今日、私もゼロくんに差し入れようと思って、便せんとノートを持ってきたんだけど。差し入れ所で売ってる指定のものしか、受けつけられないんやって。知らなくって……ごめんね」

「いいえ、どうもほんまに、ありがとうございます」

このかん私は、ゼロに手紙を出そうとしては、何度も書いては破りしていた。いまのゼロにたいして何をどう伝え、たずねればいいのか。また、事件に直接ふれずにどこまで何を書けるのか、わからなかった。

「よかったら手紙ください。ぼくも書きますから」

最後にゼロは、まえの面会と同じようにそういって、また拘置所の奥に戻っていった。

拘置所の帰り道、とおりかかった善源寺公園では桜が咲きはじめていた。ゼロのいる拘置所の窓からは、何が見えるのだろうか。

東京に戻って二週間がすぎた四月中旬、私はゼロにはじめて手紙を書いて送った。

ゼロへの手紙

ゼロくんへ

このあいだの面会から、早や二週間がすぎてしまいました。お便りするのが遅くなってしまって、ごめんなさい。あのあと駆け足で、四歳の息子をつれて神戸のボランティア・グループの仲間たちのテントに寄り、また大急ぎで東京に戻ってきてからも、あわただしい日々をすごしていました。(中略)

差しいれた本は、読んでもらえたでしょうか?　アキちゃんにも一冊、『釜ヶ崎の風』という本を預け、差しいれてもらうようにお願いしました。またゼロくんの感想をきかせてもらえたら、うれしいです。

ゼロくんに伝えたいこと、聞きたいこと、そして語りあいたいことは、たくさんあるけれど、いまはまだ私自身、混沌《こんとん》としています。

この十年間、十代や二十代の若い人たちと関わりあいながら、多くのことを学ばされてきました。私が最初の本、『少女宣言』を作ったのは、ちょうど東京の中野富士見中学で鹿川くん(当時中二)が、「葬式ごっこ」などのいじめを苦に、自殺したころでした。その後、アイドル歌手の岡田有希子さんが自殺する事件が起こり、さらにつぎつぎと十代たちの自殺報道があいつぎました。そんななかで「死」にいそぐ子どもたちに「もう死なないで」という思いをこめて作ったのが、あの本です。取材をはじめたのは、二十三歳から二十四歳のころ。ちょうど、いまのゼロくんぐらいのときでした。

取材した子をふくめ、いろんな子たちが、一度は「死ぬこと」を考え、「自殺」を考えたことがあるといいました。〝私もつらかった、私だってイジメられてた、苦しかった……〟。でも、そこから〝だけどこうして切りぬけたの、でもこうして生きているの……〟。そんな十代たちのメッセージを、一人ぽっちで悩んでいる十代たちに届けたい、と思いました。(中略)

ゼロくんは、どんなふうに、あの本を読んでくれたでしょうか。

ゼロくんにはじめて会ったときに聞いた言葉が、ずっと、私のなかでひっかかっています。

「ぼく、もう、ひとりぼっちはいやなんです……」

きみと別れてからも、ずっとその言葉の意味を考えています。きみの好きなブルーハーツの曲『チェイン・ギャング』が、その言葉に重なって、聞こえてくるようでした。

〝人をだましたりするのは　とってもいけないことです
モノを盗んだりするのは　とってもいけないことです
それでも僕はだましたり　モノを盗んだりしてきた

世界が歪んでいるのは　僕のしわざかもしれない
過ぎていく時間の中で　ピーターパンにもなれずに
一人ぼっちがこわいから　ハンパに成長してきた
なんだかとても苦しいよ　一人ぼっちでかまわない
キリストを殺したものは　そんな僕の罪のせいだ〟

アキと少し「ひとりぼっち」について語りあいました。

ゼロくんは「ひとりぼっちがイヤ」で、無理にしてきたことがある、のかもしれない。

アキがいったのは、「私はいじめられてても、だれかに従うくらいなら、ひとりぼっちでもかまわない、と思ってた」という言葉。それは、アキの「強さ」なのかもしれない。

けれど一方で、その「強さ」は、他者にありのままの自分をみせることに、とてもおくびょうになってしまうという「弱点」もあったように思えてきます。

ゼロくんは「ひとりぼっちがイヤ」で「強い者に従ってきた」といった。それはゼロくんの「弱さ」かもしれない。けれどゼロくんは、他者に自分をみせることを恐れなかった。「ゼロくんはぜんぶ自分から話して、自分をみせてくれた」と、アキがいったように……。

どちらが正しいとか間違っているとか、じゃなくてね。「ひとりぼっち」にどう向きあうか――ということを、ゼロくんやアキの言葉から、いまも考えています。

ゼロくんがいった「ひとりぼっちは、もう、イヤなんです」という言葉……。その後に、だから、どうするのか。どうしたいのか。どうありたいのか。それを聞いてみたい気がしました。

みんなに嫌われるのがイヤだから、見放されるのがこわいから、ひとりぼっちがこわいから……「だから、がんばる」っていうんじゃ、だめなんじゃないかって。だめ、という言い方は、ふさわしくないね。だめというより、なにかこう、違うと思う。それじゃあ、まだ、足りない……って、気がしてしまう。なんのために変わりたいのか、なんのために今度こそがんばろう、と思うのか。

みんなの励ましや愛は、もちろん大きな支えだと思う。その愛情や友情を支えに、どんな自分になろうと思えるか、それはすごく大切なことだと思う。けど、「ひとりぼっちがこわいから」が大きくなってしまうと、「ハンパに成長して」しまうように、もっと別に何か大切な核、「意思」のようなものが必要な気がする。

うまくいえなくて、ごめんね。

私も、一人ぼっちは、こわい。一人ぼっちは、さみしい。自分を受けいれてくれて、認めてくれて、無条件に愛してくれる存在を求めている。求めてきた……。けれど、三十歳をすぎて、いま少しずつ、それを外に外に求めてきた自分が、それを自分のうちに求めるように変化してきています。少しずつだけどね……。

いま思うのは、ゼロくんに「ひとりぼっちはイヤだ」と思わせてきた、これまでの出来事や体験についてです。どんな出来事や体験が、きみを「ひとりぼっち」にさせ、「イヤ」だと思わせてきたのか……。（中略）

私自身、四年まえ、はじめて出産し、育児ノイローゼにおちいったとき、やり場のない自分のなかのいらだちや怒りやさまざまな感情が、わが子にむかってしまったことが、ありました。けれどそれは、その子自身への怒りや憎しみではなく、結局、自分自身へのいらだちが、より弱く、出しやすいところに出ていたのだと、しだいに気づきました。

けれど自分を責めていても、何も解決しないことを知りました。そんな自分を責めるよりも、そうせずにはいられなかった「自分」をよくみつめ、よく理解してあげることが、まず必要なのだと、知ったのです。まず私自身が、「私」を受けいれ、認め、愛せるようになること。そうしてはじめてわが子を、他者を、受けいれられる自分になれるのだと、知りました。

きみが自分の病気について語るのをきいたとき——「頭がまっ白になって、心臓がドキドキして、なんにもわからなくなる」——そんな恐怖といつも背中合わせで生きてきたきみの不安は、とても私には、はかりしれません。だからこそ「過去」を思いだすという作業は、きみにとってけっしてたやすいことではないだろうとも思います。

だけどゼロくん。時間はいま、たくさんあるし、ゆっくり、少しずつ、無理しないやり方で、かまわないから……。けっして、ただ自分を責めるためではなく、まず「ありのままの自分」を認めてあげるために、これまでの自分の思いと、いまいちどゆっくり向きあってみてください。(中略)「いじめっ子」も「いじめられっ子」の部分も、いまはだれもが一人のなかに、あわせもっていると思います。きみにも、私自身にも。

この十年間、いろんな子どもたち、若者たちと関わりながら、みんなのエネルギーが、より弱い者に向かってしまう、いまの「いじめ社会」の問題を私は痛感してきました。そうしたいまの社会全体をとりまく「いじめ」がなぜ起こってしまうのか、そしてよりよく全体が変わっていけるために、いま、どうすればいいのか。私自身が問い直し、その道すじを探しだしたいと、願っています。

そしてゼロくんやアキちゃんたちとの出会いもまた、私にそのことの意味を、学ばせてくれる貴重な出会いだと思っています。

ずいぶん長い手紙になっちゃいました。なんだか一度にたくさんのことを書いてしまってごめんね。またあらためて、お便りします。きみからの返事、ゼロくんの「声」が届くのを、心待ちにしています。

一九九六年四月十八日

ゼロからの返事

DEAR　年子さんへ

四月二十二日、夕方ごろに、年子さんからの内容のすげー濃いお手紙が、僕のもとに届きました。ほんと、うれしかったです。（中略）

年子さんが差し入れして下さったあの本〝少女宣言〟を、さっそく読ましてもらいました。本の中の少女達は、イジメられたことや、まわりとうまくやっていけない事や、苦しい思い、悲しい思い、さみしい思い、不安なことや、色々なそんな気持ちを、何ひとつわかってくれようともしない〝大人〟への怒りや〝ざせつ〟、一番わかってほしいと思っている、わかってくれていると思っている、そう信じて、助けてくれると思っていた〝親〟や〝先生〟達に対しての〝裏切られた〟という少女たちの思いが、すごく僕の心を痛くしました。けど、少女達は、〝友達〟や〝彼〟や〝音楽〟や〝歌〟や、何かをきっかけに、強くなれると思うことができ、そして自分の中にある〝カベ〟を〝クラッシュ〟しようとしているんだと思った。だから僕は、そのことに少なくとも僕なんかより早く気付くことが出来て、自分自身を変えることの出来る何かをみつけることが出来た少女が、ほんとうに、うらやましかった。

年子さんの手紙の中にあったように、〝死にたい〟って思ったことは、今までいっぱいあった……けど、僕は少なくとも〝自殺〟を考えた事なんて、一回もなかった。僕があの時、イジメられていた時、「生きていたら何かいいことがあるだろう」と思っていたんじゃなくて、その〝何かいいこと〟と言うか、自分で〝けいけん〟したいこと、してみたいことが、いっぱいあったし、死んでしまう前にぜったいに、何があってもやりたいこと、〝けいけん〟したいことがあった。（中略）

あのころは、イジメられていたころは、そんなもんだ（誰も助けてはくれない、僕は一人があたりまえ）……と思っていたし、そう自分に言い聞かせていた。だからわざわざ、〝敵〟だらけの学校に行くこともないと思ったし、家に居ても〝親〟におこられるし、それなら楽しいことと言えば、誰かの〝めいれい〟で物をぬすんでそいつの気げんを取るぐらいなら、きらいな奴のために、親の金や、他人の金を取らされるぐらいなら（もうそんなんは、うんざりだったし……）僕自身のために、誰かからお金をぬすんで、楽しく使おうと思ったし、また、それがあの時は、たったひとつの楽しみだった。

あの時わかっていたことは、自分はまわりの奴とちがうと言う事だったし、まわりは自分とちがうと言う事だった。病気を持っていたことや、特別学級に入れられていたこと、プールに入れてもらえなかったこと……他の友達どうしが話をして、笑っているのが、すごくしあわせそうに見えた……。

そして、僕は初めて〝友達〟と言うか、〝仲間〟と言える人達がまわりに居ると思った時、その人達の〝あたたかさ〟や〝やさしさ〟にふれた時、心から〝友達〟だ！　と思った。この人達が、そうなんだと思った。大切にしたいと思った。……そして、友達と話をしたり、あそんだりしてるうちに、あたり前だと思っていた事、言い聞かせて来た事、「一人ぼっち」が、ほんとに〝こわい〟と感じて来ました。……もう、あの時には、もどりたくないと思った。

年子さんの手紙で書いてくれていたように、なんのために、変わりたいのか……何のために、今度こそがんばろうと思うのか……みんなの励ましや愛を支えにして、どんな自分になれるのか、変われるのか……。この年子さんの手紙を読んで、僕は今、「一人ぼっちがコワイから」が、大きくなってしまうと「ハンパに成長」してしまうように、もっと別に、何か大切な核、〝意思〟が必要な気がする……と言う、年子さんの思いを、その〝意思〟と言うものは何か？　と探して、考えて、少しでも早く、答えにしたいです。ほんとに、ほんとに、むずかしい……と言うか……少なくとも、カンタンに〝口《くち》〟に出せるもんじゃないと思うから……。

僕が、あの事件を起こした時……いや、つかまった時、頭の中は、まっ白か、まっ黒でした。生きているけど、死んだと思った。ほんとに、僕自身、この先、生きている〝意味〟なんてないと思ったし、〝死にたい〟と思うより、死んだと思った。……両親も、友達も、見ているだけだった〝夢〟も、明日も未来も全て、もう僕には〝ない〟と思った……。けど、そうじゃなかった。……友達が、アキちゃん、ジョー兄、チーズ、S君が、心配して、かけつけて、来てくれた。いそがしい中、こんな僕のために……はげましてくれたり、言葉だけじゃなくて、見せかけじゃなくて、なんにもない僕のために、この先のことを考えてくれたり、弁護士さんに会ってくれたり、話をしてくれたり、外に出てからの僕を楽しみに待っていてくれている。

僕は今、そんな〝友達〟に、何をしてあげられるのか……いや、僕自身……なんて言うのか、今やらなければ、考えなければ……というか、友達といっしょに〝成長〟して行くために、これから僕はどうあるべきか……。

僕が今、思っていることは、……やっぱり口《くち》ではうまく言えないけど、一つ言えるのは、〝さみしさ〟に負けてはいけない、〝もう二度と負けるもんか〟と思った。
僕には、本当に、いい友達がいる。けど、あの事件の前の僕は、アキちゃんやジョー兄やチーズ、S君の事を、いくら友達だと思っていても、心のどこかに、その友達を信じていない、と言うか、不安と言うか……僕が、あんな、イジメる側になった時、友達は僕のことを怒ったとしても、まさかあんなふうに悲しんでくれると思わなかった。……僕は多分、誰かに、自分の気持ちを〝一方的《いっぽうてき》〟に知ってもらいたかっただけで、人の気持ちなんて、知ろうとするどころか、どうでもよかったのかもしれない。……いや、ふみにじっていたんだと思う……ほんとうに、人の気持ちをわかってあげていたんなら、あんな友達や、両親を、裏切ることはしていないと思うし、ホームレスの人達に、あんなひどいイジメを、していなかったと思います。僕はもっと、もっと、人にやさしくなりたい。心の底から、人にやさしくなりたい。そして自分の気持ちを、誰かに知ってもらう前に、誰かの気持ちをわかってあげたい……。僕は、僕には、この思いが足りないのだと思ったから、そうして僕はこれから生きていきたい。……だから「一人ぼっちがいや」だから、何かをどうするんじゃなくて、そんな事を思う前に、自分が今、どうなのかを、考えるべきだと思いました。（中略）
……本当にありがとうございます。感謝しています。……いつになるかわからないけど、ほんとに、ゆっくりと、みんなで、年子さんと話ができる日を、楽しみにしています。そして、さくらの花びらのおし花、ありがとうございました。それでは、元気で、身体をこわさずに……。

四月二十二日〜二十四日記

謝罪の行くえ

便せん九枚にわたる手紙といっしょに、ゼロの自作の詩が二編、同封されていた。一つは『ラスト・チャンス』と題するいまの自分の心情をつづった詩。そしてもう一つは、ゼロが両親への思いをうたったものだった。

〝ファザーANDマザー　あなた達の顔を初めて見た時に
ファザーANDマザー　この世界で初めて「光」をあびた時に
何を僕に望んだのか　何を僕に夢見たのか

産声をあげていた　あのころにもどれるのなら
僕はもっと今よりも　いい子に育っていたのに
ごめんなさい　ごめんなさい　僕はこんなに悪い子だ

ファザーANDマザー　あたたかく　誰よりもやさしかった
ファザーANDマザー　そんなこと　誰よりも知っていたのに
ずっとあまえていたんだ　僕はあまえていたんだ

産声をあげていた　あのころにもどれるのなら
僕はそんなあなた達に　何かをしてあげられたのに

まだ　おそくはないですか？　僕を許してくれますか？
ありがとう　ありがとう　てばなさず　育ててくれて
ありがとう　ファザーANDマザー
ごめんなさい　ファザーANDマザー　……〟

事件をとおしてはじめて、皮肉にもゼロは求めつづけていた〝ほんとうの友情〟に出会い、両親からの〝無条件の愛と許し〟を実感した。その気づきから、ゼロはいま、彼らの友情や愛情を「裏切った」自分を内省し、「ごめんなさい」と詫《わ》びている。

けれどゼロの謝罪は、まだ、自分が奪った藤本さんの〝いのち〟には、届いていない。ゼロ自身がまだ、藤本さんに出会えていない——そう思えてならなかった。

彼が、自分の犯した罪の重さを痛感するということ、それは藤本さんの〝いのち〟の尊厳を知ることであり、自分がいじめていた「浮浪者」がどんな「人間」であるかを理解すること。そして彼らが、自分と同じ、どんな「弱者」であったか、彼らと自分のなかにあるはずの同じ痛み、同じ怒り、さらに同じ人間としての「権利」に気づき、共感できたとき、はじめてゼロは、ほんとうに藤本さんと出会える——にちがいない。

アキに、差しいれを頼んだ『釜ヶ崎の風』には、「こどもの里」の夜まわりのなかで子どもたちがつづった作文や、野宿者を支援する釜ヶ崎の人びとの活動の記録がまとめられていた。ゼロにぜひ、読んでほしかった。が、その後、アキが拘置所の窓口で差しいれようとしたところ、『釜ヶ崎の風』は「差しいれできない」と係員に差しもどされた。理由を聞いても「問題がある」というだけで、かたくなに断られたという。「釜ヶ崎」を知り、野宿者の状況を学び理解することが、なぜ「問題」なのか。拘禁される人間の「知る権利」が保障されず、「学ぶ権利」が奪われているだけでなく、彼らを〝更生〟させようとする権力の側じたいに、「釜ヶ崎」や野宿者への差別と偏見が、確固として存在している。

〝いじめ社会〟の共犯性

ところで、ゼロの両親を、私はまだたずねられずにいた。しかし、事件から二か月後、私は最初に月刊雑誌に書いた記事《ルポ》の掲載号をゼロの家族にあてて送り、あわせて今回の事件にたいする私自身の思いと、家族の承諾をえないまま記事にしたことへのお詫び、さらに今後の取材・執筆への理解と承諾をお願いする手紙を、書いてだした。

その後まもなく、ゼロの母親から、一通の絵はがきが届いた。取材を拒否されるのは覚悟のうえだった。けれど、そこにつづられていたのは、ゼロの母親からの「ありがとうございます」の言葉だった。たった十行たらずの短い文面にこめられた、そのゼロの母親の思いを、私は同じ〝母親〟として、痛切に受けとめた。

以来、私はゼロの公判を傍聴したあとや面会にたずねたあと、毎回かならず、ゼロの母親に電話で状況を報告するようにもなった。ゼロの家族が、法廷に姿を見せたことはなかったが、ゼロの母親は、被害者・藤本さんの位牌をつくり、自宅の居間の仏壇に置いて、毎日かかさず手を合わせていた。

「あの子にも、毎日かならずそうするように、いってます……。でも、あの子自身、ほんまに自分のやったことが、どこまで、わかっているんか……」

子どもが犯罪をおこせば、おのずとその家族・親、とりわけ母親がまず、その責任を問われて追及される。

どんな育て方をしていたのか、いったいどんな家庭環境だったのか。しかし私はゼロの母親に、そうした問いかけを、あえてしてこなかった。

幼いころからてんかんの持病をもっていたために、つい口うるさく薬を飲むことや生活習慣に干渉していたかもしれないこと。その一方で、甘やかしわがままにさせてきたかもしれないこと……。母親自身が、何度も自分を責めるように思い返し語ることもあった。そんなとき私にできるのは、電話の向こうの彼女の嗚咽《おえつ》や自責や問い直しを、ただ黙って聞いていることだった。

これまで、少年や若年層による凶悪事件が起こるたびに、こうした「家族の問題」が問題視されてきた。一九八三年の横浜「浮浪者」殺傷事件のとき、加害者の少年十人たちの多くが、母子家庭、離婚家庭、いわゆる「欠損」家庭であったことが、取りざたされた。彼らがまた、学校のなかに居場所をもてない「落ちこぼれ」であったことも、クローズアップされた。しかし、「人間」を襲うという「弱者いじめ」の背景を、個々の「家庭環境」や「成育歴」、あるいは学校のなかでの「非行歴」や「学業・成績」のよしあしにのみ帰結させ、問題視していくことに、私は大きな疑問と危険性を感じている。

彼らが襲った「弱者」が、なぜ「人間」あつかいされず、襲撃の対象、いじめの標的にされるにいたったのか。襲った側と、襲われた側の双方が、この社会でどういう立場におかれ、どんな痛みや生き苦しさを感じているのか。そして彼らが襲い襲われる関係ではなく、「人間」として出会い、つながりあっていけるためのどんな環境や教育が、いま必要なのか。彼らの行為・犯罪・事件を、あくまで、この社会システムを支えている意識全体の「共犯性」から問いなおしていくことが必要であり、その作業なしにこの「いじめ社会」を越えるための道すじも手がかりも見いだせない、と私は思っている。

いじめる側の真意

語りはじめたゼロ

一九九六年九月十二日。大阪地裁で第七回公判がひらかれた。

審理も大詰めを迎えたこの日、ゼロは二度めにして最終的な被告人尋問にのぞむことになった。

なるべく被告人席が見えやすいように、私はいつものようにまえから二列め左寄りの傍聴席に腰かける。となりの座席にはアキとチーズがならんで座り、やがて緊張した面もちで入廷したゼロの姿を、神妙に見守っていた。

ゼロにはいつも、こうして背後から無言で彼を支え励ます友人たちの存在があった。けれど、この傍聴席に、被害者である藤本さんを知っている人が一人でもいるのだろうか。亡くなった藤本さんに代わって、被害者の痛みと無念さをもって、この審理を見届けようとする人がいないだろうか。そう祈るように、まばらな傍聴席を見渡すたび、私はいつも虚しい気持ちにおそわれた。そして私自身、被害者と加害者、両者の立場に身をよせながら法廷をみつめる葛藤を、ずっと抱えていた。

「それでは弁護人による被告人尋問をはじめます」

裁判長の声にうながされ、赤と黒の格子柄のシャツを着たゼロが、正面に歩みでる。

第二回公判以来この半年間、証言者への証人尋問がつづくなかで、ゼロは一度も法廷で口をひらいていなかった。今度こそ、ゼロは自分にとっての真実を、ゆるがずに語ることができるだろうか。

この公判にさきだち三週間まえの八月二十日、ゼロは分離公判中の友人Tの裁判に、弁護人側の証人として出廷していた。ゼロの「共犯者」として同じ傷害致死罪で起訴されているTは、法廷でも一貫して犯行を否認し、被告人弁護側は検察側と全面的に争っていた。ゼロの証言は、その被告人Tの「黒か白か」をめぐる審理に大きく影響し、Tの「冤罪」の可能性を強く主張するものともなりえる。ゼロはそこで、何をどう証言できたのか。

ゼロの弁護人はまず、Tの公判でゼロが証言した内容の確認から、質問をはじめた。

——あなたは八月二十日にTくんの裁判に証人として出廷しましたね。

「はい」

——質問したのはどなたですか。

「検事さんです」

——すると、Tくんの弁護人からの質問はまだということで、また次回も出廷の予定ですか。

「はい。九月十七日です」

——八月二十日の尋問にたいしては、自分の思っていることとか記憶していることは、素直にいえましたか。

「はい」

——そのなかで確認しますけど、被害者の藤本さんをこの事件のまえに知っていたかどうかについて、あなたはどういいましたか。

「いや、知らないっていいました」

検察側が証拠提出した供述調書では、ゼロが事件のとき「藤本さんの顔を見て、以前、段ボールを投げ返してきた乞食だなとわかり、それで川に投げこもうと思った」ということになっていた。顔見知りで、しかも敵対心を持っていたとすれば、直接的な〝動機〟が明確で、より犯意が強まることになる。

――藤本さんを橋の欄干のうえに持ち上げたのは、どういう目的でやったのか、という質問にたいしては？

「びっくりさせるために」

――欄干のうえに持ち上げたとき、藤本さんはどんな姿勢になっていましたか。

「座ったような感じです」

――藤本さんが川に落ちたのは、どのようにして落ちたと説明しましたか。

「(藤本さんが自分を)つかみかけてきたので、ぼくがパッとその手を振りはらって」

――そしたら落ちたということですか。

「はい」

――藤本さんを橋に持ち上げて落ちるまでのあいだ、Tくんが手伝ったかどうかについては？

「いいえ、見てませんと答えました」

――あなたが一人でやったという答えですか。

「はい」

——いまいったようなことは、それはあなたの記憶にしたがって、素直にしゃべったことですか。

「はい」

——すると、それが事実ということですね。

「はい」

よどみなく質問にきっぱり答えるゼロの姿は、第二回公判でのあやふやな態度とはまるで違っていた。

——Tくんの公判に出るまえに、検事さんとの打ち合わせの段階でも、あなたはいまいったように答えたんですか。

「はい、いいました」

——それにたいして検事さんはどういってた？

「〃やっぱりTくんとやったんとちがうんか〃みたいなことを何回も聞かれました」

——で、あなたは、いや、これがほんとうですっていったわけ？

「ていうか、〃ぼくは一人でやったことしか覚えてません〃といいました」

——いままで警察や検察庁で、それと違うことをいってきたのは、どうしてなの？

「それはやっぱり、刑事さんの調べとかで……。最初のほうは、ぼくも〃一人でやった〃っていうてたけど、何回も何回もいっても、やっぱしちゃんと聞いてくれなくて。で、だんだん、疲れてきて」

さらにゼロは取り調べ時の自分の心身状態について、

「刑事さんから〃二人でやったという目撃者がおる〃といわれて、ぼくもそうなんかなー、ひょっとしたら二人でやったんかな、というふうに思いこんで」「刑事の調べもきつかったし、てんかんの病気が起きてるのに〝都合のええ病気やな〟とかいわれて、すごいつらかったんで、死にたいと、自殺したいと思ってたぐらいつらくて、それでそういうふうなことをいいました」と、Tの公判で証言したことをすべて認めた。

初公判から約七か月。いまようやく、ゼロは〝自分の記憶〟を信じ、自分のやったこととやってないことを明らかにし、みずからの真実を問う審理のスタートラインに立ちはじめていた。

償いきれない罪とは

そして弁護人は、はじめて、ゼロのいまの藤本さんへの思いをたずねた。

——現在あなたは、被害者の藤本さんにたいしてはどんな気持ちですか。

「ほんとに、人の命っていうものを……そまつにしてしまったというか、ほんまにもう……償っても償いきれないことをしてしまったと思ってます」

——あの日、藤本さんをいじめたのは、どういう気持ちからそういうことをやったんですか。

「いまとなっては、自分でもなんであんなことをしたんやろうと思います……」

——いまから思い返して、どんな気分でやったと思います?

「やっぱり、ぼくが過去にいじめられた経験もあったやろうし……それを見ててつらくなったというのも、あったと思います」

さらに弁護人は、事件以前のゼロの「ホームレスいじめ」について聞いていく。

ゼロが野宿者をいじめるようになったのは、事件の起こる四、五か月まえぐらいからだった。最初は、仲間たちと戎橋で過ごしているときに「ちょっかい」をかけてくる野宿者にたいして、反発したりやり返したりするようになったのが、きっかけだったという。

――で、そのうち逆に、なんもしてない人をいじめるようになったわけやね。

「はい」

――それはどうして？

「やっぱり……そういうふうな人見てたら、自分の過去っていうか……なんでこの人らは向かってこうへんのやろって」

――自分もいじめられてはむかえなかったと、そういう時期とオーバーラップして、ホームレスの人、はむかってこない人を見るとどんな気持ちになるの？

「つらい……。つらいっていうか、その人らに腹立ってんのか、自分に腹立ってんのかわからへんけど、なんかこう、ムカムカいやな感じがして……」

――おもしろいとか、そういう気持ちはあったの？

「いや……なかったと思う。おもしろいとかはなかったと思う」

――要するにムカムカしてくるとか、そういう感じのほうが強いわけ？

「はい」

――あなた自身、そのホームレスの人を見て、いまどう思います？

「もし普通にとおりかかってたら、なんも思わへんかもしれんけど……。そこで、その人ら見てどう思うって聞かれたら、やっぱし、なんでこの人らは、こんななってしもたんやろうって考えてしまう」

――〝こんな〟とはどういうこと？

「こういうふうに働かへんと……そこらへんで……」

——何もせんと寝ているという感じ？

「はい」

——なんでこうなったんやろうと、その人らを見て、気持ち的にはどうなるの？

「悲しくなります」

——いまの気持ちとしては、そういうホームレスの人を見ても、いじめようという気は起こらない？

「起こりません」

——いま、振りかえってみて、ホームレスをいじめてたことについてどう思いますか？

「自分でも自分のやったことが信じられないっていうか……。恐ろしいて……こわいです、自分のやったことが」

それがいま現在の、ゼロが自分の内面を言葉にできるせいいっぱいの表現なのだろう。けれど、私にはゼロから伝え聞きたいものの何かが、まだ足りなかった。「償っても償いきれない」という罪を感じているゼロに、その償いのためにも、自覚し、認識し、意識化しなければならない何かがまだ欠けているように思えた。しかし、それがいったい何なのか、私自身にもわからず、言葉にできないでいた。

弱い自分への嫌悪感

その後、第二回公判に引きつづき、弁護人はゼロが小・中学校時代に受けていたいじめの状況を確認した。

いじめっ子に、「蹴られたりとか殴られたりとか、ロッカーのなかに入れられて、そのままほっとかれたり」「手錠を手にかけられたまま、屋上に、授業中ずっとほったらかしにされた」。先生が助けに来ることはなく、いじめられてるのを見ても、「〝あんまり廊下であばれんなよ〟って、そのまま行くぐらいでした」と、ゼロは語った。

そして、肝心のそのときのゼロの〝気持ち〟について、弁護人はあらためてたずねた。

――とくに中学生のころいじめられて、あなたとしてはどんな気持ちになりましたか。

「やっぱり、反抗できない自分が悔しかったっていうか、自分がもうイヤやったです。自分がもう……そんな人らに反抗できない自分が悪いんかなっていうような」

ゼロはそこではじめて「悔しかった」という感情を口にした。だが、そのゼロの怒りも嫌悪感も、やはりすべて「反抗できない自分」に向かっているのだった。

――悔しくて、そのあと、自分が悪いと思うの？

「はい。ぼくもだから、そんなことを他の人に相談したけど、やっぱし、なんもやってくれへんかったっていうか、やっぱし解決してくれへんかった……」

――そういう相談をだれにしたことがあるの？

「親にもやし、先生とかも」

――相談したけど、べつに自分のいじめられてる状態は変わらんわけやね。そのことからどう思っていくの？

「そのときは、今度その解決として、特別学級に入れられたんやけど、それがよけいあかんかったりして……」

——よけいいじめられたということか。

「もあります」

いじめという排除や攻撃の被害者が、さらに学校側の対応のなかで、教室からいっそう排除され攻撃されていくケースは多い。いじめる側の加害者にしかるべき措置がとられないまま、不登校や転校をよぎなくされるいじめられっ子たち、さらにいじめ自殺に追いこまれていく子どもたち。学校側による〝いじめ解決〟の策としてゼロが入れられた〝特別学級〟には、ほかにも三人の「障害」児や「精神薄弱」児などが教室から排除され追いやられてきていた。しかし、親も教師たちも、学校側のその差別的な措置にたいして、だれもその「不当さ」に怒り、抗議することはなかった。ゼロがそんな周囲の対応のなかで、屈辱や怒りを感じるよりも自分の弱さや病を呪い、自分を否定していくようになったのも、理解できなくはない。

——自分が悪いっていう気持ちになるっていうたけど、それはどんな気持ちなの？

「だから、自分がこんな、力ないから……ていう感じで。自分が、やっぱり弱いから悪いんかなって」

——もうそうなってくると、はむかおうという気持ちも起こらなくなるの？

「はい。はむかうというより、逃げたくなる」

——学校だけでなく、そういう弱い人をいじめることがあちこちで起こってるけど、どうしてそういうことが起こると、あなたは思います？

「それは……いじめられてる人とかも、はむかう勇気がないっていうのもあるし……いじめるほうも多人数で……。いじめられるほうも相談にのってくれるとこもないやろうし……」

——いじめられてる子は抵抗できないし、まわりからも何もしてもらえない。だからどんどん、いじめられる。そういう状況について、あなた自身はいまどう思ってる？

「少しでもやっぱり、みんなに関心もってもらいたいし……やっぱし減ってほしい」

――すると、いまみたいな状況やったら、いじめられてる子はどうしたらいいと思う？

「自分でやっぱり、しっかりたたかう、っていうたらおかしいけど、自分なりに前向きに、できることをやってみるとか……いじめられへんように」

――しかし、実際にはむかうのはむずかしい。じゃ、そういう子はどうする？

「いじめられへんようにするには……ぼくがそのときやったら、逃げてました」

――要するに、いじめられるような子のいるとこへ行かないとか、いじめられるなら学校行かないとか、それしか方法はないということやね？

「はい」

たたかうか、逃げるか。はむかえなかったゼロは、「いじめ」から生きのびるために、逃げることを選んだ。けれどなぜ、そのゼロが、今度はいじめる側にまわってしまったのか。

ゼロが、記憶をたどるようにあらためて語りはじめた声を聞きながら、私はつい四日まえに出会った、いじめられる側からいじめる側へまわった経験をもつ子どもたちの声を、思い起こしていた。

いじめっ子たちの心理

九月八日の日曜日、東京・世田谷区の城山小学校で、区内の子どもにかかわるさまざまな団体が加盟する「世田谷こどもいのちのネットワーク」主催の第二回『いじめよ、とまれ！』シンポジウムが開催された。

前々日の夜、実行委員の一人、烏山《からすやま》児童館の澤畑勉さんから連絡をもらった私は、全体会のあとの分科会で、「いじめる側の気持ち」について考えあう会に参加することにした。

当日の午後、その第三分科会「好きでいじめてるんじゃないんだよ」の一室には、若者をふくめた三十数人が集まり、車座になりながら、それぞれの体験や思いを語りあった。そのなかでもやはり、いじめられた子の多くが、「いじめる側にもまわったことがある」という経験を持っていた。

「いじめた経験も、いじめられた経験も持っています。登校拒否もしました」という千葉から来た女の子は、こう語った。

「小学校低学年のころ、十年まえに、いじめの映画で『やがて春』というのを見て、いじめられている子よりいじめている子のほうが、哀れでみじめだったことが印象的でした。私は、中学校くらいでいじめられて、高校になってから部活のなかで、ある女の子を、仲間はずれにする側に立ってしまいました……。なぜ仲間はずれにされるのかっていうのは、いじめられていたころの私ととてもよく似ていたんです。相手にコビを売るっていうか、やたらと下手《したて》にでて、見ていてイライラしていじめたくなってしまうというような感じの人でした」

かつての自分とよく似た人をいじめていたという彼女に、私はゼロの声を聞いているかのようだった。けれどすでに彼女には、そんな自分の行為と選択を問い直してきた軌跡が感じられた。

「だからほんとうは……、彼女にどうすればいいかっていうアドバイスをあげられる側の人間だったんですけど。彼女を助けることによって、彼女を守らなければならないという責任が、自分にでてきてしまうのがこわくて、逃げてしまいました。そのときに、むかし見た映画のことを思いだして……。あのときの自分は

ているのだった。

いじめの場から逃げることではなく、いっしょに「いじめる側にまわる」行為をさして、彼女は「逃げた」といった。そしてそれは彼女にとって、いじめられるよりも「哀れでみじめ」な体験として位置づけられているのだった。

横浜のある女子中学生も、同じ後悔を抱えていた。

「私がいじめる側になったのは……、小六のときにクラスのリーダー格の子と友だちですごく仲よかったのに、気がついたら、いじめられていて……。自分が悪いことしたとは思っていないのに、仲間はずれにされるのがイヤで、毎日毎日あやまりつづけて。それが一か月くらい続いてから、やっと〝仲直りしてあげる〟みたいにいわれたとき、〝仲直りしてあげるから、あの子をいじめて〟っていうか〝友だちだからできるでしょ〟といわれて。断ればよかったのに、そのとき抵抗する力がなくって、その子のいうままに動いちゃったことが、いまはとてもくやしく思っています」

しかし、抵抗できなかった彼女のその悔しさは、現在、自分の中学校で「生徒カウンセラー」となって「いじめ解決活動」に取りくんでいる彼女のパワーの原点にもなっていた。

「私たち生徒会の役員があいだにはいって、いじめられている子をどうしたらいいかという解決策を考えてあげるんです。いま、カウンセリングをしてても、いじめられている子の気持ちはわかります。いじめられている、だからつらい、イヤだって。でも、いじめてる子は何が理由で、いじめるようになったのか……。いじめられている子は相談もできて、悩みをきいてもらうことができるけれど、いじめてる子は、理由も気持ちもわからず、簡単に〝はい、仲直り〟とは、いかないと思いました。だから、いじめている人の気持ちを知りたくてここへ来ました」

いじめる側の気持ちを理解しなければ、いじめは解決できない。中学生カウンセラーの彼女は、その体験と実感からすでに問題の核心をつかんでいた。

見えない〝自分の価値〟

そんななかで私は、やはり「いじめた経験もいじめられた経験もある」というひとりの青年の、こんな言葉がなにより心にひっかかった。

「ぼくがいじめたときは、いつも自分がつらいときでした。いじめることによって、自分のつらい精神状態が、少しいい状態になるような気がしました。いじめられているときに、いろんないじめっ子の姿を見てきたけど、環境の恵まれない子とかが多くて、いじめる側にもつらい部分があるんだなと思って。いじめっ子には、どういうつらい部分があるんだろうと思って、今日は参加しました」

少し伏目がちに、静かに淡々と語る彼は、神奈川から来た二十歳の学生で、Kくんといった。ひととおり、参加者全員の話を聞きおえたところで、私は彼に投げかけるつもりで、思い切ってその場全体に問いかけてみた。

「いじめた経験のある人……。それが〝自分がつらいとき〟だったとしたら、そのつらさって、なんだったんだろう。自分にとって何がつらかったんだろう。どんな気持ちだったのかな？」

しばらく続いた沈黙のあとで、Kくんがうつむいていた顔を上げ、静かに口をひらいた。

「ぼくはいまもすごく、人をいじめたいなあって思うんですけど……。ぼくはいま、けっこう生きているのがつらいんで、もしだれかをいじめて、その人を不幸に落としいれることができたら、自分がましに見えるんですよね。仲間というか、自分と同じ立場にいる人がいると自分がましに見えるから、だからいじめたいという気持ちがあるし。それに、自分に価値があるってあまり思えないから、人を……、他人を、否定したいんですよ。他人を否定すれば、ほんとに自分がましに見えるから、人をいじめたいと思います」

その一言一言が、私の胸に強く突き刺さった。

「むかし、中学生のときにいじめられていたときも、クラスに二人いて、ぼくともうひとり。でも、二人で手を取りあって協力するって感じにはならなくて。ぼくはそのもうひとりのいじめられっ子を、ほんとにいじめたかったんですよ。だから、もうひとりがいじめられてるときは、ぼくはいじめに参加してたし。そんなのも、なんか、中学のとき社会科で習った、幕府が農民の下に『えた、ひにん』をつくることで、不満を解消したというのと似てるなあと思って……。ぼくの場合は、そんな感情で、人をいじめたいと思います」

そんな彼に、私は思わずたずねずにいられなかった。

「どうしてきみは、〝自分に価値がある〟って思えなくなったの？　だれが、何が、いつどんなふうに、きみに、そう思わせたの？」

彼は一瞬、驚いたように私の顔を見て沈黙し、しばらく考えて、つぶやいた。

「自分の性格もあるかもしれませんし、ちょっと、わかりません……」

これまで彼が、どんな環境を生き、どんなメッセージを受け、どんなふうに育ってきたのか。そして、なぜ「自分の価値」を否定し、他者をおとしめずにはいられなかったのか。いまのKくんにも、もちろん私にも、わからない。けれど、それはほんとうに、彼個人の「性格」のせいなのか。

その「いじめる側」の心の叫びに、私はあらためて気づかされた。〝自分に価値がある〟と思えない気持ちから、自分より弱く低い位置にだれかを置き、他者の価値を否定し、攻撃することで、「自分の価値」を確かめ、保障し、奪われた〝自尊心〟を取り戻そうとする行為――それこそが「いじめ」なのだと――。そしていま、多くの子どもたちが、Kくんのようにはっきりと「いじめる理由」を言語化できていなくても、彼の〝つらさ〟に通じる同じ生き苦しさのなかで、なけなしの「自分の価値」を必死で見出し確かめようと、だれかをいじめ、おとしめ、さらに満たされることない心の飢えを抱えたまま、自分を否定しながら、もがき苦しんでいる。

ただ存在しているだけで価値がある、生きているだけで素晴らしい――そんな「あるがままの自分」の価値を、いま、どれだけの子どもたちが、他者から認められ、自分に認めることができているだろう。そして彼らのなかで見えなくなっている自己の存在への「価値」と「権利」の意識、その基盤となる「自尊感情」をこんなにも子どもたちから奪ってきたものは何なのか？

Kくんに投げたその問いかけは、そのまま私自身にもむかう、いまの社会に生きるすべての親たち大人たちへの問いでもあった。

「ホームレスいじめ」への問い

「いじめ」という不当な暴力から自分を守れず、自尊心を奪われ、自分の価値を認めることができなくなった自己評価の低い心は、自分を否定する「自分いじめ」のなかで、さらなる「弱者いじめ」を生みだしていく。より弱いだれかを見つけ、他者の自尊心を奪うことで、自分の価値を取り戻そうとするか、あるいは、弱い自分をさらに否定し、自分のいのちそのものを傷つけ、その手で抹消していく。他者をいじめて殺すか、自分をいじめて抹殺するか。どこまでも再生産されていくいじめの連鎖は、そんな深い闇の谷底に、いま、子どもたちを追いこんでいる。

そして、ゼロの「ホームレス襲撃」も、そんな子どもたちの「いじめの闇」と同じ土壌のなかで起こっていた。

第七回公判中、弁護人につづいて検察官は反対尋問のなかで、ゼロの「ホームレスいじめ」の理由についてたずねた。

——あなた、いじめられた側の人間であったということだけど、いじめられた側の人間がなんでまた、浮浪者というか弱い立場の人をいじめたんだろう？

「…………」

——以前、いじめられたんだから、いじめられる者のつらさがわかっていて、いじめたらいけないっていうふうに思わなかったんだろうか？

「……自分では、いじめてるっていう感じがなかったんやと思います……」

——いじめてるんじゃなかったら、何をしてるとあなたは思ってたの？

「いじめてるというか、なんではむかってこうへんのやろうって感じで」

——でも、何もせずに無視していくっていうのも一つの方法でしょ。

「やっぱり、そういう人に目がいったんやと思います、自分と重なって」

——自分と重なった場合に、いじめられたらあの人たちもつらいよな、とは思わなかった？

「……思わなかった。ていうか、そのときは、そういうことを考えてなかったと思う」

——なら、あなたのほうは、なんでこいつら抵抗せえへんのやと思って、どうなったの？　たとえば腹立ったとか、あるいは情けなく思ったとか、どういう気持ちやったの？

「情けなく思ったのもあるし、腹立ったっていうか。それはその人らに腹立ってるのじゃないやろうけど、何かに腹立ってたんやと思います」

——何かに腹立っていたとしても、なんでその人たちに怒りを向けたの？

「昔、いじめられてたころのぼくに似てたから……でも、わからないけど」

——なんで殴ったり蹴ったり、花火投げたりもしたの？　どんな気持ちだったの、そのとき。

「なぜっていわれても……どんな気持ちかわからない……。なんにも考えてないっていうか……そんな深く考えてなかったと思います」

——ゲーム感覚でやっていたということはあるの？

「……ていうのもあったと思います」

ゼロの答えは、くり返し同じところを巡っていた。ゼロ自身がまだ自分の感情を理解できず、理由を説明できず、それ以上の言葉を見出せないでいた。

まだ三十代前後にみえる若い検察官は、その後、やや挑発的にゼロに投げかけた。

——これからあと、この事件、どういう処分になるかは裁判官の判断やけどね。あなたね、さっきの弁護人との話だと、ギターを弾きたいとかいろんなことをいってたけど、もう二十五よね。

「はい」

――もうりっぱな大人やね。

「はい」

――ギターばっかり弾いてても、メシ食えんことはわかるよね。

「それは仕事しますよ、仕事したうえで」

めずらしく毅然と、いい返すようにゼロはいった。

先に弁護人からの質問のなかで、「今後、社会に出たらどうしたい？」と聞かれて、ゼロはこう答えていた。

「ホントにまじめに働いて、一生懸命生きていきたい」「細かいことはできひんから、力仕事とか、工場で荷物の整理するような仕事をしたいと思います」

そして「いま、好きなことができるとしたら？」と弁護人に問われて、ひとこと、「ギターを習いたい」といった。その言葉尻をとらえて検察官は突いてきたのだった。

――仕事って、何？

「だから細かい仕事とかは苦手やから、体使って」

――具体的に何屋さんとか、たとえば大工さんとか、鳶職《トビ》とか。

「はい、現場仕事」

――親御《おやご》さんとの関係は、これ、事件まえはうまいことといってたの？

「まあ、そんな問題はなかったと思います」

――親御さんと、それから今回もまあいろいろ出てきているミナミのほうの友だちとね、どっちのほうに親しさを感じてたの？

「……親しさいうか、友だちにも友だちに向ける親しさっていうのもあるし、親にもやっぱり両親に向ける親しさっていうのがありました」

もっともな答えだった。しかし、さらに検察官は問う。

——こんな聞き方もおかしいんかもしれないけど、いま現在、親御さんにたいする親しみと、ミナミの友だちと、どっちが親しみを感じる？

「へ……？　もう一回いってもらえますか？」

ゼロが質問の意味がつかめず問い直す。

——つまり、どっちが大切やろう？

「……そら、両親やと思います。育ててくれた両親やし。こういうこと起こしても、ほんまに見捨ててへんっていうか。つかまったときも絶対、縁切られると思ってました。けど、ちゃんと(面会に)来てくれる両親にたいしては、ほんまに大切やって思います、感謝してます」

そのとき私にも検察官の質問の意図がよくわからなかった。が、あとで法廷を出てからアキが苦々しく語るのを聞いてハッとした。

「なんであの人、あんな意地の悪い質問するんやろう。私かてそう聞かれたら、ゼロくんと同じように答えると思う。やっぱり親は大切や。でも、くらべられるもんやない。あの人は、親と友だちとどっちが大事かなんて、選べるんやろうか。まるで私らミナミの友だちが、つきおうてたらあかん人間みたいな言い方やんか」

アキが検察官の言葉に感じた不愉快さは、比較しようのない親への愛と、仲間との友情、その「価値」に優劣をつけさせようとする行為への憤りだった。また、選ぶべき友だちの「基準」として、〝ミナミの橋に毎晩たむろするような友だち〟を、より低く劣悪なものとして見る差別と偏見への怒りであった。

しかし、ゼロの「ホームレスいじめ」は、その仲間たちが遠去かっていく疎外感と孤独のなかではじまっていたのだった。ゼロにとって、失われていた「自分の価値」をはじめて見出せた唯一の場所が、学校でも社会でもない、あの「橋」のうえでの仲間との出会いの場であり、彼にとってなにより必要なのが、たがいの存在をありのままに認めあい必要としあえる人と人との関係だった。

けれど、そのつながりを見失い、「自分の価値」を見出せなくなったとき——ゼロは、ふたたび「自分」を否定し、「弱者」を襲ってしまったのではないのか。

裁判官からの叱責

公判の終わりまぎわ、向かって左側の裁判官があらためてゼロに、戒《いまし》めるように、強い調子で「ホームレスいじめ」について問いただした。

——本件のまえに、花火をしこんだ煙草をホームレスの人に与えてみたり、スタンガンを押しつけてみたりというようなことがあるのか？

「はい」

——スタンガンをきみが購入したのは、ホームレスの人に使うために？

「いや……そういうわけじゃないです」

——なんのために買ったの？

「いや、おもしろ半分で、どういうふうなものかということで」

——買ってそれをホームレスの人たちに使ってみようかと考えたのは、どうして？

「いや、どういうふうなものかわからへんかったんで……。実際、どういうふうになるかっていうのが」

——人に使えばどういう結果をもたらすかということは考えなかったのか。わからなかったのか？

「はい……」

——なんで？　きみには想像力もないのか？　花火をしこんだ煙草を与えて火をつけたらホームレスの人がどうなるか、考えられなかったのか？

「というか……考えてなかった思います」

——どうして?!　面白半分でやってたんじゃないの?!

怒りをこめた激しい口調で裁判官は、たたみかけるようにゼロに詰問した。

——やってたの?!　面白半分で!!

「ハ、ハイッ」

——きみ、殴られたことあるよね？　子どものときに。

「はい……」

——痛みはわかるよね？

「はい」

——どうして他人の痛みがわからないの?!

「……なんで自分でも、あんなことしたんかとは……」

——どうして自分はこんなひどいことを、残酷なことをやってしまったんだろうと。それを突きつめて考えないと、きみがこれから仮に何年後かに社会に戻ったとしても、きちんと社会人としてやっていくことはできないんじゃないの？

「いや……そのときはほんとうに自分でも、自分でもやっぱしどこかに、やったらあかんいうのはわかってたと思います」

——わかってても、やってるわけでしょう。普通の人間は、こんなことやりもしないし、しようとも思わないんだよ。

「はい」

——でもきみはやってるわけだよ。自分は普通の人間とどこが違ってたのかということをよく考え直さないといけないんじゃないのか。

「はい」

ゼロを問い詰めた裁判官の激高に、私は最初、心を動かされた。藤本さんのいないこの場所で、だれかがゼロに直接ぶつけなければならない叱責であり怒りだと思っていた。しかし、「普通の人間は、こんなことやりもしない」というのを聞いたとき、私の心は硬直してしまった。〝普通の人間〟とはなんなのだろう。この社会を動かし、回している多くの〝普通〟の人びとが、どれだけ「ホームレス」を差別し、「弱者」を排除してきただろう。そしていま、その〝普通〟の家庭で育った多くの子どもたちが、現実に人を襲い、仲間を傷つけ、この普通の社会の〝異常〟さを私たちに身をもって突きつけている。

ゼロが「普通の人間」と、あるいは私自身と、どこが違っていたのか――その明確な答えが私には見出せなかった。

そして裁判官はそのあと、「きみはこれから、社会に戻ったとして、どうやっていままでやったことを償っていこうと思ってる？」とゼロにたずねた。

「マジメになって、弱い人を助けたり」「弱い人の気持ちをわかってあげられるような人間になりたいです」とゼロは答えた。

そんなゼロに、裁判官は最後に静かに、しかし強く、こう語った。

「自分のしてきたことをちゃんと考え直して、そしてこれからどう生きていくか、真剣に考えていかないと、きみ、ほんとうにつまらん人生を送ることになるということを、忘れないように」

「はいッ」。ピシッと直立してゼロは答え、深く一礼した。

ゼロがほんとうに「自分のしたこと」の意味を知るためにも、まず、向きあわなくてはならない問いは何か。そのときゼロは、何がつらかったのか。自分にたいし、また自分とよく似た「ホームレス」の姿に、なぜ、尊重されるべき「価値」を見出せずにいたのか。そして、その奪われた「尊厳」の意味を知り、自分のうちに取り戻すために、いま、これから、何が必要なのか――。

終わりに近づこうとする裁判とは裏はらに、ゼロに向かう私自身の問いかけは、いまあらたに始まったばかりだった。

強者からの断罪

根拠のあいまいな論告

一九九六年十月二十九日、第八回公判で、ゼロはいよいよ検察側の論告・求刑を迎えることになった。昨年十月十八日の事件から丸一年がたち、亡くなった藤本さんの一周忌がめぐってきていた。

午後一時十五分。入廷したゼロを、私は傍聴席でアキと並んで見守った。六月にアキと結婚し、新しい就職先が決まったばかりのジョー兄は、この日も裁判のなりゆきを気にかけながら、仕事に出かけていた。

「では被告人、今日は検察官の論告・求刑を聞く日なので、そこで聞いていてください」

裁判長の柔和な声にたいし、被告人席のゼロはやや緊張した表情で「ハイ」と答えた。

眼鏡をかけた若い検察官は、唐草模様のふろしきから取りだした書類の束をめくりながら、聞きとりにくいくぐもった早口で、まず「事実関係」の説明から述べはじめた。（以下、「論告要旨」から抜粋。カッコ内とルビは筆者）

「被告人および弁護人は、第一回公判においては公訴事実を認めながら、第二回公判において前言を翻《ひるがえ》し、本件は、被告人の単独犯であり、被告人の犯行態様は、『被害者を抱え上げたものではなく、被害者を橋の欄干の上に座らせたところ、被害者が被告人に手を指しのばしてきたのでそれを振り払う暴行を被告人が加えたことにより、被害者が川の中に転落したものである。』旨《むね》主張するに至っている。

しかし、この主張は、被告人が自己の刑責《けいせき》を軽減させるとともに、共犯者T（原文は本名）を庇《かば》うためにする虚偽弁解でしかなく、公訴事実を優に認めることができる」

その根拠として検察官は、第一に「本件犯行目撃者の証言」をあげた。（いずれも原文は本名）

「本件においては、目撃者として男性A（事件当時、重要参考人とされた元ウエイターの青年）、女性B（Aらと戎橋に集まっていた若者の一人）、女性C（通行人の主婦）及び女性D（通行人の主婦・Cの妹）がいる。

これらの証言は、いずれも、符合しており、C及びD供述は、中立的第三者の供述である点から、またA及びBの供述は、被告人及びTをよく知る人物であり、両者を十分に識別しながら供述できるのであり、いずれも信用性がある。そして、これらの目撃者の供述は、いずれも被告人及びTが被害者を欄干の上から投げ込んだ態様について合致しており、相互に補強しあい、信用性を高めあっている」

第二に「被告人の捜査段階における供述」について。

「被告人は、逮捕当初は、公判廷における弁解と符合する供述をしていたが、その後、『警察官の取調べが厳しかったため、警察官に迎合して調書作成に応じていった。』旨弁解するに至っている。

しかし、被告人の当公判廷における供述は極《きわ》めて不合理である上、取調警察官（Y警部補）の公判廷における証言、被告人の取調警察官宛の手紙、第一回公判における被告人の供述、H弁護士の証言、J（ジョー兄）証言及び捜査段階における被告人供述の具体性・信用性に照らして、被告人の法廷における弁解は虚偽であり、被告人の捜査時の供述は、被告人が、任意に自己の記憶に従ってなしたものであること明らかである」

しかし、検察側はいったいどんな具体性・信用性にてらしあわせて、ゼロの当初の供述が「不合理」で「虚偽弁解」でしかないというのか。その根拠はなんら見当たらず、〝代用監獄〟の密室内で刑事に取り調べられたゼロのその後の〝自白〟の供述内容のみが、「信用性」のあるものと断定されている。

目撃者の証言についても、ゼロの「単独犯」を立証する目撃者の証言調書が、実際には存在している。にもかかわらず、検察側は弁護人の要求する証言調書の開示を拒否したまま、ここでもいっさいその存在を無視していた。

情状酌量の余地なし

つづいて検察官は、「情状」面からの論旨を述べた。

「被告人は、他人をいじめて自分の憂さを晴らすために、遊びとして本件被害者を川の中に投げ込んでおり、その動機は、卑劣かつ自己中心的・身勝手きわまりないものであり、酌量《しゃくりょう》すべき事情は全くない。人としてのいたわり、優しさとを全く持ち合わせることなく、被害者に対する、被告人の表現を借りると『プライドもなく生きている』『動物』との考えが本件動機の背景にあるが、そのような思い上がった考え、人を人とも思わぬ考えによる犯行であるから、とうてい許し難く、被告人の刑責を加重することこそあれ、軽減することはない」

また、「被害の重大性」に加え、「社会的影響の大きさ」については、こう述べた。

「本件は、事件発生当初から社会的耳目《じもく》を集めた事件である。(中略)肉体的に優位な若年者が本件被害者に対して遊び目的に暴行を加えることは、その卑劣さ、理不尽さ及び人間性の欠落した行為に強い社会的批判が向けられてきたところであるが、本件は、社会人が、生きている人をいじめて遊ぶ対象として考え平然と川に人を投げ捨てるほどに、人間としての思いやりやためらいをなくした行為に及んでいることに、社会が衝撃を受けたと言える。

しかも、被告人のこのような犯行は、模倣性《もほうせい》がきわめて強く、今後同種事案を引き起こす可能性が高い。本件のような無慈悲《むじひ》かつ非人間的行動を取る者が周辺にいたということにより、近隣住民や社会が、強い不安を覚え、畏怖《いふ》したのは明らかであり、この不安を払拭《ふっしょく》し、今後の同種模倣犯罪発生を防止するためには、本件に対し厳しい処罰が必要である」

いずれも、情状の余地はないというものだった。しかしここでは、事件に〝畏怖した〟「近隣住民」や「社会」じたいが、日ごろ、藤本さんら野宿する人びとをどのように扱い、どのように排除し差別し、より若い子どもたち「若年者」の意識や価値観をゆがませているかといった現実については、ふれられることもない。

最後に「被告人の無反省状況」が語られた。

「被告人は、捜査段階においては、取調警察官の説得に応じ、自己の身勝手な行動を反省したが、拘置所において、従前《じゅうぜん》からの仲間と面会し、Tが否認していることなどを言われると、仲間意識から再び自供を翻し、自己刑責軽減をはかっている。現段階において被告人に要求されることは、被害者に対する謝罪と、従前の生活、他人に対する考え方及び本件犯行に対する反省である。しかるに、被告人は、従前の仲間意識を引きずり、仲間を庇い、本件の真実を隠す行動に出ている。これは、被告人が本件と正面から取り組み反省することから逃げていることの証左《しょうさ》であり、反省とはかけ離れた態度である。被告人の実母は、被告人の犯行の重大さを認識し、被告人のことを考えつつ被害者の冥福を祈っているのに、被告人は、今後の生活について、『歌を作って暮らしたい』等と当公判廷で供述しており、本件の重大性及び被害者への真摯《しんし》な謝罪の姿勢が見受けられない。

このような人生に対して浮《うわ》ついて取り組む姿勢をとり、他人に対するいたわりを持たず、自分勝手な主張を繰り返している被告人の態度に鑑《かんが》みると、被告人は、いまだゆがんだ人格を有したままであり、同種再犯を犯す可能性は高い。未だ更生への道のりは遠く、矯正《きょうせい》施設内での矯正教育は必要不可欠である」

以上の論告のもと、検察官は求刑を告げた。

「よって、相当法条適用の上、被告人を懲役七年に処するのを相当と思料《しりょう》する」

弁護人側が当初、傷害致死罪として妥当と予想していた「懲役三年から五年」をはるかに上まわる求刑であった。

閉廷後、静かにアキと私のほうを振りむいたゼロは、無表情のまま刑務官に連れられて退廷した。アキは傍聴席から立ち上がれず、その場に泣き崩れた。

「ひどい……こんなん……。あのコがどれだけ反省してるか、どれだけ悔いてるか、あのコの手紙、読んでもらえたら、検事さんにも裁判官にも、きっと、わかってもらえるのに……」

いま、論告のなかで「従前からの仲間」として断罪されたアキが、だれよりもゼロの「反省」を訴えて泣いていた。

「目撃証言」のくいちがい

論告・求刑から約一か月後の十一月二十六日。第九回公判がひらかれ、弁護人側が最終弁論をおこなった。

まず、冒頭の「公訴事実の認否」について弁護人は、被告人ゼロが「当初より被害者を道頓堀川に投げ落とそうと思っていたこと、およびTと共謀したことは事実に反する」と、あくまで否認した。

また、その供述がけっして「自己の刑事責任を軽くするためやT君を庇うためのものではない」ものとし、「被告人にとって、T君と共謀したのが事実であれば、同君を庇うことによって得られる利益はなんらなく」、むしろ「訴訟上の有利、不利をまったく考えずにいたことが認められる」と説明した。（以下、法廷での弁論の概要）

「起訴後、弁護人の接見を拒否し、第一回公判において、検察官主張の公訴事実をすべて認めた被告人に、自己の刑事責任を軽くしたいとの気持ちがあったとは到底認められず、むしろ、捜査官に迎合して、早く楽に、取り調べ、裁判が終わってほしいと思っていたと考えられるところ、事実が事実ゆえ、第二回公判において被告人は、供述を逮捕当初のように本来の内容に変えたのです」

またここで弁護人は、検察側の主張する目撃者証言の供述調書は「信用できない」と、反証した。

まず目撃者Aは、〝藤本さんは欄干を背にしながら抱えあげられ、欄干に座らされた〟と述べたのにたいし、目撃者Bは〝ゼロが藤本さんを羽交《はが》いじめするようなかたちで抱えあげた〟と供述。AとBの証言では、被害者の向きが逆であり、抱えあげ方も異なっている。さらに目撃者Cは、藤本さんは〝川に背を向けて椅子に座っているような感じだった〟と述べたのに、いっしょにいたCの妹のDは、被害者は〝欄干のところに腹を当てるような恰好で〟と述べている。

またDの、〝両脇から二人の男に抱えられ、橋の欄干から上半身を道頓堀川に乗り出すようにしており、私の方から見るとその男性の背中と足しか見えませんでした〟といった供述も問題とされた。

「このように、目撃者の供述は、被害者が橋にたいして、背を向けていたのか、腹を向けていたのかさえまったく逆であり、抱えあげる態様も各々異なっています。さらに目撃者のDは、T君の公判において、証人として出頭し、〝調書については、はじめてのことだったので、ものの言い方にも正確さを欠いたと思います〟と述べ、被告人やT君の手の位置もはっきりしないと述べるなど、供述調書自体、目撃者の供述を正確に書かれたと思えず、到底信用できるものではありません」

さらに、ゼロの供述にそう「単独犯行」を証言している目撃者E、F（通行人のサラリーマンら）二名の供述調書の存在を指摘し、その証拠開示を拒否した検察側の態度をきびしく批判した。

「弁護人が要求した前記二名の供述調書の開示に検察官が応じないのは、みずから捜査権力を使って取り調べた証拠が、検察官申請の四名の目撃者の供述調書の信用性を判断するうえでも重要であるのに、みずからの立証上不利の理由から同開示を拒否するのは公益の代表者である検察官として公正でなく、真実追及より、みずから組み立てた犯罪の立証のみを優先するという考えであり、冤罪《えんざい》の一因となるものである。まして、本件は、弱者である被告人がより弱者である被害者へのいじめである。それを、被告人の供述に耳を貸さず、同供述の信用性を考慮するうえで重要な供述調書を開示せず、隠したまま訴訟を進めるのは、権力者である検察官が、弱者である被告人に対するいじめと同じ構造であり、事件の背景をまったく考慮しない姿勢であるといわなければならない」

同感、だった。しかし同時に、審理のうえでも重要なその証言調書の「存在」を指摘されながら、あくまで証拠開示することを検察側に勧告しなかった裁判官の姿勢にも、私は不満を覚えていた。

刑事というういじめっ子の圧力

さらに弁護人は、当初の供述を維持できなかった「被告人の供述の変遷の理由」についてこう説明した。

「それは、被告人がいじめられっ子であったことが、大きな原因となっています。いじめられっ子であった被告人にとって、いじめられた当時、いじめをやめてほしいといえば余計にいじめられ、学校では先生にさえ助けてもらえない状況のなかで、いじめる子が悪いというより、どうしようもないそのいじめの現実をまず肯定しなければなりませんでした」

その結果、強い子には従い、いじめっ子には迎合することで生きのびるすべを身につけてきたゼロにとって、人との関係はつねに対等ではなく「強者と弱者」があるのみだった。

「取り調べ官である刑事と被疑者の関係は、強者と弱者です。強者である刑事が弱者である被疑者であった被告人の言うことを聞かない、てんかんの発作が出ても無視する、怒鳴る。そのような行為は被告人にとって、いじめられっ子であったときのいじめの再現以外、何物でもありません。いじめられれば、強い刑事に従い、その仲間になろうとするのはやむを得ないことであり、真実を言い通しなさいと言うことは被告人を苦しめる結果となったのです。（中略）そのため、弁護人の限られた接見時間での支えでは支えきれず、二十四時間警察のなかにいる被告人にとって、刑事らと仲よくする道を選んだことは十分理解できる選択です」

しかし、その後ゼロは、弁護人の忠告により、一度は拘留理由開示の日に、裁判官のまえでふたたび本来の供述をしたものの、「その反動がかえって厳しく、警察で怒られ」、さらに刑事が「弁護人の悪口まで」言って遠ざけようとし、弁護人との接見も拒否するようになったこと。また、第一回公判で起訴事実を認めたのも、「裁判官のまえであっても、事実を述べることによって、ふたたび刑事に怒られるという拘留理由開示のときと同じことを繰り返すことを恐れ」たためであり、そのうえ、「刑事との約束を守ったことを手紙で報告さえしている」と、つねに刑事といういじめっ子の圧力下にあったゼロの脅えを指摘した。

「被告人には、捜査段階と取り調べが終了している公判時との区別さえついていなかったのです。第一回から第二回公判の間にかけて、早く終わることを考えていた裁判も、やはり納得いかず、真実は真実として話す気になり、また起訴後の時の経過とともに刑事の圧力から脱することができ、本来の供述に戻ったのです」「また被告人は、いじめられっ子であったうえに、脳疾患であるてんかんの病気があり、学校の成績も悪く、理解力が十分でなかったことも考えられ、供述の変遷経過はより理解されるものと思われます」

てんかんの病気を持つ人が、もちろんすべてその限りではないことを、あえて私はつけ加えておきたい。そして重要なのは、捜査段階においてそうした「病」を持つものにたいしてなされるべき配慮が、警察のなかでどれだけ認められ、被疑者の人権がどこまで保障されていたか、という点だった。

いじめ暴力への屈伏

最後に弁護人は、「情状」面の論旨を訴えた。

「被告人が被害者である藤本氏を死に至らせたことにたいし、被告人は、人の命を粗末にしてしまい、償っても償いきれないことをしたと思い、なんであんなことをしたのかと後悔し、自分のやったことが恐ろしくてこわいとも述べております。(中略)

本件およびそれまでのホームレスの人への被告人のいじめの遠因は、被告人の小・中学校のいじめにあったことにあり、いじめられ、友だちもいないことから、強くなり、友だちがほしいと思い、小さなキッカケからホームレスの人をいじめ、それが自分自身の体験と重なり、そのいじめが続き本件に至ったものです。

そして、被告人がいじめられた原因の一つがてんかんという病気であり、そのことは成人してから仕事にも影響し、事件当時、無職の原因となっています」

また、いじめられた経験があるなら、なぜ、いじめられる弱い者の立場がわからなかったのかという意見にたいするかたちで、弁護人はこう述べた。

「軍隊や古い体質の運動クラブのしごきからもわかるように、(中略)人はいじめなど理不尽な扱いを受けると、そのことにたいして立ち向かうことが困難なことから、現実を肯定し、やがて弱い者はいじめられても仕方がない、現に自分は経験し、耐えてきたではないかと心のどこかに思っていたとしても不思議でありません。はむかってこないホームレスの人にたいして、被告人は、つらくなったとも供述し、複雑な気持ちで自分およびホームレスの人に怒りをぶつけていたと考えられます。そこには、みずからの生活も無職で安定していないことも一つの原因であったと思われます」

いじめられ、否定され、自尊感情を奪われた心が、みずからの価値を確かめるかのように、さらに弱い他者の自尊心を奪おうとする。その「いじめの連鎖」はいま、他者にたいしてだけでなく、薬物依存・摂食障害・自殺といった、「自分いじめ」にむかう多くの少年少女たちの抑圧された自傷行為を増幅させてもいる。

「被告人自身、本件およびホームレスの人にたいするいじめに関し、より深く考え反省しなければなりませんが、被告人を責めるのみでは、弱者の気持ちを理解しないままの、強い者の弱い者への新たないじめであると思います。

また、ホームレスの人の不就労や不清潔感にたいして、社会一般の人が差別感情を有しており、そのことや、被告人の行為を放置し、見て見ぬふりしてきた人らも被告人の行為を助長してきたと考えられます。被告人がホームレスの人をいじめているときに、だれも止めたことがないということは、被告人自身がその犯罪性、非人間的行為であることに気づくのを遅らせた原因となっており、被告人の行為は現代の社会の反映そのものであり、被告人一人を責められるものではない、と思われます」

裁かれるべきゼロの罪は罪として、しかし、その背景にある社会全体の「差別意識」を問い直すことの必要性を訴える主張に、私は共感した。

「被告人は、本件罪の償いをなし、どうしていじめ、そして藤本さんを死に至らせたかと考え、社会復帰後は、てんかんの病気というハンディに負けず、力仕事でもなんでもする気で、真面目に働いて、まっすぐに生きていくことを誓っています。

被告人の供述の変遷が、いじめられっ子の体験から強い者である刑事に迎合した結果であることを理解していただき、被告人の供述の何が真実かを考え、供述の変遷および事件の遠因が、てんかんの病気、学業成績の不良、特殊学級とそれにともなういじめ、てんかんのため就労が困難であったことにあることを考慮していただき、寛大な処分をお願いいたします」

ゼロのはじめての〝抗議〟

弁護人が語り終え、着席すると、裁判長がゼロにむかっていった。

「被告人、これで結審しますが、最後にいっておきたいことがありますか?」

「ハイ」。ゼロは被告人席から立ち上がり、証言台のまえに歩み出ると、体を左側の検察官のほうにむけていった。

「このあいだの検事さんの論告で、ぼくがぜんぜん反省していないようなこと、いうたはったけど、ぼくはほんとうに、自分のやった罪の重さを感じてますし、どうやって償っていきたいか、ほんとうに考えてますから」

検察官に向き直って、必死にそれだけ告げたゼロに、私ははじめて彼が全身で何かに「抗議」する姿を見た。一年まえの、オドオドした目で、背中を丸め、体をこわばらせ脅えていたかつてのゼロの姿は、そこにはなかった。自分を尊重することの大切さ、そして自分を尊重できてはじめて、他者の権利を尊重できること。その意味を、ゼロはいまはじめて、身をもって表しはじめていた。

実際、公判の翌日、拘置所へ面会にたずねると、ゼロは、こちらが予想していた以上に、「懲役七年」といった求刑にたいしてもかなり冷静に受け止めていた。

「たしかにいろいろ考えました……でも、七年ってきいて、とりあえず自分のなかで区切りがついたっていうか、一歩前進した気がしました。それまで、先が見えないっていうか、ずっとモヤモヤしてたから」

むしろ目標を得たかのようにいうゼロの力強い声に、「償い」のために与えられる課題ならば甘んじて受け入れようという積極的な意思すら感じられた。

「でも、やっぱり自分のいいたいことは、ちゃんというていかなあかんと思ったし、自分のやったことを反省するためにも、ぼくががんばらなあかんと思うし……。自分でも、事実をはっきりさせたいと思います」

この一年、少しずつ少しずつ、ゼロは成長していた。

判決の言い渡しは、二か月後の翌年一月二十三日と指定され、一月の初公判から全九回、十か月余をかけた審理が、これでついに結審した。

いのちへの謝罪

解禁された手紙

いよいよ十日後に判決を待つだけとなった新年一月十三日の夜。私は、ゼロに手紙を書いた。

それまでゼロへの手紙にも、面会でも、私から事件の核心にふれる意見や質問をストレートに投げかけることは、あえてひかえてきた。公判中、ゼロが自分で考え、自分で答えを見出そうとするまえに、一方的に意見をおしつけ、彼の法廷での発言を左右するようなことがあってはならないと、私は自分に課していた。そのため、私がこのかん雑誌に連載してきた事件のルポも、すべての審理が終わるまでは弁護人に預かってもらっていた。

そしていま、ようやくそれらの〝禁〟を自分に解いてもいいと思える時期が来た。ゼロに送る四度目の、けれど私にとってはじめて、自分の率直な思いをゼロにぶつけた手紙だった。

ゼロくんへ

新しい年を迎えましたね。元気にしていますか。

新年の賀状を出せればいいのですが、やはりまだ「明けましておめでとう」という時期ではないと思い、あらためて、お便りすることにしました。

昨年一年間は、私自身、ゼロくんとともに月日を過ごしたような、学びの多い一年間でした。毎月、ゼロくんの公判に通い、そしてアキちゃんたちと出会いながら、何度もたがいに問い直し、学び直してきたような一年間でした。そのたびに、少しずつ、ゼロくんの成長が感じられたのが、なによりうれしい一年でもありました。ゼロくんは、この一年を、どう思っているでしょうか。（中略）

このあいだ、少し面会のときに話したこと、覚えていてくれてますか？

私が出会ったあるいじめっ子が、「ぼくがいじめてるときは、いつも自分がつらいときでした。いじめることによって、自分の精神状態が、少しいい状態になるような気がしました」と、いったこと。

彼は、くわしくいうと、こんなふうに語ってくれました。

「ぼくはいま、生きているのがけっこうつらいんで、もし、だれかをいじめて、その人を不幸におとしいれることができたら、自分がましにみえるんですよね。……それに、自分に〝価値〟があるってあまり思えないから、人を、だれか他人を、否定したいんです。他人を否定すれば、自分がましにみえるから、人をいじめたいと思います」

Kくんという二十歳の青年でした。そのコトバを聞いたとき、私はずっと、ゼロくんのことを考えていました。

〝じゃあ、ゼロくんはそのとき、何がつらかったんだろう〟って。

だれかをいじめなくては気がすまないほどの感情が、ゼロくんの心をおそっていたとき、ゼロくんは何がつらかったんだろう？　ゼロくんも、自分に〝価値〟があると思えないようなつらさを持っていたんだろうか？

だとしたら、なぜ、自分に〝価値〟があると思えないような心の状態に、追いこまれていたんだろう。

そんなことを、ずっとずっと、考えていました。

そしてこのまえの面会で、思いきってゼロくんに「何がつらかったの？」と聞いたとき……ほんとうは、すぐに答えが返ってくるとは予想していませんでした。「よくわからない……」と、ゼロくんはまた考えこんでしまうだけじゃないかと思ってもいました。だったら「いそがなくてもいいから、考えてみてね」とだけ伝えて、また、ゼロくんの声を待とうと思っていました。

けれど、ゼロくんは、あの場ですぐに答えてくれました。「みんなと同じことができないのが、つらかった」と。

まわりの同世代のみんなと同じように、就職してまじめに働きたかったこと。そして運転免許を取りにいったけど、病気のために取れなかったことも、その一つだったと。

私はそれを聞いて、ああ、ゼロくんはこの一年間で、何度も自分なりに、自分を問い直していたんだな、と実感しました。ずっと考えていたんだな、見つめ直してきたんだな、と思いました。それがなにより、いままでの面会のなかで一番うれしかった。はじめて私の投げたボールが、ゼロくん自身から、返ってきたように思いました。

そしていま、私はあらためてゼロくんに、もっともっと考えてほしい、と願っています。

だれかを、「ホームレス」の人たちを、いじめてたころ、あるいはそのまえ、ゼロくんは、何がつらかったのか？　ゼロくんは、何にいらだっていたのか？　ほんとうは、どうしたかったのか？「みんなと同じように」何がしたかったのか？　ほんとうは、何にたいして怒りたかったのか？

そしてもしも、ゼロくんにも、Kくんのような思い（自分には〝価値〟があると思えない気持ち）があったのだとしたら、なんでそんなふうに思わざるをえなくなったのか？　だれがゼロくんに「自分には価値がない」と思わせるようなことを、いったり、したり、したのか？　そして、より弱いだれかをいじめることで、そのつらい気持ちは、少しでも「精神的にラクに」なれたのか？

同じ問いを、私自身、自分に引き寄せて思い返してみると、やはり私にも、そんなときがありました。子どもを産んで、一日中、家事・育児だけの生活になってしまったとき、私も自分に〝価値〟があると思えなくなっていたのだと思います。いままで友だちとしてきたこと、働くこと、自由に行動すること、みんなができることが、自分にはできず、社会や周りから取り残されたような孤独な気持ちになり、そのいらだちを、ときに幼いわが子にぶつけてしまうこともありました。まさに「弱い者いじめ」をしたくなる感情が、私自身のなかにありました。そのときの自分を想うと「とてもつらかった」私がいました。

だからこそ、そんな「つらかった自分」とむきあい、何がつらかったのか、ほんとうはどうしたかったのか――自分の正直な気持ち、怒りもさみしさもやりきれなさもひっくるめた「ありのままの自分」を見つめ直し、そんな自分をただ責めるのではなく、「ああ、それがつらかったんだ」「それがくやしかったんだね」――と気づき、すべてを自分に認めてあげるところから、私は私自身を癒し、回復させてあげることができました。それには私も、長い長い時間がかかりました。

だからゼロくんにもいま、もう一度、ゼロくん自身の「心の叫び」――その声に注意深く耳を傾け、自分自身の素直な気持ちを、認めてあげてほしいと思います。

そして、その作業をするところからしか、亡くなってしまった〝いのち〟への御供養も、償いも、ないと思っています。ゼロくんが、弱さも愚かさもふくめた「ありのままの自分」を知り、それを受け入れ、尊重してあげるとき、はじめて、ゼロくん自身が、また他の弱い人の気持ちや立場を受け入れ、尊重してあげられる人間になるのだと、信じています。

ほんとうに「強い人」とは、たんに弱い人を守れる強い力のある人ではなく、「弱さ」を認め、受け入れ、尊重できることこそが、真の「強さ」だと思います。だからゼロくん、どうか、自分の「弱さ」を否定しないでください。弱い自分であっても、同じ弱さを持つ人に共感できる「弱さへの共感」を持てることこそが、真の「強さ」だと、私は信じています。

アキやジョー兄たちが、いじめられっ子だった自分を強くし、いじめっ子にやり返すようになりながら、それでもいま、ゼロくんの「弱さ」を受け入れ、たがいの「弱さ」を認めあって、そこから「強いきずな」を生み出していったように。けっしてただ力強くなることだけが「強さ」ではないはずです。（中略）

以前、私がゼロくんへの手紙に書いた、ゼロくんにとって必要な「意思」の核心とは、そんな弱さをひっくるめた「自分自身を尊重してあげる気持ち」ではないかと、一年たったいま、思うようになりました。

だから私は、ゼロくんに「怒ってほしかった」といいました。自分の権利や気持ちを踏みにじられたとき、その踏みにじった相手にたいして、正当に怒ってほしい、「NO!」を叫んでほしいと。

それをゼロくんは、あの最後の公判で、キッパリといいました。「ぼくはちゃんと考えています!」と。だから、うれしかった。たとえ相手が権威のある人でも、強者でも、自分自身の気持ちをなにより大事にして、ゼロくんはその「自尊の心」をキッパリと、あのとき守ったのです。自分を守れてはじめて他人を守れる人になると思います。裁判で「これからどうしたい?」と聞かれて、ゼロくんは「弱い人を助けてあげられる人になりたい」といいました。その言葉を現実のものにするには、まず「弱い自分」を尊重し、自分の権利を守れる人になることが、必要なのだと思います。自分にたいする不当な行為には「NO!」をいう勇気をもつことが、必要なのだと思います。

ゼロくん、私のいっていることが伝わっているでしょうか? きっと、いまのゼロくんになら、一年まえよりずっとよく伝わるんじゃないかと信じながら、必死でいま、これを書いています。

一月二十三日、たとえどんな結果になろうとも、どうかこの「意思」だけは強く持っていてほしいと、心から願っています。

一九九七年一月十三日

「橋の子」と「里の子」の交流

ゼロへの手紙を速達で拘置所に送った四日後、私はいそいで大阪へとむかった。

一月十八日の土曜の夜、「こどもの里」では今年度二回めの〝子ども夜まわり〟がおこなわれることになっていた。

里のホールで学習会がはじまろうとしていた午後八時、予定よりも突然早く、東京からかけつけた私に、「いやー、来れたの!」と里の共子さんが驚いて歓迎してくれる。そしてニコニコと笑いながら、何もいわずスッと一枚の作文用紙を、私に差しだしてきた。「なに?」といいながら、目を落としてのぞきこむ。

『夜回りに参加して』と題した作文の、署名を見て驚いた。アキの書いた作文だった。アキが、夜まわりに来ていた――。

私といっしょに釜ヶ崎をたずね、里に遊びにくるようになっていたアキは、「私、ひとりっ子やったから、いっつも一人で遊んでた。子どものころ、こんな場所があればよかったのに」と、訪れるたびに里が好きになっていくようだった。そして純ちゃんたちから夜まわりの話を聞くにつれ、「私も夜まわりに参加してみたいな」とつぶやくようになっていた。けれど、そのたびにアキは、「でも、やっぱり私は、釜ヶ崎の人から見たら敵やから……」と、ゼロの罪をしょいこむように、ためらいつづけていたのだった。

そんなアキの背中を押し、夜まわりへの一歩を踏み出させたのは、正月に届いた里の純ちゃんからの年賀状だった。

〝今年のこども夜まわりは一月十一日からです。よかったらぜひ来てください。〟

純ちゃんからのそのひとことがなかったら、アキがはじめてたった一人で釜ケ崎をたずね、里の夜まわりへとむかう勇気も生まれえなかっただろう。

「きっと今日も来るはずやわ。仕事の後やから遅くなるやろうけど」。アキの作文を握りしめたまま言葉を失っている私に、共子さんが笑ってささやく。

今年度、十一年目を迎えた里の「子ども夜まわり」の学習会テーマは、「寄せ場から『生命』を考える③――野宿するおじさんたち」。子どもたちはこの数年、アイヌ民族や、沖縄の人びとの「ヌチドウタカラ（生命こそ宝）」といった文化や歴史を学んできたが、ふたたび原点に立ちもどって野宿者の現状や釜ケ崎の歴史について学習していく。

この十年、子ども夜まわりの学習会では、さまざまな差別・人権の問題をテーマに取りくんできた。在日韓国・朝鮮人、「障害」者や高齢者、「原爆」被爆者、被差別部落などの問題、そして外国からの出稼ぎ労働者の問題を学ぶなかで、実際にフィリピンやタイのスラムで働く子どもたちに会いに出かけ、スモーキーマウンテンに暮らす子たちや、学費をつくるために押し花のカードを作って売るブリハンの子どもたちと交流するなどの体験も経てきた。

釜ケ崎の未就学児問題にながくケースワーカーとして取りくんできた小柳伸顕さんは、その夜まわりの学習会の内容を毎年コーディネートしてきた人でもある。ひさしぶりに里で会った小柳さんは、子どもたちの姿をにこやかに見守りながら語った。

「今年で里の夜まわりも十一年め。ぼくも子どもたちに支えられ、励まされながら、やってきた。そしてこちらが思う以上のものを、子どもたちから与えられ、学ばされてきました。だからこれからは、この十年で成長してきたそんな子どもたち自身が、学習会でも夜まわりでもリーダーとなり主役となり、純ちゃんたち若い人たちが中心になってやっていってくれればいいと思ってるんです」

そんな純ちゃんも、四か月まえに男の子を出産し、母親になった。赤ちゃんの父親であるマモルとは、たがいに里で成長した幼なじみであり、いまはマモルも里の指導員となって共子さんとともに働いていた。

かつて半年間を私がともに過ごしたほかの子どもたちも、学校を卒業し社会人になっていたり、結婚したり親になっていたり、会うたびにその成長ぶりに驚かされる。けれど、ここに集まり遊ぶ子どもたちの目の輝き、弱者の痛みによりそう優しさは、いまも、いつも変わらない。

学習会が終わろうとしていた午後十時、ミナミで仕事を終えたアキが、ひとりでそーっと里にあらわれた。

私の顔を見て、今度はアキのほうが驚いた。

「いやー、まさか今日、年子さんが来てるなんて！　びっくりしたわー」

たがいに予期せぬ、夜まわりでの再会を喜びあった。

橋からの〝卒業〟

その夜、私はアキといっしょに、釜ケ崎・南まわりの夜まわりに参加した。

冷たい路上に眠る人たちの一人ひとりに、アキは声をかけ、即席のみそ汁をつくり、おにぎりを手渡し、何度も毛布を取りに里へ走った。市営住宅の軒下で一枚の布団に二人でくるまっていた人たち、傷だらけの姿で路上に倒れていた人、立ち上がれず腹ばいになって車の下でうごめいていた人、毛布もなく全身を震わせてガード下でうずくまっていた人……。夢中で動き、動いては目のまえの現実に立ち止まり、自分が差しだしたものに「ありがとう」といわれるたび、とまどうように歪むアキの顔を見ながら、私は七年まえの自分自身の姿を重ねあわせていた。はじめて経験するさまざまな感情が、きっとアキのなかにも渦巻いていたにちがいない。

「自分のやってることは、〝偽善〟なんとちがうやろうか……。こんな社会の状況が、ほんまにいつか変えられるんやろか。変えられると思って、みんなやってるんやろか……」

夜まわりのあと、アキは混乱する気持ちをかくさずに語った。

「それでも、すぐには変わらへんかもしれへんけど、やっぱり私、もっともっと知りたいと思う。私自身が、もっと見て聞いて、知っていかなあかんことが、いっぱいあるような気がする。偽善かもしれへんけど、純ちゃんがいうように、夜まわりはおっちゃんらのためやなく、自分のためにするもんなんやって思う」

里を訪れ、純ちゃんたちに出会い、夜まわりに加わり、新しい居場所と仲間と目標をえていくなかで、アキはまた新たな希望を見出してもいた。

「私な、なんかひとつ今年からやりだしたいって思ってた。いままでずっとなんでも中途半端やったから。ミナミでもそうやった。べつにミナミの街が好きやったわけじゃない。お金もないし、他に居場所がなかっただけ。でも、橋でゼロくんやジョー兄やチーズやらに出会って、友だちになって、たしかに最初は、悪い言い方でいうたら傷のなめあいかもしれへんかった。でも、そこからこうやって、年子さんに会えたり、共子さんや純ちゃんに会えたり、釜や里に来るようになって、どんどん世界が広がっていって、私はいい意味で、橋を〝卒業〟できたと思う。でもゼロくんは、それができてない。私、六年後でも七年後でも、ゼロくんが刑を終えて出てきたら、絶対、里《ここ》に連れてきたい。絶対、いっしょに夜まわりに来てほしいねん」

一年まえ、戎橋で出会ったばかりのころに、アキは私にこう語ったことがある。

「何年かたったら、どうせみんなこの事件のことも忘れていく。でも、私らはゼロくんの友だちやから。忘れるんじゃなく、いっしょに進んでいく。ゼロくんと私らの絆もそこから見えていくと思う」

野宿する人びとのもとへと夜まわりに向かっていくアキの姿は、ゼロの背負う罪を分かちあい、ゼロの果たすべき償いをともに探しあい、いっしょに歩いていこうとする友情の絆の証かもしれなかった。

さらに、アキが顔を輝かせていう。

「私だけやなくてな、ジョー兄まで〝夜まわりいくんやろ。こんどの土曜、夜勤《やきん》なかったら、おれも行ったる〟っていうてくれてん。最初はあんなに釜ケ崎に来るのもイヤがってたのに。あのコがそんなことというなんて、信じられへん。ほんま、すごいうれしかった。子ども夜まわり、この冬あともう五回しかない。私、絶対ぜんぶ来たいねん」

翌週からは、ジョー兄も仕事を終えてから釜ケ崎に駆けつけ、アキとともに夜まわりに参加するようになった。「私もびっくりするほど、すごい熱心やねん。リヤカーひっぱったり、おっちゃんらと話しこんでたり、まるで人が変わったみたいや」。ジョー兄を導いたアキ自身が、だれよりも彼の変化を驚き、喜んでもいた。

そしてそんな二人を「いつでもおいで」と迎え入れ、「ありがとう」と見送り、彼らのありのままの姿を認め、受け入れあおうとする里の子どもたちの、変わらない笑顔がそこにあった。

いのちへの謝罪

判決が二日後に迫った一月二十一日。里にいた私のもとに、「ゼロくんからの手紙が届いているよ」と、東京のつれあいから連絡があった。まさかこんなに早く返事が返ってくるとは思っていなかった。彼に頼んで、急きょ大阪までファックスで送ってもらうことにした。カタカタと送られてくる一枚一枚の用紙を待つあいだ、胸が鳴った。くっきりした力強い文字で便せん九枚にびっしりとつづられた、待ちわびたゼロからの声だった。

前略

年子さんにお手紙を書くのは本当に久しぶりですね。そしてなかなか返事が書けなくてごめんなさい……。

一月十五日に年子さんの手紙が届き、十枚に渡る手紙を読み、その夜、眠るときに年子さんの手紙に書いてあった事……ホームレスの人達をいじめていたあの時の僕は、何であんな事をしたのか？　あの時の僕は何にイライラして、何にハラをたてていたのか？　ずっと、そんな事を考えたり、思い出したり、また反省したりしました。

あの時の僕はミナミの街で、アキちゃんやチーズやジョー兄、S君やT君……、その他のたくさんの友達と出逢って、毎日が本当に楽しかった。それはアキちゃんをはじめとする友達(橋の子)にも、僕とよく似た悲しみや痛み、淋しさを心の中に持っているように感じたし、何もなくてもみんなと居るだけで、しゃべってるだけでうれしかった。心を開いて、人には言えないいやな思い出や自分のおいたちや病気の事を、アキちゃんたちには話す事ができた。

そして時間が過ぎて行くにつれ……、友達たちは、あてのない毎日から、自分達の強い意思を持って、それぞれ人生の中で生きがいを見つけて「橋の子」を卒業していったのに、僕はずるずるとあてのない毎日を過ごすようになり、仕事もせずにミナミの街をふらつき……悪い事ばっかりして、自分自身本当に荒《すさ》んでいってるのがよく解った。

僕は人の気持ち、親の気持ち、友達の気持ちなんか、ぜんぜん解《わか》っていなかった。解ろうとも思っていなかったかも知れない……。両親はもちろん、まわりの友達(アキちゃん、ジョー兄)が、僕の事を本心から想ってくれてるのに、心配してくれているのに、僕はそんな事に気づかずにいた。

「仕事しなあかんで」って言ってくれたり、仕事の紹介をしてくれたりするジョー兄にたいしても、約束の日に行かなかったりしていた……。

別に僕は仕事がきらいって言うわけじゃないけど、僕、自分では必死で頑張ってるつもりでいるのに、仕事をしている時、眠たくなったり、体の動きがおそかったり、人の言ってる事が理解できなかったりして、よくおこられたり、どなられたりする。そんな事が自分でも気になって病院の先生に聞いたら、「それは薬を飲んでいる限りしかたがない」って言われた事もあるけど、そんな理由を誰にも言えたもんじゃないから、人に「お前おそいぞ」って言われるたんび、そんな事が頭にうかんで、最初の内は「はい、すみません」って答えていても、だんだんとそれを言われた事にムカついて、自分自身にハラをたてて、けっきょく会社をやめてしまうことが多かった……。

それに何度か僕も「このままじゃいけない」と思い、金髪だった頭を黒くそめ直し、そのたび履歴書を書いてアルバイトの雑誌を見て面接を受け、その時に思いきって病気の事を話したら、「何かあったら会社のせきにんだから……」とうまい事ことわられて、その他の会社でもやっぱりよく似た理由でことわられて……しまいには「もうしんどい」って思うようになっていた。

病気を持っているから人と同じ事が出来ない……病気を持っているから……って、それはすべて僕のいいわけで、本当は自分自身が強い意思を持って頑張ろうとも努力しようともしなかった。

あのころの僕は何もできない、そんな自分が居るのはすべて病気のせいにしていたし、そして何より、両親も友達も心からこんな僕の事を心配してくれて考えてくれて想ってくれているという事を、あのころの僕はすごく不安で信じる事ができなかったんだと、今になって思う……。

僕はホームレスの人達を見ていると、あの人達は仕事がきらいでホームレスをしているのかと思っていた。風にふかれて雨にうたれてよごれても、金がなくても食べ物がなくても、平気なんだろうか……とか、何であの人達はそれでもホームレスなんかしてるんだろう、夢もなく愛もなく生きていれるんだろう……って。僕は、そんな状態でも生きて行けるホームレスの人達がうらやましかった……。

　僕があのころ思っていたのは、他の人がホームレスを見てるとみじめにしか見えないはずなのに、あの人達は自分がホームレスであるって言う自覚で他人の目、まわりの目を気にせず生きていけるし、夢や希望がなくても生きていれる。そういう風になれるあの人達がうらやましかった。その反面どうしても僕の目には〝人間の生き方〟という風には映らず、僕の思っている、信じていた〝人間〟には見えなかったし、みじめにしか見えなかった……。

　だからあの時、自分自身に「俺には夢も希望もある」って言い聞かせた。あの人達がうらやましいと思ってしまう自分が本当にくやしかった、悲しかった。そして何より、そんな自分にムカついて、ハラが立った。「俺はお前らとはちがう、夢もあるし希望もあるんや」って……。そんな自分の心のやり場のないイラだちを、ホームレスの人達にぶつけていた。

　僕は今まででも、そんな自分のイラだちを、自分の体を傷つけたり、自分のうでを自分で大やけどさせたり、親にあたったり……。あのころの僕は、自分の体すら大切にできなかった。なのに人の気持ちなんか解ってあげる事なんてできるわけがなかったと思う。

　誰も好きこのんでホームレスをしている人なんか居るわけないのに、そんな人達の気持ちも知らなかった。あの人達にも、ホームレスになってしまった悲しい過去があり、僕と同じように……いや、僕よりひどい病気を持っている人もいるだろうし、誰にも解ってもらえない苦しみや、淋しさ、心の病気、本当に苦しくてつらい、過去を今でも引きずって生きている人達、藤本さんもその一人のはずと思う……。藤本さんが、息をひきとる前、どんな事を頭によぎらしたのか……と思うと、本当に悲しくて涙が出て来て自分の罪の重さを痛いほど感じる……。

あの時、僕は自分の気持ちすら考えるのが怖かったのだと思う。その事から、逃げていたんだと思う。両親の事、友達の事、ホームレスの人達の事……。僕はこれから、人の気持ちや、そして何より先、自分の気持ちを解る事ができて考える事をして行きたいと思う。

そしてあの時、ホームレスの人達をいじめていた僕は、なんであんな事をしたのか？ なんで、あんな自分が居たのか？ 何にハラをたてて、ムカついていたのか？ 何がつらくて、何が不満だったのか？ 自分に何が足りなかったのか？

そんな問いかけを自分自身に何度も何度もくり返して、一つの答えが出たら、その答えをよく考えて、新しい答えをもう一つ、もう一つ、探すという事を忘れずに、僕は僕の本当の気持ちを、本当の自分を見つけ、また見つめて、自分というものを大切にして行きたいと思う……。それではじめて、人を大切にできるんだと、僕は思えるようになりました……。(後略)

一九九七年一月十九日

ゼロの言葉を追いながら、この一年、私のなかで何度となく二つに引き裂かれてきた心――奪われた藤本さんの命への思い、奪ってしまったゼロへの思い――そのすべてが、はじめて私のなかでひとつに溶けあい、湧きたち、堰《せき》をきって流れ落ちた。

権力に迎合した審判

初公判からちょうど一年目にあたる一九九七年一月二十三日、大阪地裁二〇一号法廷。

ついにゼロは判決のときを迎えた。

茶色のセーターにブルージーンズ。スポーツ刈りの頭。はじめて拘置所の面会室で対面したときと同じ姿でゼロはあらわれ、静かに裁判長席のまえに立った。そのゼロの背中を傍聴席からアキと見つめながら、私はひとつ深呼吸をした。

裁判長席を見て、ふいに不安になった。これまで正面中央にいた老齢の谷口敬一裁判長の姿がなく、代わりに、それまでむかって左側にいたより若い吉井広幸裁判官が、裁判長席に座っていた。裁判長転任のための「代読」になるのだという。いまさら判決の内容が変わるわけでもないだろうが、この一年、つねに被告人に声をかけ、法廷を仕切り、中心に座していた「長老」の姿が、肝心の判決のときになって忽然《こつぜん》と消え、代理人に変えられているのは、なにか土壇場で見捨てられ放りだされたような気分だった。

その吉井裁判長はまた、結審の日にゼロに声をはりあげ激高した裁判官でもあった。

開廷を告げると、裁判長は、判決主文を読みあげた。

「主文。被告人を懲役六年に処する。未決拘留日数中三二〇日を右刑に算入する」

となりでアキが、落胆とも安堵ともいえないため息をつく。すでに検察側の「求刑七年」から、おおむね予測していた懲役年数ではあった。

むしろ重要なのは、その判決の理由であり内容だった。つづく裁判長の言葉に、私は耳を傾け、メモを取りながら、やがてわずかに残っていた期待も希望もことごとく打ちくだかれていくのを感じた。

判決は、「罪となるべき事実」をつぎのように認定した。（以下、判決書から抜粋）

被告人は、被害者を道頓堀川に「投げ落とそうと企て」、「Tと共謀」のうえ、被害者の体を「Tとともに抱え上げ」、戎橋の「欄干ごしに道頓堀川の水中に投げ落とす」暴行を加え、被害者を溺水による窒息死のため死亡させた——。

つまり、検察側の主張した起訴事実を全面的に認めるものだった。その根拠として、検察側の提示した目撃者四名の供述は、「それぞれ高度の信用性がある」ものと認めて採用し、一方、「Tの共謀」や「川に落とそうと企て、欄干ごしに投げこんだ」という事実はないと主張するゼロの供述は、「あいまいかつ不自然で到底信用できない」として、そのいっさいを否定した。「したがって弁護人の主張は採用しない」。裁判長はそう断言した。

しかし、なぜ採用しないのか、その根拠に、やはり納得できる理由は見当たらない。弁護人が最終弁論で指摘した、四名の目撃者供述の不一致・食い違いについて判決は、目撃者にとって事件は「予想外の出来事」であり、投げこむまでの時間が「わずか数秒」のことで、さらに目撃者は「相当、驚愕《きょうがく》していた」ことから、「多少の食い違いは不自然ではない」と、片づけてしまっているのである。なんともお粗末な理由づけだった。

そしてなにより重要なのは、この四名とはまったく異なる目撃証言——事件がゼロの単独犯行であることを証言する供述——が少なくとも二人は存在していることである。その一人は「通行人のサラリーマン」であり、もう一人は「一一〇番通報者」であり、それぞれ警察において証言調書がとられている。それはゼロの主張した逮捕当初の供述を裏づける重要な証言であることは明らかだ。また、これらの目撃者は、ゼロや

Tとなんら関係のない第三者であり、他の四名の目撃者と状況や信用性の点においても、まったく大差ないはずである。ところがこの一年、裁判所は、この二人の目撃証言を〝審理の俎上《そじょう》〟にのせることすらしてこなかった。

すでに第四回公判において弁護人は、ゼロの逮捕当初の供述の信用性を証明するために、この二名の調書を証拠開示するよう検察側に申し立てている。さらに第五回公判では、証拠開示を拒む検察官の意見書と、それにたいする弁護人の反論が、裁判所に提出されていた。しかし、裁判所は、弁護人の申し立てになんの応答もしめさず、検察官に証拠開示命令を発することもしなかった。つまり、この証拠開示の問題について、完全に無視しつづけてきたのである。

私にはいくら考えても、その理由がわからなかった。検察側が提示する証拠とまったく反する、被告人の供述にそう目撃証言があるとわかっていて、なぜ証拠調べをしないのか。〝素人〟の私から見ても、あまりにも不公平だった。せめてすべての証拠を開示して、吟味し、公正に審理すること。それが裁判所の最低限の義務ではないのか。そしてその不平等な証拠調べ・証拠採用のなかで導かれた、この判決である。公平さを欠いたこの一年の審理の、最高責任者であった谷口裁判長自身が、やはりいまこの判決の場になって姿を消した無責任さに、私は憤りをおさえきれなかった。

さらに、弁護人が主張した、「被告人は強者に迎合しやすい性格であり、捜査段階において取り調べ警察官を恐れて迎合し、自白供述を誘導された」といった点を、判決はこうしりぞけた。

「被告人の全部自白供述は、体験性の高い内容を有するものであり、このような供述が警察官に迎合した結果なされたとは考え難い」

「警察官が被告人を声を荒げて叱ったのも、被告人の態度を改めさせるためになされたもので、警察官の取調べ態度や叱責などが被告人に圧力を加えたものとは言えない」

「被告人は、取調べの際、一度てんかん発作を起こしたが、その際、警察官は、被告人にその所持していたてんかん用の薬を服用させ、直ちに取調べを中止するなどし、その後の取調べにおいても、被告人の体調を気遣い、被告人の掛り付けの病院で薬を処方してもらって来るなどしていることなどに鑑みると、右の主張を採用するのは困難である」

警察官に〝迎合〟しているのは裁判官のほうではないか、とさえ思えた。H弁護士が法廷で証言した、「お前の病気は都合がええのう」「オニ！」「悪魔！」「裏切った」といった警察官の暴言も、あくまでゼロをとおした伝え聞きのものである以上、すべて信用性のない〝フィクション〟にされてしまうのか。それなら取り調べの場に公正な〝第三者〟でも立ちあわせないかぎり、密室の〝代用監獄〟での横暴・人権侵害は、いくら法廷で被疑者や弁護人が声をあげても認められない「無駄な告発」に終わってしまう。

判決が切り捨てたもの

さらに吉井裁判長は、被告人の「量刑の理由」について、つぎのように述べた。

「本件は、……早朝とはいえ人通りのある戎橋において、路上生活者である被害者を共犯者と共同して道頓堀川に投げ落とし、溺死させたという傷害致死の事案であるが、人一人を死亡させたという結果の重大性はもとより、全く無抵抗で何ら落ち度のない被害者を二人がかりで抱え上げ、水面からの高さ約五・四メートルの欄干越しに、水深約三・一メートルの川の中に投げ落とすという犯行態様も危険かつ悪質である上、遊び気分で、後先を考えず弱者を虐待して楽しむという自己中心的な動機に斟酌《しんしゃく》すべき余地は存しない」量刑の前提となっている「共犯者との共謀」への疑問を差しひいて考えても、たしかにゼロが犯した罪にたいする解釈はそのとおりだと思う。まさに藤本さんは「何ら落ち度のない被害者」だった。しかし、判決文はなにげなく述べているが、なぜその「早朝とはいえ人通りのある戎橋」で、無抵抗の人一人の命がこんなにも簡単に奪われねばならなかったのか。そして社会から落ちこぼされ、排除され、そこにしか居場所を見出せなかった彼ら、ゼロと藤本さんを、事件においこんだこの「いじめ社会」の背景については、どう解釈するのか。判決のなかに、たった一言でもその指摘を見つけたかった。

裁判長はつづけた。

「以上に加え、被告人は、平成七年六月ころから、路上生活者に対し、花火を仕込んだ煙草を吸わせたり、スタンガンを押し付けるなどの様々な虐待行為を累行《るいこう》した挙句、本件犯行に及んだものであること、共犯者に率先して本件犯行を行っていること、被害者が水中に沈んだことを目の当たりにしながら、真剣な救助活動をせず、本件現場から逃走していること……」

ゼロの罪状がえんえんと挙げられていく。

「本件の約一年程前から定職に就くことなく、不良仲間と盛り場を徘徊《はいかい》し、遊興に耽《ふけ》るなどの荒《すさ》んだ生活をしていたこと」「本件犯行が社会の平穏に多大な衝撃を与えたことなどを併せ考えると、被告人の刑事責任は重大であり」「被告人に有利ないし斟酌すべき諸事情を考慮しても、被告人を主文掲記の刑に処するのが相当と判断する」「よって主文のとおり判決する」

裁判長は、一気にそう結んだ。

事件はあくまで、ゼロという一人の若者の、社会常識から「逸脱した個人」の問題としてのみ裁かれ、事件の根底にある野宿者への偏見・差別、弱者を否定し、異質を排除するいじめ構造――そうした意識を生みだし、弱者いじめの連鎖をつくりつづけているこの「社会の共犯性」については、いっさい触れることも問うこともなかった。

そして判決のなかで「不良仲間」と断罪されたアキは、屈辱と怒りをおさえきれず、傍聴席から小さくうめくように叫んだ。

「犯罪者の友だちは、みんな〝不良仲間〟なんか。なんでそういいきれるんや。いったい何を知ってるんや。あの人らから見たら、しょせん私も不良仲間の一人なんか」

判決は、弱者としてのゼロのはじめての抗議も主張も、そしてアキたちの友情をもまるごと否定した。

そして同時に、踏みにじられた弱者の痛みはゼロのものだけではなかった。「定職」を持てず、「盛り場を徘徊」するしかなかった藤本さんら野宿生活者の現状、この能率優先の競争社会からはじきだされ、負かされつづけ、逸脱せざるをえなかったすべての弱者の叫びを、裁判官たちはこの判決をもって、ゼロとともに一刀のもとに切り捨てた。

吉井裁判長は、最後に「この判決に不服があるようなら、二週間以内に控訴手続きをするように」と説明したあともう一度ゼロに、「君もいじめられっ子だったなら、いじめられる痛みがわかるだろう。……自分のやったことをよく考えて、これからの人生をしっかり生き直していくように」といった言葉をくり返した。

そしてゼロは、裁判長席にむかって深く一礼したあと、無言のまま、法廷を去った。

控訴への決意

判決が言い渡されたその日の午後、私はアキと大阪拘置所に向かった。すぐにゼロに面会できるかどうかはわからなかったが、とにかく会って話を聞きたかった。道すがら、私たちはたがいに、ゼロの控訴への意思について考えていた。

「私、もしもゼロくんがこのまま控訴せえへんかっても、それがあのコの決めたことやったら、それでいいと思う。六年なりの刑を終えて出てきてからでも、あのコなりのやり方で、一生、償っていくやろうと思うし……」

アキはなかば、先に自分に言いきかせておくように語った。あえて控訴しても、ゼロの主張がとおるかどうか。より困難なたたかいになるだろうことは予想できた。

混雑していた拘置所の待合室で、ふとアキが、「年子さんといっしょにゼロくんに面会するのは、はじめてやね」といった。二週間後、ゼロが控訴をせず、刑が確定すれば、その後は親族以外、面会できなくなる。これが私たちにとって、ゼロへの最後の面会になるかもしれなかった。

順番を待つあいだ、私はくり返し読んだゼロからの手紙の内容を、覚えているかぎり、アキに語って聞かせた。「あのコ、ずっと考えてたんやな。そうやって、一コずつ考えてきたんやな……」。何度もかみしめるようにアキがいう。

思ったよりも早く、私たちは面会室にとおされ、ゼロと対面することができた。

「判決……どうやった？」

間仕切りごしにたずねるアキに、「うん、やっぱり、思ってたとおりっていうか……。ぼくのいうたことはわかってもらえへんかった……」と、ゼロはうつむいた。が、「来てくれて、ほんまにありがとう」とすぐに頭を上げ、私たちに笑顔を向けた。

私もアキも、自分からゼロに控訴をすすめることはできなかった。何を話せばいいのか、一瞬、沈黙が流れた。しばらくして、ゼロが切りだすようにいった。

「ぼく、控訴するから。さっき弁護士さんにも、そう話した」

私とアキは驚いて、ゼロを見つめた。

「やっぱり、ぼくは、刑事さんのいうことよりだれのいうことより、T君はやっていないっていうこと信じてるし、自分の記憶を信じたいから」

その瞬間、アキの目から、おさえていた涙があふれた。

「ゼロくん、強くなったな……。私、ゼロくんに何もしてあげられへんかった。ごめんな、ほんまにごめんな……」

「ううん、ちがう。アキちゃんらがいてくれたから、ぼく、がんばれたんや。ほんまに感謝してるんや。ほんまに、ありがとうな」

アキはもうポロポロと泣きつづけている。失われた命の重さ、取り返しのつかない罪。そのあまりにも大きな代償のなかで、それでもいま、せめてそこから生まれ育とうとしている新しい力と絆を、このまま断ち切らせてしまいたくはなかった。

その翌日、私は、釜ケ崎の小柳伸顕さんの紹介を通じて、大阪・北区のビル街にある後藤貞人弁護士の法律事務所をたずねた。釜ケ崎の労働者の問題にも通じているその人に、ゼロの控訴審の弁護を引きうけてもらえないかどうか、頼んでみるつもりだった。

ゼロとの面会のなかで控訴の意思を聞いたとき、いま私にできることを考えた。「ゼロくんのあの手紙を持って、弁護士さんに相談してみてもいいか。あれを読んでもらえれば、わかってもらえるかもしれへん」。お願いします、と輝いたゼロの笑顔を思い出しながらも、引き受けてもらえる確証は何もなかった。

鍵のかかっていた不在の事務所のドアのまえで、私は覚悟をきめて座りこみ、後藤弁護士の帰りを待った。運よく、三十分もしないうちに帰ってきた後藤弁護士と会うことができた。私は持参した資料とともに、ゼロの手紙の写しを渡し、いそいで依頼の内容を手短に説明した。

「わかりました。じゃあ、とにかく検討してみましょう」

後藤弁護士のその一言に希望をつなぎ、私は東京へと戻った。そして私が東京に帰ってからも、小柳さんがさらに後藤弁護士に弁護を頼み、陰ながら力を尽くしてくれていた。

三日後。後藤弁護士から電話で「承諾」の返事がもらえた。ホッと安堵すると同時に、新たな問題が山積みだった。私選弁護人として引きうけてもらう以上、これから裁判にかかる費用をどう捻出するか？　とりあえず実費だけでも用意できるか？　支援体制はつくれるのか？　まだクリアできてない関門ばかりだった。

やがて、控訴手続きを自分ですませたゼロから、あらためて手紙が届いた。なぜ、控訴を決意したかという私の問いへの返事だった。

「僕は今までの裁判で、〝それは違う、これも違う……〟って心の中で叫んでいても、口に出して言えなかった事が多すぎた。だから、一審ではどんな結果になったとしても、次はもっともっとすべてにおいて、裁判官の人達に気持ちを伝えられる様に、この思いを訴えられる勇気を出せる自分を信じて、もう一度、裁判に立って頑張ってみようと思い、控訴を決心しました」

しかし、やはりゼロも費用のことを心配していた。親に頼めるものなら頼みたいが、共働きで働く両親に、これ以上、あまり負担はかけられない。もしも、両親が無理だというなら、申しわけないがそのときは、国選の弁護士さんにお願いしようと思う。そんなことを書いていた。

「だから、後は本当に僕自身です。

僕自身が強くなければ、私選の弁護士さんがついてくれても、国選の弁護士さんがついてくれても、僕が強くなければ、何の成長も進歩もありえないだろうし、またそういう自覚を持って、裁判を受けていこうと思います」

ゼロは強くなろうとしていた。いや、〝強い意思〟を持とうとしはじめていた。そんなゼロ自身の固い意思と決意が、さらに私やアキたち仲間の心を動かし、そして最終的にゼロの家族の理解をよびよせ、今後の問題にともに取りくんでいく勇気と力を、私たちに与えてくれることになった。

これからがゼロの、ほんとうのたたかいになるのだろう。

そしてやっと、いまゼロは、藤本さんと出会いはじめようとしていた。

ゼロを支える友情

一九九七年三月。私はアキとゼロの母親と三人で、あらためて後藤弁護士の事務所をたずねた。

はじめて会ったゼロの母親は、小柄な体をさらに小さくするように、うなだれながらとぎれとぎれに語った。

「こんなことになって……ほんまにみなさんにお世話をかけてしまって、ほんとうに申しわけありません。でも……あの子は、アキちゃんらのような、こんないいお友だちに恵まれて、力になってもらって……ほんまに、しあわせな子やと思います。ありがとうございます」

そういって頭を下げるゼロの母親に、「ちがう、そうやないんです」と、アキが反論するようにいう。

「ゼロくんが、いい友だちに恵まれてたんやない。ゼロくん自身が、私のいい友だちで、私自身がこれまでゼロくんに、いっぱい助けられてきたし、励ましてもらってきた。だから、私もゼロくんのために何かしたいって思ったんです。それはゼロくんが、友だちに恵まれてたからじゃなくて、ゼロくん自身が自分でつくってきたもんなんです」

懸命にいうアキの気持ちがわかる気がした。

ゼロを支え、心のよりどころとなってきたアキたち仲間との関係も、いじめられっ子だったゼロ自身が、自分で求め、見いだし、培《つちか》ってきた友情にちがいなかった。そしてそんな彼らの友情に出会えていなければ、私自身、ここまでゼロにかかわることも、事件を追いつづけることも、できなかったかもしれない。

その後、後藤弁護士との話し合いを経て、アキたち仲間を中心に、ゼロの控訴審をサポートする支援体制がつくられることになった。そして「野宿者襲撃事件を考える会」が発足し、ゼロの控訴審にむけての裁判支援・カンパを広く呼びかけていくとともに、各地で頻発する「野宿者襲撃」の問題を問い直していくために、より多くの仲間たちとつながり行動していくための「会」とした。

その原動力となり、核となっていくのは、だれよりゼロとともに歩み成長してきたアキたち仲間の友情だった。東京に戻る私に、アキは力強く語った。

「子ども夜まわりが終わって、私、つぎに何をしたらええんやろうって、ずっと思ってた。でも、これでまた、新しい目標がみつかった気がする」

やがてアキは、「会」の郵便振替口座をつくり、他の友人たちにも知らせ、拘置所のゼロに手紙を書いて報告した。かつての橋の子たちの多くが、すでにちりぢりになっていたが、この一年のなかで生まれた出会いから、アキは橋の外に、新たな〝味方〟となる人びととの絆をつくりはじめていた。

敵のなかに味方をつくる

アキがつくった「会」の口座に、まっ先にカンパを集めて送ってきたのは、ほかでもない、釜ケ崎の小柳伸顕さんだった。

九七年七月、小柳さんから、九六年度「釜ケ崎越冬」の活動をまとめた『協友会通信・36号』が送られてきた。そのなかで、小柳さんはゼロの事件にふれ、アキたちの夜まわりへの参加についてつづっていた。

〝ゼロの友人たちが、この冬釜ケ崎の子ども夜回りに参加しました。

わたしたちは、事件が起きると大声をあげますが、何時の間にか忘れてしまいます。それどころか、二度とこんな事件を起こさないためにどうするかとはなかなか考えないし取組もしません。(中略)

ゼロの友人たちの行動をみて、あらためて、わたしたちの日常の問い直しを迫られた気がしました。〃

そして最後に、小柳さんはこう書いていた。

〃あらためて敵の中に味方をつくるとは何かを考えさせられました〃

同じ通信のなかで「こどもの里」の純ちゃんは、『藤本さんの裁判とその後――こども夜回りで出会ったアキ・J(ジョー兄)たち』と題する一文を寄せていた。

〃アキさん達は(中略)釜のことを聞いて「夜回りに参加したい」といってた。知ろうとしてくれてる、と思った。だから、日時を知らせた。あたしは、子どもが小さいので今回は学習会だけ出席したから、アキさん達とまわることはできひんかったけど、アキさん達のなかで何かが変わったんじゃないかと思う。

いうたら加害者の友だちのアキさん達が、被害者側の仲間と夜回りをする。すごいことなんじゃないかと思う。アキさん達にしてもいろいろ考えたと思うし。いつか、ゼロくんも釜にきて見てくれたら……藤本さんもホッとしてくれるんじゃないかと思う。〃

里の指導員をしているマモルは、はじめてアキやジョー兄たちに出会ったあと、「あの人らは、おれらとおなじ匂いがする」と、つぶやいた。マモルが瞬時に感じとったその匂いとはなんだったのか。あらためてたずねた私に、マモルは照れ臭そうに語ってくれた。

「うまいこといわれへんけど……なんか、おれらとおんなじように、小さいとき、いろいろあったり、苦労してきたんとちゃうかなって。フツーって何かはおれにはわからへんけど、いわゆる〝フツーの生活〟してる人らより、〝人間の心〟をもってるんちゃうかなって。なんかそんな気がしたんや」

そんなマモルはジョー兄と、「またいっしょに夜まわりしような」と何度も約束しあった。

「ジョー兄たちが夜まわりにまわってんの見て、おれもやっぱ、すごいなーってびっくりした。夜まわりとかするようになって、おれもだんだん変わっていったけど、あの人らは、おれ以上に、もっと変わっていく気がした」

マモル自身、かつては釜ヶ崎で野宿する人たちをいじめてもいた。

「昔はおれも、釜のおっちゃんらにバクチク投げたり、煙草に花火しこんだりして、おちょくってた。でも、おれ自身、おっちゃんらみたいに、いっつも、汚い格好してたし、貧乏で生活も苦しかった。学校いってもいじめられるし、学校いくのがいややった。自分が生きるのにせいいっぱいで、他人のことなんか見てないし、そんな余裕もなかった。……たしかにそんなころ、おれも、おっちゃんらをおちょくってたんやと思う。ただいまの子みたいに、集団で襲ったり、一方的にムチャクチャするようなことは、なかったけどな。でもおれかって、もしかしたらゼロみたいになってたかもしれへんなって思う」

アキたち橋の子と、純ちゃんたち里の子たちの出会い。それはこの一年、事件をとりまく闇のなかで、たしかに生まれたひとつの光だった。そしてたがいを受けいれあおうとする若い彼らの力が、さらに周囲の大人たちの心を溶かし、人と人が違いをこえて、あるがままの「人間」として出会い、ともにつながっていくことの意味と可能性を、あらためて私自身に教えてくれた。

その後、アキたちの子ども夜まわりへの参加を知ったゼロ自身が、私への手紙にこう書いていた。

〝この「こどもの里」の人達は本当に一生懸命に、どんな人間でも、人間を理解しようとして頑張っている……、その人達の思いやりと情熱を知ることができました……。そしてアキちゃんが、いつか僕をその場所に連れて行きたいと言っている理由も解る気がしました。〟

〝アキちゃんもまた、どんな人間でも、人間を理解しなければいけない、理解してあげたい、と頑張っていたんだと、一生懸命なんだと、思いました。ホームレスの人達の気持ちも、僕の気持ちも……。〟

一生懸命、「人間」を理解しようとすること。ゼロが自分のなかに新たに見出したその目標は、あらゆる対立や偏見をこえて、子どもたち、野宿者たち、そして私たち一人ひとりが「いじめの鎖」から解き放れていくために、いま私たちの社会に問われている最大の課題かもしれなかった。

追記——裁判結果とその後

一九九九年、本件「道頓堀川・野宿者襲撃事件」の共犯者とされたTくんの一審判決(五月六日)が大阪地裁で、ゼロの控訴審判決(六月十一日)が大阪高裁で、おこなわれた。

Tくんは、約三年半におよぶ拘留と審理を経て、事件に関与していないことが認められ、一審判決「無罪」(検察側求刑は懲役六年)となる。長い拘置所生活からようやく身柄を解放された。が、検察側は無罪判決を不服として、高裁へ控訴。さらに一年後の二〇〇〇年四月、大阪高裁で二度目の「無罪」判決が出され、検察側は上告を断念。晴れてTくんの無罪が確定した。高裁判決後の記者会見でTくんは、「何をいっても信じてもらえないのがいちばんつらかった」と、取調警察官の誤捜査に抗議し、「えん罪」の被害を訴えた。

またTくんの一審無罪判決から一か月後、ゼロの控訴審判決で、裁判長は「単独犯行とする証言には信用性がある」とし、ゼロが捜査段階で「友人と共謀して川に投げ込んだ」と供述したことについては「取調官の誘導によるもの」と断定。「驚かせようとしただけで、川に投げ込むつもりではなかった」というゼロの主張を認める一方で、「しがみつく被害者の手を払いのける行為は暴行に該当する」と傷害致死罪を認定。「二人で投げ込んだ」とする検察側の主張を全面的に採用した一審判決(懲役六年)を破棄し、懲役四年の実刑判決をいい渡した。検察側も上告せず、刑が確定した。

二〇〇〇年三月、服役を終え出所したゼロを迎え、Tくん、ゼロ・Tくんの弁護人、大介やアキら「橋の子」の仲間たちと、小柳伸顕さんや荘保共子さん、釜ヶ崎の「こどもの里」の仲間たちが、大阪ミナミの料理屋〝若松〟で一堂に会した。ゼロの友人たちと野宿者を支援する人びとが、ともに集い、語らい、あらためて、ゼロの前途と藤本彰男さんのご冥福を、祈った。

第Ⅱ部

野宿者と子どもたち

——川崎の取りくみ

1995➡1997

路上から教室へ

小学生が投げたガラスビン

目のまえで起きた子どもたちの野宿者襲撃――。それは一瞬の出来事だった。

一九九七年九月、二年がかりのルポ『大阪・道頓堀川「ホームレス」襲撃事件』を脱稿して、一息ついた日曜、私は久しぶりに、五歳になる息子と近くの公園に遊びに出かけた。

緑の木々にかこまれた昼下がりの公園は、砂場で子どもを遊ばせながら談笑する母親たち、アスレチックを駆けまわる幼児や小学生たちでにぎわっていた。

「ぼく、すべり台してくる！」と元気に飛んでいった息子を眺めながら、ベンチに腰をおろす。ふと見ると、五十メートルほど先のむかい側の大木の下に、野宿生活者らしき人たちが五、六人、車座になって語らっていた。バブル経済崩壊後の不況のためか、新宿に近い中央線沿線のこの街にも、ここ数年、「ホームレス」の人たちの姿がふえている。

彼らの輪から一人、六十代ぐらいの痩せたおじさんが、ゆっくり立ちあがり、公園の出入り口のほうに歩きだした。たしか以前にも見かけたことのある……、〝あ、あのときのおじさんだ〟と思い出した。

何か月まえだったろう、公園のなかで酔って大声を出していた。べつにだれに危害をあたえるわけでもなく、何かを騒いでいたのだが、子連れのお母さんたちが怪訝《けげん》そうに遠まきに見ていた。しばらくして、一人の警官がやってきた。近くの交番からだろう。だれかが通報したのかもしれない。

「おい、こら、来い！」。突然、乱暴に体をつかんできた警官に、おじさんは、軽く体を揺すって振りはらおうとした。その瞬間、ドーン！　と、警官に背負い投げにされて地面にたたきつけられた。「うう……」とうめきながら這《は》いつくばっているその人に、警官はさらに馬乗りになり手錠をかけようとした。

「ちょっと待ってください、そこまですることはないじゃないですか！」。見かねて私が駆けよると、「こいつが手をかけようとしたからだ！」。「私は見ていました、このかたはあなたのような暴力はだれにもふるっていません」。押し問答のすえ、警官はおじさんに「おとなしく座ってろ！」とはき捨てるように怒鳴りつけて、帰っていった。

あのときはもうふらふらで、声をかけても、ぼんやりと力なく地面に座りこんだままだった。けれど、今日はしゃんとして、ニコニコと上機嫌で、顔色もいい。作業着姿のところをみると、仕事があったんだなと思った。お金が入って、仲間に何かおごるつもりなのか、買いものにいくのかもしれない。

と、そのときだった。それまでアスレチックの周辺で自転車を乗りまわしていた小学三年生ぐらいの男の子七、八人が、ぐるぐるとおじさんをとりかこむように走りだした。〝おや？〟と思って注視していると、子どもたちはニヤニヤしながら、たがいに目くばせしあっている。いやな予感がした。そのままじっと見ていると、結局、おじさんが公園を出ていったあと、子どもたちはまた公園の内側へ、自転車でつらなり走っていった。

なにごともなく、ほっとしたその瞬間、「ガシャーン！」とガラスの砕ける音がした。〝えっ！〟。あわてて音のほうを見ると、野宿者の車座のわきで地面に寝ていた男性の、その頭のすぐそばに、割れたガラスの破片が散乱している。その差はわずか五十センチほど。あきらかに「ホームレス」の人をねらって、ドリンクビンが投げつけられたのだ。

〝あの子たちが投げたんだ！〟とわかったときには、もう遅かった。男の子たちは「キャハハ！」とけたたましい笑い声をあげ、いちもくさんに自転車で逃げ去っていった。

ドクドクと心臓が波うち、からだが震えた。ガクガクする足を押さえるようにして私は立ちあがり、ざわついている野宿者の人たちの輪へ近づき声をかけた。

「大丈夫ですか。けがはなかったですか？」

ガラスの破片を両手でかき集めてかたづけていたおじさんは、私を見るや、「こんなの、投げたんだぞ！」と、両手に持ったガラスの破片を突きだして、激怒した。私を、ビンを投げた子たちの母親の一人と思ったらしい。

「ひどいですね……ほんとうになんてことを……」

茫然としていると、「お母さん、どうしたの!?」と、アスレチックで遊んでいた息子が駆けよってきた。「自転車に乗った小学生のおにいちゃんたちが、おじさんにこんなのを投げたんだよ……」。

息子は、おじさんのてのひらのなかの破片をのぞきこみ、「こわいよ、こわいよ」と泣きだしそうな顔になる。「こわいね。ひどいね。絶対にやっちゃいけないことだね。だれだって、こんなの投げられたらこわいよね」「うん、こわいよー」。そんな私たち親子のやりとりを聞いて、おじさんは恐縮しながら、「いや、すみません……」としきりに頭を下げる。「おじさん、大丈夫？」、心配する息子に、おじさんたちの顔がほころぶ。「大丈夫だよ、ありがとう。ほかの子たちがけがをするといけないからね。ちゃんとかたづけておくからね」と、息子ににっこり笑いかけた。

「以前にもあったんですか？　よく来る子たちですか？」とたずねる私に、ほかのおじさんたちが応える。

「いや、はじめてですよ」「○○小か××小か、とにかくこのへんの学校の子でしょう」。息子が翌年から通うことになる小学校も〝このへんの学校〟の一つである。

私はとっさに、彼らに申し出た。

「私、そのガラスビンの破片を持って、近くの小学校をまわって校長に話してきます。もしもそのビンが頭にあたっていたら、破片が目にでも刺さっていたら、とりかえしのつかないことになっていました。二度とこんなことが起こらないように、きちんと子どもたちに注意して、学校でも取りくんでほしいと、お願いしてきます……」

やった子どもを追及するための〝犯人探し〟が目的ではない。けれど、加害者の子どもたちはおそらくまた面白半分で「ホームレスいじめ」をくり返すだろう。さらに襲撃がエスカレートし、流行化していく恐れもある。被害者にけが人や死者が出てからでは、そして子どもたちがほんとうの「犯罪者」になってからでは、手遅れなのだ。

しかし、彼らは首を横に振った。

「いや、いいんです。何もなかった。何も起こらなかった。もうそれでいいんです」

「でもそれじゃ……、とにかく学校にかけあって校長に……」

重ねていう私に、一人のおじさんが静かにいった。

「やめてください。へたに騒ぐと、ぼくらがここにいられなくなってしまうんです……。警察沙汰にはしたくないんですよ。警察は一般市民の安全を守るのが仕事であって、ぼくらには、ここにいるおまえらが悪い、というだけで、けっきょく追いだされてしまう。だからほんとうにもういいんです……。どうか、静かにしておいてください」

その切実な声の響きに、私はもうそれ以上、何もいえなかった。眠れる自分の「家」に息子と帰る道すがら、激しい無力感に襲われた。子どもたちの野宿者襲撃をなくしたい、その一心で、この二年間、加害者・被害者双方を取材しながら、状況を切りひらくための道筋を探しだそうとしてきた。けれど、私は何をしていたのか。たったいま、自分の住む街で起こった、目のまえの「襲撃」の現実にたいして、なすすべもない自分がいた。

まだ、何も終わっていない——。

天に冷水をあびせられ、また一から振り出しにもどされた気分だった。

翌々日。私は自分の暮らす街、東京・中野区の児童館職員の研修会に講師として招かれた。テーマは「弱者いじめの連鎖を断つために」。私が見た子どもたちの「襲撃」の実態を報告し、職員たちに訴えた。

子どもたちの「ホームレス」襲撃は、他人事ではなく、私たちの住む地域にも起こっている。今日、たったいま、この町の公園で、路上で、子どもたちが「人間」を襲い、傷つけ、殺《あや》めてしまうかもしれない。それは私たち大人の、地域の、学校の、教育の問題であり、責任ではないか。いま、私たちは、何ができるのか、何をなすべきか。

そこで私は、その大きな示唆の一つとなる、「川崎の教育の取りくみ」を紹介した。九五年から九七年、大阪・道頓堀の「ホームレス」襲撃事件を追う一方で、私は、「野宿者問題の人権教育」に取りくんでいた神奈川県川崎市の教育を取材していた。

子どもたちの「野宿者襲撃」問題を克服するための人権教育とは？　その「授業」とは？　日本ではじめて、市教育委員会みずからが働きかけ、学校現場で実践されたその「川崎の教育の取りくみ」の詳細を、あらためていま、あらゆる学校・地域で生かしてもらえるよう、報告したい。

新宿「野宿者排除」のなかで

九六年一月二十四日。「道頓堀事件」のゼロの初公判の翌日、東京・新宿西口地下では、都の「動く歩道」建設にともなう「ホームレス二百名の強制排除」が執行された。

そのニュースを聞いて、あわてて大阪から新宿へとむかった私は、そこではじめて、川崎の野宿者支援グループ「川崎水曜パトロールの会」（略称・水パト）の水嶋陽さんに出会った。

強制排除から数日後の、新宿西口地下広場。「緊急避難所」と書かれた看板が立つ一角で、4号街路の「ダンボール村」から追いだされた野宿者約八十人が、寝食をともにしながら生活していた。避難所といっても、地面にブルーシートを敷いただけのスペース。夜はそのまわりを透明のビニールシートでおおって風よけをつくり、ダンボールを敷いた上に毛布にくるまって眠る。周辺には少しずつ新たなダンボールハウスも建ちはじめていた。

都は、強制排除後の4号街路に、十三億円もの費用をかけて「動く歩道」を建設するという。「高齢者や障害者の利便が目的」としているが、野宿者側は「自分たちを立ちのかせるための方便だ」と訴える。今回の立ちのきにともない、都は港区芝浦に定員二百人の「臨時宿泊所」を開設し、野宿者に移動を求めた。が、施設の設置期間は、一月二十四日からわずか二か月間。その後、野宿者たちはふたたび路上に放りだされ、行き場を失う。さらにこの芝浦施設にかける費用は、設置に一億、運営に九千万円。「その費用を生活保護費に換算すれば、一人あたり二年以上の保護費にあたる。どう考えても矛盾だらけ」と支援者らは指摘する。

このきびしい不況のなかで、新宿だけでも約六百人、都内では四千人以上もの人びとが野宿を余儀なくされている。無謀な排除をくり返すことで、問題の何が解決するだろう。

夜七時、避難所のなかで炊き出しの準備がはじまる。毎日、新宿から十数人の支援者・野宿者が山谷まで行き、約五百食分の食事を用意しているという。使い捨てのお椀によそった白飯にとん汁がかけられ、その上にキムチをそえる作業を私も手伝う。

「ほれ、あんたも、いいから食べな」。一人の野宿のおじさんが、両手にお椀を抱えてもってきてくれる。「いいえ、私はいいですから……」。一食だってムダにはできない貴重な炊き出しだ。けれど「いいから、みんなでいっしょに食べようよ」。ほかの人も「うまいよ、食べな」と、笑顔ですすめる。「それじゃあ……ありがとうございます」。冷たい通路に敷かれたダンボールに並んで腰をおろし、私もいっしょにいただいた。

何度、私はこうやって、野宿の人たちから食べものをわけてもらってきただろう。釜ヶ崎でも、神戸でも、いつもいちばん「もたざる人」たちから、いちばんあたたかい食事をもらった。ひときれのチーズ、一杯のとん汁、一缶のコーヒー。それはたんなるモノではなく、その一つひとつに、手渡してくれた人の言葉には表せない思いがあり、心があり、そのぬくもりが、胃袋以上に胸にしみた。

そんな野宿者にまじって忙しく働いていた新宿の支援者には、二十代の若い世代の姿もめだつ。

「いちばん弱い仲間をみんなで気づかっていこう。ぐあいの悪い仲間がいたら、まず弱っている仲間を助けていこう」と、その夜のパトロールを呼びかけていた「新宿野宿労働者の生活・就労保障を求める連絡会議（通称・新宿連絡会）」の稲葉剛さんは、塾の講師もしている大学院生。「最初は友だちに連れられてきていたけど、路上で人が亡くなっていく現実を目のあたりにして、知ってしまった以上、何かせずにはいられなかった」という。

支援者たちは、野宿者を「仲間」と呼び、ときに「先輩」とも呼ぶ。支える者・支えられる者としての関係ではなく、対等に、ともに生きてゆく同士の仲間として、そして無数の試練を乗りこえて生きてきた人生の先輩として、親愛と敬意の念をこめてそう表現する。

大学生を中心に、野宿者にスープを配っているボランティアグループ「スープの会」の後藤浩司さんは、かつて新聞配達をしながら住みこみで働く奨学生だった。

「住みこみ労働者は、何かの理由で職を失ったりクビになれば、同時に住みかもなくし、放りだされてしまう。つぎの仕事を探すにも、定住所がなければ雇ってもらえず、そのままホームレスになってしまうこともある。だから、ぼくにとっても他人事じゃなかったんです。若い人たちにも、もっと野宿者のことを知る機会があれば、きっとわかってもらえるはず。ぼくはまず、友だちや周囲の人にホームレスの問題を話しかけて、理解者をふやしていきたいと思う」

野宿者を襲う若者たちがいる一方で、その対立の溝をうめたいと願う若者たちがいる。ゼロと同世代の二十代の彼らが、ここからどんな「架け橋」をつくっていくのか。勇気づけられる。

さらに主婦やOLの女性たち、取材に訪れた記者やカメラマン、学生など、多様な人びとが集まるボランティアグループ「新宿たまパト団」。彼らは隔週土曜の夜に、ゆで玉子を配りながら、野宿者の安否を確かめ話を聴いている。「活動家っぽい運動のイメージには抵抗があったけど、これなら私もできると思った」という若い女性、「ホームレスがどんな人なのか知りたくて」と声をかけてきた大学生など、通行人から参加してくるようになったケースも少なくない。

複数の支援グループが、独自の活動を展開しながらも、たがいを尊重し、共存しながら、ゆるやかに連帯していく。従来の「日雇い労働者運動」の枠をこえた、多様な運動のスタイルとつながりが、さまざまな人がゆきかう大都会の真ん中に生まれていた。

川崎の教育を動かした人たち

そんななかで、川崎から新宿の「仲間」の応援にかけつけていた水嶋陽さんに出会った。

「川崎の野宿の仲間たちのたたかいも、まさに〝何もない〟ところからの出発でした」。避難所の集会で、水嶋さんは、新宿の野宿者たちを励ますように語っていた。

大阪の釜ヶ崎につぐ日本の寄せ場、山谷《さんや》（東京）と寿《ことぶき》（横浜）とのあいだにはさまれた川崎では、仕事をなくした日雇い労働者や、病気やけがで動けない人など、現在約四～五百人が路上で生活しているという。集会のあと、私は直接、水嶋さんに話を聞いてみることにした。

「ぼくらが川崎で野宿者へのパトロールをはじめたのは二年半まえ。仕事もないまま、病院にも行けず、命の危険にさらされている人が、路上にたくさんいた。でも、最初のパトロールはぼくをふくめてたったの四人。川崎の地理も野宿場所も状況もわからず、出会う野宿者一人ひとりに教えてもらいながら、活動をすすめていった。そのうち、野宿者自身から〝オレもいっしょにまわるよ〟という人が出てきて、地元の主婦や学生、教会の神父やシスターといった人たちも参加するようになって、だんだんメンバーもふえていったんです」

その後、水パトでは、水曜の夜に、川崎駅や市内の商店街、公園、路上などで野宿している人びとの命を守るためのパトロールをおこないながら、「仲間の日」という野宿者の交流会や炊き出し、病院や福祉事務所への対応、入院先・ドヤへの訪問など、幅ひろい支援活動をつづけている。

一方で、気になるのは野宿者への襲撃状況だった。

川崎では子どもや若者たちが、路上に寝ている人を暴行するようなことは起こっていないだろうか。

「あります。実際に襲撃を受けた人が、市や教育委員会との団体交渉のなかでも訴えているし、とくに去年の夏、花火による子どもたちの野宿者への襲撃が続出したんです」

そこで私ははじめて、川崎の子どもたちの野宿者への襲撃が「流行化」していた事実を知る。しかしさらに驚いたのは、その後の川崎での展開について、だった。

川崎市では、水パトと野宿者たちの強い要望のなかで、市教育委員会が、野宿者への差別・偏見、襲撃をなくすための「啓発冊子」を作成。市内南部のすべての小・中・高校に配布し、学校現場での具体的な人権教育・授業の取りくみをうながしたという。

その結果、「この一年で襲撃件数は、半分以下にまで激減した」と、水嶋さんはいう。

これまで、釜ヶ崎の「子ども夜まわり」や、一部の学校の教師や支援者による取りくみはあっても、市行政・教育委員会みずからが、子どもたちの野宿者襲撃問題にたいして実質的に対応し、ましてや「人権教育」の授業として取りくんだということは、全国でも例をみない。

川崎では何がそこまで、市や教育委員会の重い腰を上げさせたのか。また実際に、どんな授業が学校現場でおこなわれたのか。そして、たんに襲撃件数の「激減」といった表面的な成果だけではなく、子どもたちの「野宿者への偏見と差別」の意識は、ほんとうに変化してきているのか。

その後、私はあらためて川崎にむかい、水パトや野宿者たちのもとをたずねながら、「川崎の教育の取りくみ」の経緯を追った。

水曜パトロールの暑い夜

九五年夏——。

川崎では、小中高校生ら子どもたちによる野宿者への悪質な暴行が多発し、エスカレートしていた。

「小学生から空き缶を投げつけられた」「少女三人がダンボールに放火した」「中学生ぐらいの子に自転車を投げられた」「石を頭に受け、大けがをして救急車で運ばれた」「小屋が丸ごと焼かれた」「ローラースケートによる安眠妨害やいやがらせを受けた」「泥や汚物を投げつけられた」「傘でつつきまわされた」「爆竹を投げこまれた」……。野宿者たちの訴えはあとをたたず、夏に入ってからは、さらに広範囲にわたる子どもたちの「襲撃の流行」が蔓延《まんえん》しはじめていた。

水嶋さんらはその夏、六月末から七月にかけて連続して五件の襲撃を確認。水パトの記録から当時の状況を追ってみる。

六月二十八日。川崎球場の外野席裏で寝ていた六十四歳の男性が花火で襲われ、ジャンパーが焼けこげ、背中一面に大やけどを負った。「背中が熱いので、びっくりして飛びおきたら、火が燃えていた。すぐに、高校生っぽい髪を染めた男が自転車で逃げていくのが見えた」と、男性は被害を訴えた。

七月十日。やはり川崎球場の正面入り口で寝ていた男性が、「小学生ぐらいの五人組に、打ちあげ花火を打ちこまれた」。花火は男性に命中し、背中にやけどを負い、布団などが焼けた。

七月十一日。またもや花火による襲撃が、市立図書館前・公園内で一晩に二件つづく。被害者の布団が焼けこげた。

いずれも夜間、眠りこんでいる人を、一、二メートルの至近距離からねらって花火を打ちこみ、驚いて飛びおきるところを見届けてから逃走する、という悪質なもの。火が燃えうつれば命を落としかけない危険に、連日、野宿者たちはさらされていた。

そして七月十二日。水曜パトロールの夜九時。

川崎駅東口の銀行前に、水パトと野宿者有志のメンバー十数人が集まり、駅班、商店街班、遠方班、富士見班にわかれ、パトロールに出発する。

水嶋さんたち富士見班は、二台の車に乗りこみ、川崎駅から約一キロ離れた富士見公園方面にむかう。その細長い敷地内に、市立体育館、市営プールなどがあり、周囲には市立教育文化会館、川崎球場、競輪場、労働会館、市立病院といった公共的施設が取りまいている。一晩で出会う野宿者は、八十人から多いときで百六十人。これらの施設の軒下に、五～十人単位でダンボールや布団を持ちこんで寝泊まりしている。

九時四十分。水嶋さんたち富士見班が、市立体育館の正面入り口に着くと、野宿者のOさんら三人が起きていて、顔を見るなり口ぐちに訴えた。

「いま、中学生ぐらいの子に花火を投げられた！」「男女のグループで、十人くらい。三連発。道路のむこう側からも打ってきた」「球場のほうに逃げてったよ！」

あたりにはまだ火薬の匂いがたちこめている。水嶋さんは持ってきたビラとカルピス一本を野宿者たちに渡し、いそいで球場のほうへむかった。

川崎球場チケット売場前。野宿していた仲間の一人が「ここではやられなかったけど、十人くらい自転車でサッカー場のほうに行ったよ」と、教えてくれる。

サッカー場のある富士見グラウンドに着く。野宿者のKさんが「子どもは来てないよ」。寝ていた六十五歳のAさんに話を聞くと、つい最近、自分も子どもたちに花火を打ちこまれたという。

「一か月ほどまえ、夜中の一時半ごろ。火が出て、シューッっていう花火だよ。着ていたジャンパーから下着、ダンボールまで焼けた。そのときは二人ぐらいの子どもだった。いつもは四、五人で自転車で来るよ」

水嶋さんは、こげて穴のあいたAさんのジャンパーを、預かることにした。

さらに労働会館をまわるが、子どもの影は見あたらない。「おれも××中学の子が、土手まで行って花火を打ちこんでるのを見た。つかまえて、問いつめたよ」と話す野宿者もいた。

十一時四十分、川崎球場の入場口にむかう。付近の野宿者から話を聞いていると、サッカー場側から自転車数台で、十人近い少年少女が乗りこんできた。水嶋さんが近よって、呼びとめようとしたところ、子どもたちはクモの子を散らすようにいっせいに逃走した。

体育館側に逃げた二人組を、水嶋さんは野宿者のSさんと追う。べつの三人組を、水パトのM子さんらが追いかける。一人の少女はあわてて自転車をおりて鍵をかけて逃げた。茶髪に上半身裸、短パン姿の少年は、いそいで自転車を乗りすて、靴を落としてハダシで走り去った。ほかにも三台、子どもたちの自転車が現場に残された。

体育館前の野宿者に追跡の応援をたのむと、被害を受けたOさんはじめ四人が駆けつけた。逃げるほうも必死だろうが、追うほうもまた必死だった。水嶋さんたちにとって、仲間たちの「命」がかかっていた。いま、ここで、つかまえなければ。彼らに話をしなければ。彼らは「人」の命を奪ってしまうかもしれない。しかし子どもたちの姿は、見つけられなかった。

すでに襲撃から三時間近くたった午前〇時半。球場前に置きざりにした自転車を、逃げた女の子が取りにもどってきた。待機していた水パトのM子さんらが声をかけ、彼女に近づく。地元の高校一年生だという。

「昼ごろ、ここに自転車を置いて日焼けサロンに行って、さっき取りにきたんだけど……。大人の人がいっぱいいて、こわかったから、いま取りにきたの……」。少女は弁解するようにいった。襲撃の現行犯の場をおさえたわけではないので、M子さんも断定した言い方で問いただすことはできない。

水嶋さんたちは少女に、野宿者たちへの花火の襲撃の実態について、そして自分たちがなぜパトロールをしているかを、説明した。はじめは聞く耳をもとうとしなかった少女が、「寝てる人に当たったたんですか……」と心配しだし、「あの人たちは酔っぱらって道に寝てるんじゃないんですか？」と問いかえしてくるようになった。水嶋さんは、だれも好きで路上に寝ているわけではないこと、仕事がなく野宿していること、高齢や病気の人が多いことなど、野宿者の状況を説明した。そして、子どもたちの「いたずら半分」の襲撃が、いかに危険で、死ぬか生きるかの命を奪う問題であることを、ひたすら話しつづけた。

少女は半ベソになり、目に涙をうかべはじめた。「ほんとうに、けがをした人はいなかったんですか？大丈夫だったんですか？」と、花火を打ちこまれた野宿者の状態を案じるようにまでなった。

「帰ったら、ほかの友だちにも連絡してみます」。そういって午前一時過ぎ、いったん去った少女はすぐにまた、べつの女の子を連れてもどってきた。さらに自転車に乗った二人の少年が、おそるおそる様子をうかがいにきた。その一人、茶髪の少年が「すぐに人を疑うんだからな！」と、つっかかってきた。

「じゃあ、なぜ、逃げた？」。水嶋さんが問う。

「追いかけられたら、逃げるもんでしょ」。反抗的な態度で少年はいい返す。

少年は地元の「××中学校出身」だという。高校の話はしない。水嶋さんがこんこんと話をするうちに、どこまで理解したのかはわからないが、じょじょに表情がやわらいでいった。話せばわかる、わかってほしい。そう信じたかった。

去っていく少年の後ろ姿を見送ったあと、M子さんは少女に、「彼はなんで逃げたんだろう？」とそっとたずねてみた。

「たぶん、学校の先生かなんかだと思ったのかもしれない……。よく、このへんを見まわってるから……」

少女の言葉かずは少なかったが、あの少年が学校や教師から、日ごろどんな存在としてあつかわれてきたのか、M子さんも想像できる気がしたという。

水パトのメンバーたちは、残された子どもたちの自転車をとりかこんで、どうしたものか、野宿者七人をふくめ、みんなで話しあった。彼らが襲撃の実行犯だという確証はない。また確定できたとしても、彼らを警察に突きだせばよい、とはやはり思えない。

「子どもたちを警察に引きわたしたら、おれたちの敗北だ」

警察や学校に彼らが「補導」され「制裁」されることが、なんら問題の根本的な解決にならないことを、水嶋さんは痛感していた。排斥と収容。管理と取り締まりの強化。力による同じ論理がくり返される。抑圧と強制。それで体は縛れても、人の心はつなげない。けっして束ねられない。

午前三時十分、パトロールを終える。水嶋さんほかメンバー四人で、富士見派出所に出むく。とりあえず派出所で、残された自転車の登録番号を照会し、持ち主を確認してもらうことにする。花火による襲撃については、遠まわしに伝えておくにとどめた。

〝かわいそうなのは子どもたち〟

水パトでは、川崎の野宿者への襲撃・暴行・いじめ・差別的な行為の実態を集計した「襲撃データベース」をつくっている。九五年末の越冬支援のさい、川崎体育館に宿泊した野宿者への調査の結果、三百五十八人中、八十九人が、なんらかの暴行やいじめを受けた体験をもっていた。襲撃件数は四百十三件にのぼる。驚くべき数字である。

九六年夏までに判明した襲撃の「加害者」は、子ども二百十八件、若者六十三件、大人九十一件。「子ども」は高校生までで、小学生も約二〇パーセントはいる。「若者」は大学生、二十歳くらいなどもある。被害者の言い方で分類しているため、実際はわからない。「大人」にはガードマンや警官だけでなく、一般通行人や地域市民もふくまれている。野宿者を攻撃しているのは、やはり子どもたちだけではない。襲撃の種類別でみると、「花火63・暴行45・放火48・あき缶24・投石24・ビン19・自転車22・爆竹18」など。エアガン、排気ガスの噴射、汚物・ゴミの投下などもある。

襲撃を受けた「被害者」の年齢をみると、高齢者がより多くねらわれている。最高年齢は七十四歳の人で、五十八歳以上が百五十件と、全体の六割にあたる。野宿者の全体が均等に襲われているのではなく、弱っている人、動けない人、抵抗できない人が、より確実にねらわれている。

また時期的には、とくに夏に百八十件と集中し、週末や、学校の休みまえと休み中(夏休み・冬休み、ゴールデンウィーク、試験前後)に多発。子どもたちの鬱屈したストレスが一気に発散される時期ともいえる。

被害を訴える野宿者の声には「くやしい」「つかまえたい」「いちばん嫌だ」「やめてほしい」というものが多い。なかには「何も感じなくなった」「もう感覚が麻痺してる」「しかたない」とあきらめを感じている人もいる。そのなかで、たった一人、「いまの子どもは遊び場がなくてかわいそう」と答えている人がいる。自分の身を脅かされる危険のなかでなお、襲う子どもたちの状況を思いやる人の心があった。

水嶋さんはいう。

「パトロール中に、ぼくたちが襲撃した子をつかまえることもあるけれど、だいたいは、おじさんたちがつかまえて、〝もう、やめろ〟といい聞かせたりしてます。逃げおくれた子が川に足をとられてはまったのを、おじさんが逆に引きあげて助けてあげたり、親が帰ってこなくてご飯も食べられないという子に、ご飯をつくって食べさせてあげたという人までいる。話しあっていくうちに、〝ごめんなさい〟といって、やめていく子も多い。でも、確信犯的な子どもたちがいて、かならず同じ場所で、同じ人を、執拗にねらいうちしてくる。それはもう、不良グループだとか、家庭環境だとか、関係ないですよ。どこにでもいるようなフツーの子たちが、それが危険なことだとわかったうえで、ロケット花火を打ちこんできたりする。でもそれは、襲撃する子が〝例外〟なのではなく、地域全体の意識、世の中全体の意識が、子どもたちに凝縮されて表れてきているということ。問題なのは、まずその子たちを取りまく社会の、大人自身の意識です」

七月十二日の追跡からしばらくたった水曜パトロールの夜。水パトのM子さんたちは、あのとき「すぐに人を疑うんだからな!」と食ってかかってきた茶髪の少年に偶然、出会った。彼はその夜も富士見公園周辺を、べつの友人と自転車に乗ってうろついていた。

でも、その夜、声をかけてきたのは、少年のほうからだった。

「こんばんは。ごくろうさまー」。少年の呼びかけに、野宿者と話をしていたM子さんがふりむくと、何も知らない連れの子が少年をひやかして、からかった。が、少年はいった。

「おめえ知らないのかよ。この人たちはえらい人たちなんだぞ!」

きっぱりと友人をさとした少年に、M子さんは驚いた。「うれしかった。もうこの子は、野宿者に花火を投げたりなんてしない」。そう実感したという。

教育をつくるための第一歩

一方で、同じ手口による「ホームレスいじめ」はあとをたたず、川崎市南部を中心に、子どもたちの襲撃は広がりつづけていた。

「もうこれ以上、一日も待てない。子どもたちを取り締まる〝犯人探し〟ではなく、どうして路上に寝なければならない人がいるのか、そのことを子どもたちに理解してもらい、差別やいじめをなくすための教育に取りくんでほしい」

連日の襲撃事件に危機感をつのらせた水嶋さんたちは、これまで川崎市との団体交渉にも一度も姿を見せなかった教育委員会に、強く要請し、実質的な対策を求めていくことにした。

九五年七月二十六日。川崎市との第十二回目の団体交渉の場に、はじめて市教委から指導課長ら二名が出席した。水パトと川崎の野宿者有志ら九十六人は、子どもたちの襲撃事件にたいする教育現場での対応について、市教委側の姿勢をきびしく追及した。その交渉の記録から発言を抜粋する。

水嶋　このかん十二回の交渉のなかで、再三くり返し、〝差別やいじめをなくす教育をしてほしい〟と訴えてきましたが、教育委員会はそれにたいし、聞く窓口さえ設けてこなかった。この一年間、教育委員会として、野宿する仲間にたいして子どもたちの襲撃がたえないことについて、それとどう対決する教育をつくってきたのか。発言を受けたいと思います。

まず、市教育委員会の指導部課長が返答する。

指導課長　こういうことは、あってはならないことだと、ことの重大性を強く認識しております……。花火の襲撃の件につきましても、ただちに小・中学生の校長会をつうじまして、各学校への指導の周知徹底をするように対策をとらせていただきました。また、市内の高等学校にむけましても、周知徹底をはかっていただきたいと連絡網等を使いまして申してまいりました……。

〝お役所言葉〟の弁明のくり返しに、「何いってんだよ！」と野宿者たちから声が飛ぶ。「焼かれた布団もあるんだぞ！」。襲撃を受けた野宿者たちから預かってきた花火の残骸、焼けた布団、こげたジャンパーなどが持ちこまれ、指導課長らの目のまえに並べられた。水嶋さんが「これ見て、これ。はい」と、指導課長らに一つずつ手渡す。

水嶋　これは野球場の裏で花火の襲撃を受けた仲間から預かってきたものです。……ちゃんと持って、どういう事態が起こっているのか、見てください。

水パトH　一回目の議会で、ある課長さんが〝私どもは在日の朝鮮人の人権についての教育を徹底的にやってきた教育委員会でございますので、野宿者の人権についてもしっかりとこれからやっていきます〟といわれました。でも、まず教育委員会の方が、どこまでほんとうに野宿者の人権について深い認識をもっているのか。……ともかく、ただ連絡するというようなことだけじゃなく、まず教育委員会のなかで野宿者の人権についてきちんと勉強し、歴史的、社会的、いろんな意味での認識を自分たちがしっかりもったうえで、やるということ。で、そういう会をかならずもってください。

水パトS　多摩川土手では三月十日にテントが一軒、全焼しています。なかにいた人はたまたま仕事に行っていて被害にあわなかったけれども。完全に丸焼けです。彼らがもしそこで寝ていたら、どうなっていたか。やっぱりそのときは、春休みがはじまりかけていた。そういう時期になると、ひじょうに出てくるんです。こんどは夏休みに入って、いまもうすでにいちばん危険な時期がはじまっているんですよ。

野宿者K　すみません、おといなんですけどね。えーと、夜十一時か十二時ごろ。われわれ、土手に寝ていまして、石投げられましてね。大人のこぶしぐらいの石を。古い年寄りの人いるんですけど、その人に集中的に当たったんです。私はいたんだけど、そのまえに一般の方がいたんですよ。その一般の方は見て見ぬふりだったんですね。で、二十分くらいしてまたやってるんで、追っかけて捕まえたら、中学生でした。いま、そういうのはひんぱんにあります。花火は、もうしょっちゅうです。このままだったらわれわれ、自警団つくりますよ。つかまえて多摩川んなか、放りこみますよ。

しかし市教委側は、「いまの実態、ご意見をもち帰りまして、今後、検討させていただきます……」といった具体性のない返答に終始するばかりだった。

水嶋　具体的に、いつまでにどういうことを検討していくのかを話していただきたい。どこへもち帰るの？　教育委員会を代表してあなたがたは来たんじゃないんですか。

指導課長　学校……とのかかわりがありますので、えー、少なくとも一か月くらいのあいだに……。

野宿者数人　それじゃダメだ。それじゃ遅いよ。

水嶋　一か月間は命の保障はできないということですか。

野宿者O　おれたち、今晩こまるんだよ。何されるか。

水パトN　山下公園(横浜)で寝てられた方が死にました。死んだ人はかわいそうです。だけど、殺した子どもたちもかわいそうなんです。あなたがた、それをどう考えているんですか。子どもの教育、教育といっても、じゃあ、その事故を起こしてしまった子どもたちはどうなるんですか。ですから、もち帰りましてとか、一週間後に、というのは遅いんですよ。迅速に動いてもらわないと、またそういうことは起こります。現実に最近、こぶし大以上の石が投げられている。あなたがた、当たったらどうします？ 当たりどころが悪かったら即死ですよ。あなたがたね、今晩いっしょに寝てみなさい。どんなふうにやられるか、どんな恐怖があるのか、よくわかるんだ。そのことをふまえてちゃんと回答しなさい、ちゃんと。

水嶋　この世の中では、外に寝ていると、野宿していると、それだけで人間あつかいされない。だから子どもたちも「邪魔者だ」「ごみだ」と、いろんな物を投げたり、侮辱的にあつかう。それにたいしてどう対決していく教育をつくっていくのか。子どもたちを管理の対象として、取り締まりの対象として見るのではなく、だれもが平等に生きていく、だれもが差別なく、あるいは差別のある世の中にたいしてたたかう力を、教育としてどうやってつくりあげていくのか。それが問われているわけですよ。警察による巡回や、教育委員会による生徒にたいする指導、親にたいする指導よりも、どういう内容で教育をつくりあげていくのか。そういうことが問われているんじゃないですか。

水パトA　そうだ。あんたら人が殺されないと動かないのか。いま見たでしょ。焼かれた布団、穴があいたシャツ、あれでもう十分じゃないか。なんでそんな、「日にちなんて設定できない」なんてことというんだよ。

水パトH　一年まえからいってるのに放っといたんだぞ。

水パトA　小さな幼稚園の子どもだって、野宿の人たちを心配してたんだ。雪の降った日、公園でいっしょに遊んでいた人たちがいなくなって、「どうしたんだろうね、おじちゃんたち」って。小学校、中学校、高校の人たちがどうしてそんな思いやりの心をもてないんですか。同じ社会で生きてる人間としてね。人の命は大事にしなきゃいけない。どうしてそういう教育ができないんですか。

野宿者Y　一晩、いっしょに来ればいいんだ。

水嶋　とりあえずこの夏休みに何をするか、それから二学期に何をするか。少なくともこの二つについて、いま、関係すると思われる課長級すべてに電話して、緊急招集会議をもちなさいよ。そのぐらいはできるでしょう。いる人間でやれることを最大限やればいいんです。

約一時間の交渉のすえ、五分間の休憩がもたれた。交渉を再開し、教委側からの回答が出された。まず、水パトの「今夜のパトロール」に教育委員会から数名が同行し、襲撃の実態や野宿者の現状を実際に見聞きして確認していくこと。そして、翌日中に教委で緊急会議をもち「夏休み中の対策」について検討し、その内容を野宿者側に報告する場を設定すること、が述べられた。

水嶋　今日の夜、パトロールに来るのは何人ですか？

指導課長　はっきりした人数までは申しあげられませんが……、少なくとも五、六人はできると思います。

水パトH　はじめから最後までおるんか。それとも途中で帰るのか、どっちや。わしら九時から二時までまわってるんだから。十一時に帰るんだったらやめてくれ。

水パトと仲間たちから、ドッと笑いが起こる。「はい。二時まで」と答える指導課長に、野宿者数人から「私のところに泊めてあげますよ」と声があがる。

子どもたちの野宿者襲撃問題の克服にむけての、川崎からの第一歩だった。


その夜、川崎市教委の指導課長・担当者ら数名は、実際に、深夜まで水パトのパトロールに参加した。そして、野宿者たちから襲撃の実態、恐怖、怒りの声をじかに聞きとるなかで、高齢者、けがや病気・障害をもつ人など、より「弱い人」たちが、子どもたちから襲撃の標的にされている現状を目のあたりにすることになる。

「市教委の課長たちも、そこに〝いじめの構造〟と同質の陰鬱なものがあることを発見した。市教委がこの問題に本腰をあげた理由もその点にあります」と、水嶋さんはいう。

ついに市教委は、「襲撃・いじめを克服するための教育」へと動きだす。

こうして川崎の仲間たちは、市を動かしてきた。日々、命を脅かされる野宿者自身の恐怖と痛み、人間としての怒りから。しかし、それだけではない。野宿者と子どもたちが憎みあい敵対しあう関係ではなく、人と人として出会い、ふれあい、ともにつながりあえることを願う人たちの痛切な祈りから、その一歩は生まれていた。

大人たちの自問

人権感覚への問い

九五年十月、川崎市教育委員会は、日本初となる野宿者襲撃問題をテーマにした教職員むけ指導冊子『子どもたちの健やかな成長を願って——野宿生活者への偏見や差別の克服に向けて』を作成し、市内すべての、小学校百十四、中学校五十一、高校二十一の計百八十六校と幼稚園十八園に配布した。

Ａ４判・二十四ページのこの冊子を、「行政がつくったものとしては、画期的なもの」と、水嶋さんは評価する。

「画期的」な点は、いくつかあげられる。

まず、野宿者襲撃問題にたいする基本的な考え方が、つぎのように明言されている。

① 子どもたちの野宿生活者への差別・偏見は大人社会の反映。社会全体の問題、大人の責任である。

② 野宿生活者への投石等の行為は、基本的人権を侵害するもの。たんに〝子どものいたずら〟としてとらえるべきではない。無防備で無抵抗な人間にたいして、一方的にその安全や命を脅かす行為として、絶対に見逃してはならないことである。

③ 野宿生活者への暴行・襲撃は、教育にたずさわる私たちが根絶を目指してきた「いじめ」と同じ構造を持った行為である。集団の規範に入らない存在を「異質」とみなし、「排除」しようとする意識、力学が働いている。その行為を見て見ぬふりすることや「正当化」しようとする働きもまた「いじめ」の構造の表れである。

④ 子どもの人権感覚を育むには、まず大人の人権感覚を磨く努力が不可欠。人権感覚は知識として教えられるものではない。子どもに差別や偏見の気持ちをもたせることのないよう、われわれ大人は謙虚に振りかえり、その上で問題に取り組んでいく必要がある。

さらに冊子では、以下の留意点をもって、学校現場での具体的な指導の取りくみをうながしている。

⑤ 野宿生活者には、不況のため仕事のなくなった日雇い労働者、倒産、家庭崩壊など、野宿生活にいたる社会的な背景がある。また、雇用体制が安定しない現在、野宿生活者に関する問題はだれにでも起こり得る問題である。

⑥ 指導にあたっては、教師の考えを一方的に押しつけない。子どもが学ぶ主体。問題を子どもたちと共に考え、子どもたちがみずから気づくことによって生き方を学んでいけるよう、指導のあり方を考える。

⑦ 野宿生活者への投石等のいじめ行為をなくすためには、いじめられる側の痛みや苦しみからとらえること、生命にたいする感受性を育むことが大切。子どもたちが日常生活の中で仲間はずれにされたり、いじめられたりした体験を題材として、その具体場面を取りあげたロールプレイなども方法として考え

られる。また、学級内で思いや意見を交流しあい、討論し、問題意識を高めるような日常指導も考えられる。

とりわけ、この冊子が、野宿者・子ども・大人（教師）の相互関係の点ですぐれているのも、市教委側と野宿者側とで三回にわたる「冊子作成の検討会」がもたれ、吟味されてきた経緯がある。川崎の野宿当事者の「生の声」である百六十三項目の要求書も、巻末資料に全文掲載された。また当初、市教委側の原案には、子どもたちの帰宅時間の指導、素行の管理や市教委・学校による深夜の巡回などをうたった項目もあったが、「全文削除」するよう野宿者側が求めた。

「当初はとくに、子どもたちを野宿者から遠ざけようとする意見が各方面から出てきた。また、襲撃する子を〝例外〟とみなして、指導・啓蒙して〝善導〟しようとする意見。これは、野宿の仲間を隔離収容したり、〝労働指導〟したり、〝例外〟として切り捨てようとする行政や住民の意見とひじょうによく似ている。でも、子どもか野宿者かの一方、あるいは両方を、どこかに閉じこめることで、問題そのものを封じこめてしまってはいけないと思う。子どもや教師が、野宿者と直接かかわる方法を追求していくべきだと、市教委に要請しました」

差別意識の克服は「まず、かかわることからはじまる」という水嶋さんの意見に、私も同感だった。しかし、市教委の姿勢として、私がこの冊子を画期的だと思える最大の点は、もう一つべつにある。いじめや襲撃問題の要因を子ども自身のなかに探しだし、「こんな子はいないでしょうか」と問題視するのではなく、徹頭徹尾、教師・大人自身の態度・言動にむけて「こんなことはしていないでしょうか」と、自省を問いかけている点である。

〈こんなことはなかったでしょうか〉

1　あらゆる種類の蔑称を日常会話の中でつかっていないでしょうか。
2　子どもを叱るときに、差別意識を植え付けるような言葉を発していないでしょうか。
3　子どもが差別的な言葉を発するなどの行為を取ったとき、それを注意深くとらえて、即時的な指導を行っていますか。
4　特定の子どもを「問題児」とみなし、知らぬ間に『排除』の意識を育ててはいないでしょうか。
5　日常生活の中で、暴力行為を否定するような感覚を積極的に育てていますか。
6　大人の価値観を押し付けず、一人一人の子どもの考えに十分耳を傾けていますか。
7　いじめや差別の痛みを学ぶ場を、教育活動の中に意図的に設けていますか。
8　一人一人が心を開き、だれもが思う事を発言できる学級になっていますか。

この問いに、すべてOKと自信をもって答えられる教師、あるいは親は、どれだけいるだろう。集団のなかで、「異質」なものを憎み、排除しているのは、まずだれであったか。弱いものを否定し、差別する「いじめの心」を子どもたちに植えつけてきたものは、なんなのか。そしてまた、人間《ひと》を襲うような子どもたちを生みだしつづけている、この社会の「教育」とは、いったいなんなのか。こうした内省が、はじめて市教委みずからによってなされたことは、たしかに大きな意味をもっていた。

その後、実際にこの冊子は学校現場でどのように活かされたのか。川崎のある中学校の取りくみを追った。

〝人権教育にアマチュアはいない〟

九六年七月、夏休みを目前にしたある日、私は川崎市立渡田《わたりだ》中学校へとむかった。うだるような暑さの昼さがり、ＪＲ川崎駅の改札口を出ると、駅構内にも周辺にも、多くの野宿者たちが木陰に座っていたり、ベンチに横たわったりしている。そんななかで、このかん川崎に通うようになってすっかり顔見知りになった野宿の仲間のＨさんが、いつものように駅前を、先の折れた小さなホウキでせっせと掃いてそうじしていた。

「よーお、今日は団体交渉はないよ。どこ行くの？」。私を見つけて、小さなキャップ帽をかぶったＨさんが、ニコニコと近づいてくる。「渡田中学まで、授業の話を聞きに行くところ！　××行きのバス乗り場を探してるんだけど……」。「ああ、それならあそこのバス乗り場だよ。見えてるけど地上からは行けないよ。この地下を降りて、まっすぐ行って……」と、Ｈさんはわかりにくい駅前の地理をテキパキと教えてくれる。この一帯は、Ｈさんの庭同然だ。

Ｈさんは、数日まえの市との団体交渉にも、このボロボロの愛用のホウキを持っていった。百円ショップで売っているような簡易なものだ。市職員に掲げて見せ、働きたいが仕事がない、せめて川崎の街をそうじするために新しいホウキがほしい、ホウキをください、と訴えた。清掃事業などへの就労の機会を求めてはいるが、いっこうに実現しない。それでもＨさんは、毎日、川崎の路上を掃きつづけている。だれに頼まれたわけでも、報酬があるわけでもない。

自分は体を動かし、働きたい。労働は喜びなんだ。何かの役にたちたい、いっしょに街をつくりたい。そしてみんなと川崎でともに元気に生きていたい——。黙々と路上を清掃するHさんの姿が、全身で訴えている気がした。

市立渡田中学校は、川崎駅からバスで十分たらず。川崎駅地下アゼリア街、富士見公園、多摩川の土手といった襲撃多発地域は、同校の校区内ではないが、生徒たちの「生活圏」にあたる。生徒たちが日常的に野宿者と接する機会も多い。市教委が指導冊子を配付して一か月後、渡田中学は川崎でいちはやく、「野宿者襲撃事件を考える」授業を、全校・全クラスで取りくんでいた。

校門をくぐり、校舎一階の校長室をたずねる。

「いやー、暑いなかをようこそ。申しわけないですけど、この学校、校長室も冷房はないんですよ。ハハ、こう暑いと、子どもたちもかわいそうですよ。あ、麦茶、飲みますか？」

首の長い扇風機がカタカタと回るなか、うちわで顔をあおぎながら、気さくな福島一男校長が冷蔵庫からお茶を出しながら出迎えてくれる。校長先生らしからぬ「若さ」にまた驚く。四十代かと思えたが「今年、五十になりましたよ」と笑う福島校長は、一昨年まえ、同校の教頭から校長に着任したばかり。ソファーにゆったり腰かけ、取りくみの発端をこう語る。

「私自身、かねてからいじめ問題を緊急課題としてとらえていて、子どもたちのホームレス襲撃事件についても、これはいじめ問題とまったく同じ問題だと感じていました。けれど、正直いって、実際に学校で取りくむには迷いもあった。そんなとき、市教委みずからが冊子を発行し、人権教育からの指導を学校側に要請してくれたことは、ひじょうに大きなあと押しになった。教職員には〝いじめの構造を考えるうえでも絶好の題材ではないか〟と提案することができたし、ＰＴＡのかたがたの理解も得やすくなり、私としてもがぜん取りくみやすくなったわけです」

冊子が発行された九五年十一月、ＮＨＫが川崎の取りくみを取材するために、市内の中学八校、高校四校の全二千五百四人の生徒を対象にアンケート調査をおこなった。そこで「いままでにあなたは、野宿している人にイタズラしたり襲ったりしたことがありますか？」の質問に、「やったことがある」と男子の一六パーセント、女子の二パーセントが回答。男子の六人に一人が、襲撃・いたずらの経験をもっていることがわかった。

渡田中学校では同アンケート調査の結果、襲撃の経験が「ある」と答えた生徒は、全生徒五百五十九人中、七人。少数であってもやはり「皆無」ではなかった。

市教委の冊子に「触発」された福島校長は、さっそく全教職員に冊子を配付し、「こんなことはなかったでしょうか」の各項目について、自由記述のアンケートを実施した。回収されたアンケートを読んで、校長は愕然とする。そこには自分の予想をはるかに上回る、教師たちの生なましい「ホンネ」が吐露されていたからだ。

▼あらゆる種類の蔑称を日常会話の中でつかっていないでしょうか。
・使ってしまっている。
・注意しているが教職員間ではつかっているかもしれない。

・気をつけてるつもりでも、つい「バカ」などは使ってしまいます。あとよく耳にするのは「デブ」「ブス」。↑自分も使ってますネ。
・時々「おまえ」とか、叱るときは言葉をとくに意識していない。語尾などとても乱れていると思う。
・「不良」「ろくな大人にならない」「ろくな人間じゃない」等、言ってからまずいとは思うのですが、つい……。
▼特定の子どもを「問題児」とみなし、知らぬ間に『排除』の意識を育ててはいないでしょうか。
・どうしても授業のさまたげになると考えられるとき、「排除」の意識が自分自身の中に起きるため、子供の中にもその考えが起きているかもしれない。
・つい昨日もありました。三人の生徒が目の前にいて、ある活動をつい二人の優秀な生徒に頼みました。この三人は仲の良い生徒で「先生、○○さんにも仕事を分けて……」と言われ、はっと気がついた次第です。自分でも無意識のうち差別している恐さを知りました。
・あきらめずにやらなくてはいけないのでしょうが、時にはもう無視していることがあります。これはやはり排除でしょう……。
・まるっきりないとはいいきれないように思う。つきつめればその意識があるということになってしまうのだろうか？
▼一人一人が心を開き、だれもが思うことを発言できる学級になっていますか。
・なっていない。子供の中に「強いものに従わなければいけない」という意識があるので、必ず強い者の顔を見ることで自由な発言はほとんどない。

・力関係は確かに存在する。それが特に暴力的だと一層だと思う。まず、暴力(言葉の暴力を含め)を排除しなければいけないと思う。
・今まで(二十年以上)このような学級であったことがない。……生徒同士の複雑な人間関係(力関係)が大きな原因と考えられるが、教師の力量が問われる部分も非常に大きいと思われる。

理想と現実のあいだでゆれる悩みやジレンマを、多くの教師たちがうちあけていた。

「まず、われわれ教師自身の人権感覚をしっかりとらえなおしていくことからはじめなくては」。現状をきびしく受けとめた福島校長は、さっそく教職員七名からなる『人権尊重委員会』で、「ホームレス襲撃事件」を題材に授業に取りくめるかどうかをめぐって、議論しあった。

教師たちからは、とまどいや懸念の声もあがった。

「〝子ども〟が〝大人〟を襲撃するという特異なかたちであり、授業には、はたしてどうか?」

「授業をおこなう私たちの側が、各人、指導案をしっかり考え、どこを押さえるのかをもっていないと、内容がうすっぺらなものになる可能性がある」

「この事件のもつ問題性を拡散させるだけに終わる可能性も十分ありえる。とにかく、われわれ自身の人権感覚といったものが問われてくる」

また「自分自身がホームレスについてよくわからないから、子どもたちに聞かれてもちゃんと答えられる自信がない……」といった率直な声もあった。

専門の〝教科〟を教えるのとは違い、だれもが〝ホームレス問題〟を十分に理解しているプロフェッショナルでもない。が、「人権教育にアマチュアはいない」というのが福島校長の持論でもあった。「とにかくやってみよう」という教職員の意見も少なくなかった。

「人間の生き方、生命の尊さ、人権の大切さを考えるいい機会だ」

「たとえば、われわれ自身が『自分の人権意識は希薄だった』と気づくだけでもよいのではないか。授業が〝失敗〟しても、それはそれで収穫であるかもしれない」

「形式はともかく、各人各様の取りくみで、一度とりあげてみよう」

こうした討論の結果、教職員間の合意を得て、「野宿者襲撃事件から人権を考える」という未知数の「授業」が、渡田中学校の全十五クラスで展開されていくことになる。

野宿者と〝出会う〟授業

教師の一方的な指導にならないように、と市教委の冊子はうたっている。渡田中学でも、授業にあたって「教師の意見を結論として生徒に押しつけないこと。生徒自身の〝話しあい活動〟を中心にすえていくこと」などを教師間で確認しあった。が、授業の流れや方法はとくに統一することはせず、十五クラスそれぞれの担任の選択と判断にまかされることになった。

「ひとつとして同じ授業はありませんでした。新聞記事やビデオを使ったり、野宿者や街の人にインタビューしたり、クラスでアンケートをとって話しあったり。ホームレスの人権問題をディベート方式で討論したクラスもあった。道徳・公民・学活などの時間を使ってましたが、大半が一回の授業ではすまなくて、何回か授業を重ね、先生じたいが深みにはまって、四回、五回と熱心につづけていくクラスもありました」

にこやかにそう語る福島校長じたいが、まず個々の教師を信頼し、尊重し、「深み」にはまってもよい土壌と環境を保障したからこそ、実現できた取りくみでもあろう。

一年五組の担任だった西脇一祐教諭(三十五歳)のクラスでは、子どもたちが野宿者に直接インタビューするという授業が展開された。その模様は、翌年二月のNHKの報道番組でも紹介され、授業風景の映像が残されている。そこからまず、西脇教諭の授業内容を追ってみる。

冬休みを間近に控えた九五年十二月中旬。渡田中学の各クラスで、手探りの「授業」がはじまった。

一年五組の教室では、西脇教諭がまず子どもたちに、ある映画のワンシーンを見せていた。河原で複数の少年たちが「ホームレス」を襲撃している場面である。最初は笑って見ていた子どもたちも、しだいに神妙な顔つきで画面に見入っている。

「なぜ、少年たちはおじさんを襲ったのか。なんでもいいじゃん。思ってることをいってみよう」。先生の問いかけに、数人の生徒が手をあげる。

男子「度胸だめし」「遊び半分」、女子「いてほしくない」……。

さらに「おもしろい」「ストレス」「遊び・ゲーム」「好奇心」「無抵抗だから」「ジャマだから」といった生徒の意見を、西脇教諭はつぎつぎと黒板に書きあげていく。

「もっと、きみたち、ない？　このへん(胸のあたりを指して)につまっているもの。こんな気持ちだよ、きっと……って」。さらに先生は、子どもたちに襲撃をどう思うかと問いかけた。「やっぱし人間だから、やってはいけないと思いました」という男子に、べつの男子生徒が反論する。

「でも、やっぱり差別しちゃう。だってさ、あんな、家捨てちゃって自由にやってるじゃないっすか。なんつーの、あまりいいイメージもてないじゃないっすか」

「そこにいるホームレスのほうが悪いと思う」と発言する女子もいた。

この日の討論で、多くの生徒が「ホームレスは襲われてもしかたない」と思っていることがわかった。また、その大半が「くさい」「汚い」「不潔」といった外見の印象を理由にしていた。人を表面的な部分だけで判断してしまう偏見が襲撃につながっていると考えた西脇教諭は、「とにかく野宿者のことを知ってもらおう」と、生徒たちが野宿者と実際に「出会う授業」を試みることにした。

クラスの代表として五人の生徒が選ばれた。日ごろは「ホームレスを見ると、避けて通る」という子がほとんどである。R子さんもその一人。「汚いとか、お風呂に入ってないからくさいとか、そんな感じ。ホームレスの人は、自分が好きでそうやってるんだって聞いたことがあるから、あまりかわいそうとは思わなかった」。

生徒たちは二日間にわたって野宿者をたずねた。放課後、西脇教諭と生徒五人は近くの公園へとむかう。クラス全員に聞かせるために、西脇教諭は肩にテープレコーダーをさげ、マイクを手に持って同行する。公園には十人ぐらいの野宿者がすごしていた。この公園では三か月まえにも襲撃事件が起こったばかり。最初に出会った年配の男性の野宿者に、生徒たちはおそるおそるインタビューをはじめた。

「こんにちは。私たちは渡田中学一年の取材班です。これからいくつか、お聞きしたいことがありますので、教えてください」。あらかじめ紙に書いてきた質問を見ながらの〝棒読み〟である。

「あなたはいままでに、小中学生や高校生にいたずらされたり、襲撃されたことはありますか?」「あります。あそこでね、水ぶっかけられた。でね、ぼくたちも悪いんだけどね……」。気さくに答える野宿者のおじさんにたいして、生徒たちは緊張した表情でさらに質問事項を読みあげていく。

「なぜ野宿をしているのですか?」「社会復帰したいと思いますか?」「中学生にたいしてどう思いますか?」……

生徒の質問に、おじさんは一つひとつ真剣に応じる。

「働きたくても住所がないと職にもつけないし、年齢が上がるにつれ、どんどん仕事がなくなってしまう」「もちろん社会復帰したい。仕事がほしい。働ければちゃんとアパートにも入れる」「子どもたちに水をかけられたり石を投げられたりする。でも、相手は子どもだからやり返せないし、がまんしてる」……

インタビューをはじめて十分後。男子生徒の一人が、はじめて〝自分の言葉〟でおじさんに問いかけた。

「どうやって、朝昼晩のごはんを食べるのですか?」

知りたい、という男の子の素朴な問いかけに応えるかのように、おじさんは「ゴミ箱から拾ったりね……」とありのままを語る。「あと、パン券っていうのを福祉でもらってるんですけど。恥ずかしいけども、ほんと、うれしく思ってる」。生徒たち五人はみんな真剣な顔で聞いている。

「結婚はまだしていないんですか?」

「してない。きついなー。ハッハッハ。きれいな、好きな子がいたんだ。でも、ふられちゃった」。照れるように語るおじさんの笑顔を、生徒たちは目を輝かせて見つめている。

公園内で牛丼のパックをひろげていた野宿者男性にも話を聞いた。その人も「去年の夏、中学生ぐらいのグループからロケット花火でねらい打ちされたことがある」と語った。

「もう少し、子どもと大人が話しあえる場を、おれはほしいと思う。われわれも悪いけどね、あんたがただって正当じゃない。おれだって……こんな生活をしていることは、そもそもまちがっている。ただ子どものほうも、もう少しね、それぞれの社会の立場っていうものを見きわめてもらえれば、いちばんいいと思う」

「じゃあ、この話をぜひクラスに伝えましょう」という先生に、「お願いします。自分だって悪いけど、自分がいちばん悪いけど……」と、おじさんはくり返していう。

別れぎわ、手を差しだしたおじさんと、生徒たちは一人ずつ固い握手をかわした。

そのときの印象を、R子さんはこう語っている。

「意外に言葉とかもやさしかった。まえはぜんぜん興味がない人って感じだったけど、握手したときは、もう、他人っていう気がしなくなった」

握手したおじさんの手は「あたたかかった」と、生徒たちは驚いていた。

野宿者への取材から三日後。テープに録音した野宿者たちの声を、一年五組のクラス全員で聞いた。最初は冗談をいいあっていた生徒たちも、野宿のおじさんの襲撃の恐怖や生活の苦しさを訴える話がはじまるにつれ、真剣に耳を傾ける。

授業の最後に、西脇教諭は生徒たちに感想文を書いてもらうことにした。

「ホームレスへのイメージが変わった」「同じ人間だから襲ってはいけないと思う」「ホームレスの人に少しだけあやまりたい気分です」。野宿者のおかれている状況を理解しようとする声も、ふえていた。

授業をふりかえって、西脇教諭は語る。

「直接インタビューができたってことが、大きな題材じゃないでしょうかね。教科書にはまったく出ていませんので。ましてや、こちらから強制するものでもないですから。……自分たちの調べたことが、そのまま身近な問題でもあって、なおかつ自分を変えるという、ひじょうにいい経験になったんじゃないかと思います」

打てば響く子どもたちの感性を、あらためて痛感させられる。そして、子どもたちのその無限の可能性を見守り「信じられる力」が、いまなにより教師に、私たち大人自身に、問われているのだろう。

〝正解〟のない授業

「若い先生たちの取りくみにも、ひじょうに感心させられましたよ」と福島校長はいう。

校長室にジャージ姿で現れた秋山香志教諭は二十七歳。大学生といっても十分とおるような風貌である。二年二組の授業を受けもった秋山教諭も「深み」にはまった一人。結果的に十五クラス中「最多記録」の五回の授業をすることになった。

「むずかしい題材だし、最初は正直いって、授業をやるのがいやだったんです。でも結局、生徒たちの話しあいの流れのなかで、ぼく自身がどんどんのめりこんでいった感じなんです」

第一回目。秋山教諭はまず、七月に川崎で続発した花火による襲撃事件の新聞記事を生徒全員に配って読みあったあと、「野宿者への襲撃をどう思うか?」についての感想を求め、さらにアンケートをとることにした。

第二回目。アンケートの集計結果をもとに、クラス全体で討論する。アンケート回答では「襲われても仕方がない」という意見が、「あってはならない」という意見を上回り、過半数を占めていた。

授業のなかで「ホームレスはなぜ襲われるのだと思うか？」と理由をたずねると、「不潔。目ざわりだから」「ゴミをあさったりして町を汚しているから」「道路や公園などにいてじゃまだから」「住む場所や働く場所もなく、悪い大人の見本になっているから」といった意見が出た。さらに、「いたずらしたときの反応（驚いた様子など）がおもしろいから」「ふつうの遊びにあきたから。いたずらをするには、ちょうどいい対象だから」「理由なんかなく、ただおもしろがってやっている」など、襲撃する側の気持ちに共鳴する声も少なくなかった。

「〝野宿者を襲撃したっていいんじゃないか〟という生徒の意見が多かったときに、〝でも、絶対やっちゃいけないことなんだ！〟という自分の一言で授業を終わらせてしまったら、やっぱりいけないと思った。ぼく自身のなかにもホームレスへの認識不足や差別意識など、まだ納得できない部分があったし、これはもっと話しあっていかなくてはと思いました」

そう語る秋山教諭が授業で選んだやり方は、とにかく「とことん話しあおう」というものだった。

授業の流れとしては、

①「ホームレスはなぜ襲撃されるのか」の理由を考える
② その理由は当人たちにとって納得できるものだろうか
③ ホームレスの背景
④ ホームレスにもいろんな人がいるが、そのだれにとっても襲撃や排斥は許されるのか

といった展開で話しあいが深まっていくなかで、しだいに生徒たちから「自分とは違う意見や生活を受けい

れる気持ち」が表れはじめたという。

第三回目。西脇教諭のクラスで野宿者をインタビューした録音テープを、クラス全員で聞く。熱心に聞きいる生徒たちの表情に手ごたえを感じた。

第四回目。さらにクラスで話しあった授業のあと、生徒たちから集めた感想文には、彼らの意識の変容の軌跡が、さまざまに表現されていた。

「授業をするまでは、ホームレスがどうなっても私には関係ないと思っていたけど、今は少し変わった。例えば、悪い人だと思っていたホームレスがそうは思えなくなったり、ホームレスに社会復帰してもらいたいと思うようになった」

「初めにやった時は、ホームレスの人達が、くさいし邪魔だから悪いと思っていて、ホームレスの人達だけが悪いような発言をしたけれど、他の人の意見や感想を聞いたり、ホームレスの人達の話を聞いていたら、悪いのはホームレスの人達だけではないと思った。……そして、ホームレスを襲撃した人達は、ぼくが思っていたホームレス以上に悪い事をしているんだと感じた。同じ人間に対して、くさいとか、邪魔とかの理由で、いたずらするなんて許せない事だと思う。またホームレスに対しての気持ちが、変わるにはどうしたらいいのかと思った」

「この前ぼくが川崎を歩いていたら、ビルの前あたりにホームレスが二〜三人いた。すみっこの方で何かやっていたので、ちらっと見たら、たばこのすいがらやその他のごみをちゃんととって、ゴミバコに捨てていた。ぼくは、ホームレスがこんなことをしているのをはじめて見た。ぼくは、あの人たちもちゃんと仕事をして、社会に復帰したいんだなぁと思った。今回の授業はとてもためになったと思う。この前とくらべてホームレスの見方が変わったと思います」

なかには、こんな〝正直〟な意見もあった。

「ホームレスの人たちに対する見方がかわった、という人たちもいるのだという事がわかった。でも私は、べつに意見は変わらない。今、ここに『私は意見がかわって、自分がそんなことしないのはもちろん、人がやっている所を見たら注意します』と書いてもいいのですが、どうもなっとくいかない部分もあるので。（ホームレスを襲撃するのはいけないというのはわかっている）……どんな苦労しているのかはわからないけど、昼間ずっとだらだら寝ていたり、夜お酒をのんで、ギャーギャーさわいでいたりしたら、誰も同情できないと思う」

生徒全員が「なっとく」できる結論を得たわけではない。が、子どもたちがたがいの意見に耳を傾け、考えあい、新たな疑問にぶつかったり迷ったりしながら、自分なりの答えを探しだそうとしている姿がそこには浮かんでくる。

第五回目。感想文をたがいに読みあい、秋山教諭と生徒たちは〝正解〟のない授業をつづけた。

「ホームレスについての授業で思ったことは、みんなそれぞれ違う意見があったということです。私はホームレスを襲撃するのはよくないと思っていたけど、やっぱりしょうがないと思う。しょうがないけれど……ホームレスの人にとってはすごくいやだと思う。やっぱり人をいじめたりするのは、悪い事だと思いました」

「授業を重ねていくたび、ホームレスの人達の気持ちなどもよくわかり、うちら子ども達のホームレスに対する気持ちもよくわかり、今では無関心ではなくなりました。でも私にはいまだに一つぎもんがあります。

社会復帰したいと思っているホームレスの人達はいっぱいいるのに、なんで仕事を探さないかというぎもんです。お風呂に入って、きれいになれば普通の人とかわらないと思います。それをするお金がないのはわかるけど、お金をかりたりすればいいのじゃないかと思います。そして仕事についてお金をかえせばいいと思います。だけどやっぱり公園でねていたりするのはじゃま。だけど、だからといって花火をなげてはいけないと思います。他にも解決する方法があると思います」

生徒たちの「ぎもん」はつぎつぎとふくらみ、わき起こるいくつもの気持ちのあいだを揺れつづける。

しかし、ある一定の〝結論〟を見いだそうとすること以上に、彼ら一人ひとりがその「現在の気持ち」にたどり着くまで、ともに考え学びあった〝過程〟こそが、「自分にとってもなにより重要な体験になり、財産になった」と、秋山教諭はいう。

「自分の人権感覚が何度も問われ、磨かれていくような気がしました。授業を重ねていくなかで、生徒たちに気づかされたんです。生徒をある方向に無理やりむけさせようとするよりも、子どもの意見に素直に耳を傾け、子どもといっしょに考えていけばいいんだって。だれよりぼく自身が勉強させられました」

〝人権〟を問いなおす授業

一年四組を担当し、一回の授業のなかで、徹底して「人権にこだわった」という中本幸枝教諭(二十九歳)は、こう語る。

「最初は、公園などのホームレスに取材にいくことなども考えました。でも私自身、ふだんの生活でホームレスと接することもあまりないし、あえて無理に接することをしなくても、ホームレスの問題は考えられるんじゃないかな、と思ったんです。授業のなかで主題においたのは、ホームレスというより〝人を見た目で判断していないか〟ということでした」

生身の野宿者と直接ふれあう、という方法をとることをあえてしなかった中本教諭は、まず、クラスのなかで絵の得意な生徒に、ホームレスと少年の人物画をそれぞれ描いてもらった。そしてその絵を黒板に貼りだし、話しあいを進めた。

授業は、つぎのような流れで進められた。

① まず、襲撃事件の記事を読んで、事実を確認する。

② 絵を見ながら、その「ホームレスの人物像」にせまる。

外見は？　内面は？　ホームレスになるまでの人生、なりたくてなったのかどうか。

生徒の意見を出しあう。

③ 絵を見ながら、その「少年の人物像」にせまる。

外見・内面は？　家庭環境、生いたちは？

襲撃するのは欲求不満のはけぐち、ゲーム感覚、異質なものを排除する意識？　生徒の意見を出しあう。

④ 事件が起こった原因は何か、を考えあう。

発問1　少年がホームレスを傷つけた理由は？　理由はあるのか、ないのか。

少年はホームレスの外見しか見ていないのではないのか。

発問2　少年がホームレスの生いたちを知っていたら、ホームレスを傷つけるようなことをしたかどうか。

発問3　人を理解するということはどういうことだろう。

⑤　人権とは何かを考え、作文する。

「人権」に関する言葉を〃お助けワード〃として提示する。

差別・偏見・尊重・生き方・価値観・十人十色・性格・見た目(外見)・黙認・恐怖心・集団化・仕事・協調性・個としての人間・心理・弱者・怠ける・無視・暴力・同情・生命・生身・他人・自由・相互理解・大人と子ども

⑥　生徒数人の作文を発表する。

教師の授業の感想を述べ、まとめとする。

授業では活発な話しあいがつづき、中本教諭は授業を三十分延長し、最後に生徒たちの感想文を集めた。

「授業をするにあたって、私自身、〃人権ってなんだろう〃と、ずっと考えていました。でも、出てきた子どもたちの作文を読んでいると、私の考えなんかよりずっと素晴らしい。一人ひとりがすごくよく考えていて、予想もしないことを表していたり、ふだんのかかわりからは見えてなかった子どもたちのいろんな面が発見できた。学校のなかではふだん、こんなこと考える時間ってなかったと思う。教えられたのは、私のほうです」

子どもたちの考えた『人権とは』――。

「自分の生き方をだれの考えにも束縛されないで、自分の決めた生き方で生活できる権利。人としての権利。

みんな同じ人間として生きることができる権利」

「人の権利。生まれてから人として生きていける、バカでも天才でも、ホームレスでもみんな同じ人間だということ」

「人権ってひとりひとりが持っている権利だと思う。……ひとりひとりの顔や性格が違うように、ひとりひとりの持っているものが違う。だからホームレスの人を差別することは間違っていると思う。その人にはその人の生き方がある。差別をして被害を加えるということは、自分のことを相手にぶつけて、ホームレスの人の生き方を邪魔している気がする。学校に行っているから、仕事をしているからといってエライわけではない。相手の心を理解することが偉いことだと思う」

「人権とは人間関係のことだと思います。…その人とつきあっている間に、見た目ではわからなかった性格や過去の出来事などいろんなことをわかちあっていくうちに、人間関係が深まっていくのだと思います。でもそれを自分とは違う、普通の人とは違う、変わっているという考えで『いじめ』や『同情』『差別』をして、その人を傷つけてしまうことがあります。みんながその人の『人としての権利』をもっと深く考えてあげられれば、こういういたずらはなくなると思います」

「同情」も「差別」と同じく人を傷つけるのだという、子どもの鋭い洞察に驚かされる。

学校に行ってなくても仕事をしてなくても、バカでも天才でも「みんな同じ人間」。

そんな子どもたちの言葉は、優等生でなくてもテストの点が悪くても、弱くてもいじめられっ子でも、ぼくたち・私たちはけっしてだれからも「自分」を否定されたくはない「同じ人間」なんだ、と訴えかけているように思えてくる。

子どもたちの本音

共感と反発と

九六年四月。渡田中学では、前年度に実施した「野宿者襲撃問題の授業」の取りくみを、『じんけん1――人権尊重教育の歩み』という小冊子にまとめた。

福島一男校長は、生徒たちの「ホームレスの授業を通して考えたこと」の感想文すべてを、みずからの手でワープロに打ちこみ、冊子の巻末に全文掲載した。

子どもたちの感想の内容は、大きくいくつかに分けられる。

まず、それまで抱いていた野宿者にたいする差別・偏見の意識が、共感・理解へと変化していったという意見が大半を占めている。

「今まではホームレスは仕事もしないでただ汚いかっこうして寝ているだけだと思っていたけど、授業をやってそれぞれに理由があるんだとわかった」

「ホームレスの人達のなかには、とてもやさしい気持ちを持っている人が、たくさんいると思った」

また、社会の「ホームレス差別」の現実を知って憤る声、その問題解決のためにどうすればいいのか、自分なりに考えようとする声もあった。

「川崎には働く所がいっぱいあるけど、ホームレスの人をやとってはくれないのです。どうしてホームレスの人を働かしてあげないのか」

「ホームレスだから職につけない、職を持っていないからアパートもかりられない。それって、差別だと思いました。テレビでも、駅に寝泊まりしている人達を、動く歩道を作るからって、どけようとしている所を見ました。でも、もし、どいてほしいなら、ホームレスの人達が住める所をつくってほしいと思いました」

「これからは、ホームレスの人用のアパートや、就職なんかをサービスする『しせつ』を税金などで作ればいいと思った。税金もこういう使い方をすればいいと思う」

「国がホームレスが働く工場などを作って働いてもらえばいいと思う。普通の工場よりきゅうりょうを少なくすればその工場もやっていけると思うし、ホームレスの人も働く所ができていいと思う」

ある女の子は「働きたくても、働けない」という社会、ホームレスを生みだしている状況こそが「おかしい」と訴えながら、こう綴る。

「ただホームレスの人達をなくすのではなく、ホームレスの人達を助けるという気持ちを、みんなが持てればいいと思いました」

ホームレス問題をとおして社会を見つめたうえで、子どもたちの視点はふたたびみずからの内側へとむかう。

「ホームレスの人達がきちんと暮らせるようになるには、今の世の中を見直す必要があると思う。私は、ムズカシイことはよくわからないけど、まずは、私たちの考えをきちんと見直す必要があると思う」

しかし、理解しようとは思うが共感はできない、という子どもたちの意見も少なくはない。「努力がたりない」「甘えてる」といったきびしい批判・反発もある。

「ぼくは、ホームレスがきらいだ。いろいろなところにすみついて、それでいしとかをなげられて、自分はひがいしゃのつもりでいるやつもいる。でんしゃにのってたま川のちかくをとおると、みんなでのみかいをしているのをみた。ぼくは、そんな金があるなら、その金ためてマンションとかアパートに住めると思う」

「ホームレスの人は『社会にもどりたい』などといいますが、それならなぜもっと努力しないのですか。『仕事がない』というなら、探せばいいのでは。せめてアルバイトぐらいはあるでしょう。なぜ、がんばらないのですか。少しも苦労をなしに、お金や幸せがあるわけないのに。ホームレスの人びとは、努力、また人間としての自覚がなさすぎです」

子どもたちの言葉はどれも、十数年間の人生のなかで彼らなりに体験してきた現実と、そこで培《つちか》ってきた価値観を映しだしてもいる。

襲撃する側のストレス

「結論や成果というものを、けっして急いではいけないと思っています。たった数回の授業で答えが出るものではないし、教育とはそんなもんじゃない。でも、たとえどんな理由があったとしても、だからといって〝襲撃してもよい〟ということは断じてありえない。生徒たちにたいして、その姿勢だけは強くもって、今後も継続的にこの問題に取りくんでいきたいと思ってます。とにかく、いまわれわれにできることを、できるかぎりやるしかない。ホームレスの人たちのためにでも、だれのためにやるわけでもない。いってしまえば、自分のため、そして子どもたちのためにやるんです。実際に、子どもたちが加害者となって人が死んでからでは、遅すぎるんです」

そうした痛切な危機感が取りくみへの根本的な動機にあったと、福島校長は率直に語る。

一方で、多くの子どもたちが感想文のなかで、「ストレス」という言葉をひんぱんに使っているのに驚かされる。

「ホームレスや、弱い人をいじめる人は、なにかとたまったストレスをその人たちに向けているんだと思う」

「加害者の悩みでストレスというものがあって、ムシャクシャしていたずらをする人も多いと思う。そのストレスを大人たちが作っている場合も多いのではないか。自分よりも強い人に脅されてやってしまったという可能性もあるのでは」

「ホームレスの人たちは何にも手を出していないのにやられてしまったのは、ホームレスにちょっかい出す人たちがたぶん、イライラしていて何かをなぐらなければ気がすまないという気持ちだったからと思います」

子どもたちが、襲撃する側の内面に感じとっているその「ストレス」の中身とは、具体的にどんな、何にたいするいらだちなのか。また、彼らがいうように、「何かをなぐらなければ気がすまない」ほどのストレスを「大人たちが作っている」のだとしたら、私たちのどんな意識や言動が、彼らをそこまで追いこんでいるのか。

そして、子どもたちのそのストレスが、なぜ「ホームレス」にむけられねばならないのか。そこにたまたま、ストレス発散のための恰好の標的となる「弱く無抵抗」な人間がいた、というだけの偶然には思えない。

汚い、くさいといった外見への嫌悪感以外にも、「ホームレス」にたいしてだからこそ起こりえる襲撃の必然の理由が、子どもたちにあるように思えてくる。子どもたちは野宿者の姿のなかに、自分のいらだちを刺激し、怒りを駆りたて、襲撃を誘発する何かを感じているのではないか。

ゼロはそこに「いじめられていたころの自分の姿」を見て嫌悪した、と供述した。自分自身の弱さを呪うように野宿者をいじめていたというゼロの「自傷行為」に通じる、多くの子どもたちのいらだちが、「ホームレス襲撃」の背景にきっと隠されている。

ある生徒は感想文にこう書いている。

「いたずらした人は勉強などやらなくてはいけないことがたくさんあって、寝てばかりいるホームレスさんを見てムカついたのではないでしょうか」

私は渡田中学の生徒たちに直接、話を聞かせてもらうことにした。

息苦しい日常での遊び

拒否されることは覚悟のうえで生徒へのインタビューを申しでた私に、福島校長はその場で快く応じてくれた。生徒への取材を、学校長から「許可」されたことなどはじめてだった。それも、子ども自身の「自分の意見を表明する権利」「外部の人間・情報と接する権利」を尊重していなければ、できないことだろう。

二学期の終業式だったその日、福島校長は、放課後の教室にたまたま残っていた一年生から三年生までの生徒たち十数人を一室に呼びあつめ、私とひきあわせたあと、「では!」とあっさり一人で校長室にもどっていった。信頼してその場をまかせてくれた校長の心づかいに感謝した。

あどけない顔つきの一年生の男女約十人は、今年度はじめて「ホームレス問題の授業」に取りくみだしたばかりの生徒たちだった。彼らの授業は、まず彼らのなかにあるホームレスへの見方や差別意識をありのままに表すという段階でもあった。「ホームレスの人たちをどう思う?」という私の質問にも、いきおい、「汚い!」「くっせー」「気持ちわる〜い」「じゃま!」といったストレートな意見が口ぐちに返ってくる。襲撃行為にたいする意見を聞いていると、なかでも幼い雰囲気の小柄な男の子が、ニコッと笑いながらこういった。

「おれ、やったことあるよ」。えっ? ドキリとした。

「エアガンで。多摩川のホームレスに。友だちと八人くらいで。エアガン持っていった。撃ってすぐ逃げた」

平然という彼に、驚いたのは私だけではなかった。

「おまえ、マジ?」「なんでー?」「ヤバイよ、ホントかよー」

ほかの子どもたちの顔色も変わり、オロオロとうろたえはじめる。同級生の彼らが知らないところをみると、小学校のころの話かもしれない。

「誘われて、ついていっただけ」

「どんな気持ちだったの?」

「よくわかんない」

あとはただ、驚く周囲の反応に困ったように、少年ははにかんでいた。ほかの子どもたちは絶句したままである。私はそれ以上、彼に質問することをやめた。素直に語ってくれた彼を、みんなのまえで問いつめるようなまねはしたくなかった。と同時に、これから彼らがいっしょに考えあい学びあっていく「授業」の過程を尊重し、またそこに期待したかった。

けれど、ただクリクリした瞳でキョトンと私を見ている少年の無邪気な〝罪のなさ〟に、「襲撃はどんな子にだって起こりえること」と水嶋さんがいっていた言葉を、あらためて痛感した。

すでに前年度、「ホームレス問題の授業」を体験してきた二年生たちにも話を聞いた。茶色い髪のある女子生徒は、野宿者に「ロケット花火を打ったことがある」とあっさり語った。

「だって、私らが公園で花火してたら〝うるせー、どっか行け！〟とか文句いってきたヤツがいて、すごいムカついたから。でも、わざと当たらないように打ったよ。打ってすぐ逃げた。当たるとヤバイでしょ。いまはしてないけどね。ホームレスの授業をやって、かわいそうだとは思ったし、攻撃するのはやっぱり悪いと思う。けど、攻撃はしないけど、私はやっぱりホームレスがきらい。公園とかに住みついて、私らの遊ぶのをジャマしてるくせに、文句いうのはやめてほしい」

彼女には彼女なりの正論《いいぶん》があるようだった。

また、ハキハキした口調のべつの女子生徒は、ストレスについてこう語った。

「ストレスがたまるとき？　そんなの、いっつも。先生がムカつくとき、親がムカつくとき。そういうときは、本を投げたりモノに当たる。少しスッキリする。あとは夜、花火やバクチクで遊んだり。それぐらいかなー」

襲撃の凶器となる花火、バクチク、エアガン、野球のボール、雪玉……。それはそのまま、子どもたちの〝遊び道具〟でもあった。そして襲撃の起こる場所は、公園、川原の土手、繁華街や地下街のかたすみ……子どもたちの数少ない遊び場、たまり場である。

子どもたちに襲われながらも「いまの子は、遊び場がなくてかわいそう」と語った野宿者の言葉を思い出す。「ホームレスいじめ」は、息苦しい日常のなかでいまの子どもたちに残されたわずかな聖域での、暗い遊びなのかもしれない。そしてその基地を、生き残りをかけて奪いあい死守しようとする哀しい陣取り合戦《サバイバルゲーム》のようにも思えてくる。

野宿者への羨望と憎悪

二年生の男子三人に、あらためて「野宿している人を襲う子どもたちのことをどう思う?」とたずねてみた。

「ゲーム感覚かなって思う」

「いま、そういうゲームいっぱいあるからね。戦闘ゲームとか」

「やっぱ、ストレス解消になるっていうのはわかる。けど、やっちゃいけないことだと思う」

ストレス解消になる、といったのは、眼鏡をかけた色白のおとなしそうな少年だった。

「その解消したいストレスって、どんなものかな? たとえばきみは、どんなときにストレスたまるの?」

「親に怒られるとき」

「どんなときに親に怒られるの?」

「自分がだらしなくしてるとき。勉強とか部屋のかたづけとか、親のいうこときかないで、テレビ見てゴロゴロしてたり、遊んでいるときとか」

となりでうんうんとうなずいているほかの二人にも、同じ質問をしてみる。

「やっぱり、勉強しないときとか、テストの点が悪いとき！」

「何かやりたくないことを親に無理に押しつけられて、それをイヤだっていうとき」

彼らの話にハッとさせられた。だらしない、ゴロゴロしてる、遊んでる、命令に従わない、無理にやりたくないことをしない……。ストレスの素だと彼らがいう「親に怒られること」「許されないこと」の要素をつなぎあわせていくと、一つの像が浮かびあがってくる。働かないで、努力もせず、がんばらないで、好き勝手をして、寝てばかりいる……。子どもたちの目に映る「ホームレス」の姿である。

子どもたちにとって「ホームレス」は、日ごろ自分たちが親や教師からけっして「許されないこと」を、すべて体現している姿でもあるにちがいない。しかも、自分たちが遊びたい公園や川原で、のんびり休み、自由に暮らしているように見えるかもしれない。

野宿者襲撃事件を追う私のもとに、三十代の男性からこんな意見が寄せられたことがあった。

「子どもたちは、ホームレスがうらやましいんじゃないでしょうか。自分たちは抑圧されているのに、野宿者たちは自由そうに社会から離れているように見える。なのに、なんで自分たちは、毎日大人にガミガミいわれ、塾やテストに追いたてられ、こんなに苦労しなくちゃいけないんだろうって……」

人は自分に許せないものを、他者に許すことはできない。許された子どもは、また人を許す。おれだって休みたい、私だって遊びたい。もしもあんな生き方が許され、社会に通用するなら、ボクたちだってしたくないこと無理してやって、大人の期待に応えて努力して、イイ学校・イイ会社に入るためにがんばる必要なんてないじゃないか！――そんな子どもたちの心の叫びが聞こえてくる。

うらやましさ、ねたみ、嫉妬、羨望……そうした願望をはらんだ憎悪が、子どもたちの「ホームレスいじめ」につながっているのだとしたら——。なによりもいま、子どもたちの心身がほんとうに求め、渇望しているものが何であるか、それを受けとめ、理解し、満たしていける環境をつくりだしていくことこそが、私たち大人の側の最大の急務ではないのか。

ガンバリズムからの落伍者たち

野宿者への偏見・差別の克服にむけた「人権教育」とは、何か。それはまさに、あらゆる人が「同じ人間」としての権利を尊重され、「違う個性」を認めあい、ともに生きていくための「共育」であるはずだろう。野宿生活者には、日雇い労働者、高齢者、在日外国人、アイヌ・沖縄の人、「障害」者、性的少数者など、さまざまな社会的弱者、マイノリティの人たちが、ふくまれている。またそこには、一般社会の「枠」からはずれてみえる生き方、あるいは「枠」からはじきとばされた多様な人たちの人生が存在する。そうした野宿者の「人権」にたいする教育に、川崎市は日本ではじめて公教育のなかで取りくみ、それを進めていこうとしている。それはやはり、かつてないほど画期的で重要な意味をもつと同時に、多くの葛藤と矛盾もはらんでいる。

学校に通うことがあたりまえとされてきた社会通念のなかで、これまで多くの学校に通え(わ)ない不登校の子どもたちが、「弱い」「甘えてる」「集団社会に順応・適応できない」といった負の烙印とともに排除され、学ぶ権利からも、みずからの「個」をあたりまえに生きる権利からも取りこぼされてきた。そして働け(か)ない野宿者たちは、まったく同じレッテルのなかで社会から排除され、人として生きる権利そのものから疎外されている。働け(か)ない野宿者、学校に行け(か)ない子どもたち、彼らはこの構造のなかでまさに「同じ人間」である。野宿者をとりまく社会の意識には、「働かざるもの食うべからず」を前提とした努力主義《ガンバリズム》と、それを克服できない弱者や落伍者にたいする当然の報いとしての「自業自得論」が根強く蔓延している。

「ホームレスの人達は、やっぱり子どものころ苦労せずに勉強しなかったのが今のすがたになっていると思う。なぜならホームレスの人達はしごとがないとか言ってるけど、それは勉強しなかったために良い学校に入れなく、良いしごとにつけなかったのだと思う」

中学二年生の男子のこんな作文は、イソップ童話の「アリとキリギリス」の寓話を連想させる。そうやって子どもたちは、つねに戒《いまし》められてきた。「勉強しないで遊んでばかりいると、ああいうおじさんになっちゃうよ」と。けれど、「野宿のおじさんたち」はだれよりも、人がいやがる危険できつい仕事をしてきた労働者たちでもあった。

けれど、その「努力」が、はたしていまの社会でほんとうに報われるのか、自分を幸福にしてくれるのか。路上には、まじめに、一生懸命、苦労して働いてきた人びとが、こんなにも多く野宿しながら生活している。また学校には、どんなにがんばっても、競争社会のヒエラルキーのなかで確実に底辺に位置づけられ、成績だけで価値を決められ「劣等生」にされてしまう子どもたちがいる。そして、他者を蹴おとしてまで「勝者」になれない人のよさや優しさは、この効率優先社会のパワーゲームのなかでは、何の役にもたたない「敗北者」の弱さや甘さとして、一蹴され否定されていく。そんな社会が「人間の心」を、子どもたちにどう教えられるだろう。

アリもいてキリギリスもいて、「共生」の社会は生まれる。アリの勤勉さをよしとするあまり、私たちはキリギリスのように歌うこと、楽しむこと、遊ぶことを、あまりにも罪悪視していないだろうか。夏の盛りのなかでセッセと働くアリたちに、心地いい音楽を聴かせ、生活を潤し、労働を励ますことが、キリギリスの役割であり喜びだったかもしれない。でも、冬の寒さのなか、飢えて助けを求めるキリギリスに、食べものも屋根のある暮らしも分かちあうことをしなかったアリたちのエゴイズムが、はたして、ほんとうに豊かな社会を築けたのだろうか。

ある男子生徒は「ホームレスにも2タイプある」と、やはり野宿者を〝善と悪〟に分類して述べている。「一つは『ぐーたら型』で社会復帰を考えずにただ酒を飲んで寝ている人と、もう一つは社会復帰を望む『社会復帰型』があると思った。こっちのタイプは、人に迷惑かけないでがんばっているので、いいと思った」

それは、新宿西口での「ホームレス」強制排除から半年後、ふたたび新宿地下広場のダンボールハウスの一斉撤去にのりだした東京都が、ホームレス対策について、あくまで「自立の意志を有する人を前提に支援を行なう」とした政策方針に合致している。一方、自立が困難であったり、自立の意志をもてないものにたいするケアについては、まったくふれていない。

差別の克服はかかわることから

世間の常識といわれる価値観、その「枠」をこえて生きるさまざまな個人の権利を認め尊重しあっていく「共育」を、いまの教育システムのなかで学校は、どこまで実現していけるのか。その内包する矛盾と葛藤をどう克服し、この現実の社会意識に対決できるどんな理念と実践を、子どもたちに示していけるのか。

あらためて、福島校長に話を聞いた。

「このホームレス問題の授業に取りくむうえで、もちろん葛藤は私にもあるし、多くの先生たちのなかにもあります。三年間の中学生活のなかで到達できる段階の限界もあると思います。しかし、それでもやらないよりは、やったほうがいい。かまえずに、まずは手ぶらで、教師も生徒もこの問題についていっしょにホンネで話しあってみよう、というところからはじめていいと思っています。きっとそのなかで、私たち教師や大人自身の意識そのものも問いなおされていく。子どもといっしょに学び、変わっていく。またそこからきっと、つぎのステップに進んでいけるんじゃないでしょうか」

差別の克服はまずかかわることからはじまる、といった水嶋さんの言葉を思い出す。

「また私は、いまの社会状況のなかで、将来、生徒たちがホームレスになる可能性も十分あると感じています。だからこそ、知っておくべき現実から目をそむけず、子どもたちがしっかりと見つめ、他人事の話としてではなく、自分たちがホームレスになるかもしれないという可能性までをふくめて、教えていっていいと、私は思うんです」

渡田中学での「ホームレス問題」の人権教育は、一年を経て、二度目の「授業」の実践を迎えていた。「今後はさらに、生徒たちのいじめ問題についての具体的な取りくみを視野に入れて展開していきたい」と、福島校長はいう。

渡田中学の取りくみを知るなかで、水嶋さんは、「福島校長は授業をはじめるにあたって、われわれ水パトに、一度も何も、問いあわせたり聞いたりしてこなかった」といった。それが不満だったのだろうか、と一瞬思った。が、彼はつづけてこういった。「だからすばらしいんです。既存のマニュアルも教科書も、画一的な指導も、必要ない。教材は自分たちで壊し、自分たちでつくっていけばいいんです」。

届けられた子どもの声

九六年七月。川崎市教育委員会は、前年に作成した『子どもたちの健やかな成長を願って』の第二弾となる冊子を「指導資料編」として作成した。そこには、九五年度に市内各地の学校で取りくまれた「授業」の指導事例が紹介され、児童・生徒たちの感想文も掲載されている。

川崎市教委がはじめて指導冊子を配付した九五年十月以降、渡田中学をはじめ、川崎市南部(川崎区・幸区)のすべての学校(小学校十二校、中学校十五校、高校三校)で、「ホームレス問題」についての授業が実践されていた。

はたしてこの一年で、子どもたちによる野宿者への襲撃件数はどう変わったか。

夏休みを経て、水パトが襲撃データを集計した結果、その数は「激減」していた。九五年夏の五十四件から、九六年夏は十件に。そのうち騒音によるもの四件をのぞくと、「花火1、自転車2、自転車と投石3」で、直接攻撃によるものは六件である。けっして皆無ではないが、広範囲な子どもによる「襲撃の流行」は確実に鎮静化していた。

それが、このかんの取りくみの「成果」とよべるものかどうかは、まだわからない。一時的な数の減少だけに、けっして終わらせてしまってはならないだろう。しかし、教師たちの自問のなかではじまった手探りの「授業」と、そこから生まれた子どもたち自身の学びの声は、より多くの気づきを私たちにもたらす貴重な財産となった。そしてそれは、福島校長のいうように「つぎのステップへの大きな足がかり」となっていくにちがいない。

川崎市と水パト・野宿の仲間たちとの第十六回団体交渉の場では、ある男子中学生の感想文が読みあげられた。

「僕がそのホームレスを見るようになったのは、三年位前でちょうど塾に通いはじめたころでした。……陸橋の下の公園にホームレス達は住んでいました。僕はいつもその公園を通るたびに不愉快になって、時には悪口をいって逃げたりもしました。けれどホームレス達は怒るでもなく、ただじっとうずくまっていました。そのホームレス達は朝は公園からいなくなり、日が沈み始めるとその場所に戻ってきます。だから公共の場を邪魔しているわけではなく、朝から夕方までは子どもの遊び場として公園は親しまれています。……その公園は他の公園よりとてもきれいでした。でもなぜ、ホームレスが住んでいるのにきれいなのか、僕は不思議に思いました。ある日、僕は一人のホームレスが自分の使ったダンボールなどを片づけているのを見ました。そしてそれと共にまわりに落ちている空き缶などが拾われているのを見ました。僕は、だからこの公園はきれいなんだと感心しました。普通の人が絶対しないごみ拾い、たとえいつもその公園を使っていたとしてもしない事を、この人達がやっているのを見て恥ずかしい。ホームレスは恥を知らないというのではなく、一人の人としてとても立派に見えました」

感想文を聞きながら、野宿者のなかには涙を流す人もいた。「うれしい、やっとおれたちの努力が報われる」。

さらに男子生徒は感想文をこう結んでいる。

「僕はこの（ホームレス襲撃の）話を聞いて、ホームレスの人達に申し訳ない気持ちで一杯になりました。それは同じ人間という権利を得ていながら、なぜ同じ人間にバカにされ迫害を受けたり、ましてや殺されなければならないのかという怒りや、今生きている自分への情けなさでした。僕は思いました。なぜ人は同じ人間なのに、身なりやその人の社会地位で人の権利を奪ってしまうのか。そしてどうしてこんなに世の中が変わってしまったのか。戦争が終わって今年で五十年、人は昔からたがいに助け合って生きてきたのに、その仕組みが変わってきているのではないかと思います。しかしその変わってきた仕組みを直せるのも今だと思います。……そして現在も残っているたくさんの人権問題、……この問題を解決するのは、今の僕たちです。そのためには今の人達に、人権というものがある意味、大切さ、そしてすべての人が平等だという事を、知ってもらわなくてはならないと、強く感じました」

市教委の冊子「指導資料編」のなかで、中学二年生の少女は、自業自得論の社会通念をはるかにこえて、こう綴っている。

「現実――この事は、とても悲しいことだと思います。人を人として見れなくなってしまった目、そうさせてしまった現代社会。好きで家をなくしてしまった人などめったにいないのに、それを冷たい目でしか見れない人が数多くいるかもしれない。自分たちは、あたり前の生活だと思っていても、それを実現できない人もいる現実を、私たちは、この目でしっかりと見なければいけないのかもしれません。こうしている間にも、また一人、家をなくしてこの社会にさまよう人がいるかもしれません。私たちは、もっと大人になり、その人達に手を差しのべられるくらいまで成長しなければいけないと思います」

人として真に成長するとはどういうことか。いつもいちばん大事なことを、子どもが大人に教えてくれる。

共生の場

野宿者をたずねる中学生たち

市教委の人権教育の取りくみ以降、襲撃の「減少」や子どもたちの「作文」といった、一定の成果以上に、野宿者たちに希望をもたらしたのは、子どもたちと直接ふれあう「交流の機会」が生まれたことだった。

九六年夏、水パトのもとに、川崎市のある中学校の社会科教諭の女性から連絡があった。三年生の生徒たちが、授業のなかで、自分たちから「ホームレス問題について調べたい」と発案してきたという。校長に相談し、市教委の冊子を活用するとともに、水パトに協力を求め、男子三人・女子二人の生徒たちと、野宿者のもとをたずねることになった。

川崎駅近くの公園で、小屋を建てて共同生活しているYさんら野宿の仲間五人は、喜んで申し出を受けいれた。小屋のまえにゴザを敷いてテーブルを置き、ジュースやお菓子を用意して、子どもたちを歓迎した。そして夜暗くなるまで、ローソクの火をかこんで語りあった。

「最初は、先生も生徒もカチンコチンに緊張してたなあ。でも、よくこういう場所に勇気をだして来たなーと思ったよ。ああ、こういう子たちもいるんだなと思って、じんときて、ホロリときた」

「ずうっと子どもたちの質問を受けて答えていたから、子どもたちからの話はあんまり聞けなかったけど、自分の生いたちやいままでのことを、おれは話した。遠慮して自分たちからは聞かなかったんだと思うけど、いちばん知りたいことじゃないかなって」

Yさんたちは、うれしそうに語る。仕事がないなか、五人は力を合わせ、百キロ集めて五千円のアルミ缶集めをしながら生計を立てている。子どもたちのために用意したお菓子やジュースの資金も、そこから捻出した。

Yさんの小屋の入り口には、三か月まえ、路上生活のすえにクモ膜下出血で亡くなったKさん（当時七十二歳）の遺影が祭壇にかざられていた。五人の生徒と女性教諭も、一人ずつ、その遺影に焼香し、手を合わせた。

「じいちゃんもきっと喜んでるよ、ありがとう」。野宿の仲間たちから亡くなった人の話を聞き、路上生活のきびしさ、そして一人の命の重さ、尊さを、子どもたちも痛感したにちがいない。

はじめて野宿の人の小屋《いえ》に入った生徒たちは、楽しそうにはしゃぎ、いっしょに歌をうたったり語りあったり、ときがたつのも忘れて過ごした。

「子どもたちの顔がほんとうにイキイキしてた。へんな言い方だけどね、コドモが子どもにかえっていくようだったよ」と、Yさんは目を細めていう。

小屋のなかにはいろんな家財道具が、狭い空間に上手に整理整頓されていた。その一角に、上から紐のついたホイッスルがぶらさがっていた。「これは何かわかる？　襲撃されたときのための合図の笛だよ。水パトが配ってくれてね。これをピーッて吹けば、仲間たちが駆けつけてくれるんだ」。野宿の仲間たちの命の綱だった。

野宿者の一人は子どもたちにこう話した。

「ホームレスのなかには、弱い人間を支える仲間もいれば、弱いものいじめをする人間もいる。一般市民の大人でもそういうのはいるし、学校でもそれは同じことだと思う。おれは、みなさんがずっと、優しいいたわりの気持ちをもちつづけていってほしいと思う」

小屋を出て、帰りぎわに、男の子の一人がYさんの手を握っていった。

「おれ、おじさんたちにいたずらするヤツがいたら、絶対とめますよ。おまえら、小屋のなかに入って話したことあんのかって、いってやります」

「また遊びにきてもいいですか?」という子どもたちに、Yさんは「こんどはカレーをごちそうするよ」と約束した。

その後、五人は自分たちのクラスで、教壇に立って「授業」をすすめた。録音テープや写真のスライドを使い、みんなに自分たちが体験したこと、野宿のおじさんたちから聞いたこと、学んだことを報告し、クラス全員に感想の声を求めた。その様子を教諭は教室のうしろから黙って見守り、生徒たちによる「授業」の光景をビデオカメラで撮影した。ビデオはさっそく水パトに届けられた。

二か月後。水パトと野宿の仲間たちは毎月恒例の「仲間の日」を「子どもの日」にして、教育文化会館に集まって、送られてきた中学校の授業ビデオをみんなで見ることにした。当日は、生徒ら五人も先生二人と参加し、炊き出しになった〝約束のカレー〟を、野宿の仲間といっしょに食べ、語りあった。

「実際に会うまえと会ってからでは、ぼくたちの考えも価値観もすごく変わりました」

「クラスのみんなもわかってくれて、すごくうれしかった」

づいた。

子どもたちの話に、野宿の仲間の一人ひとりから「うれしい」「ほんとうにありがとう」と、喜びの声がつ

「ぼくたち中学生が、みなさんのためにできることがあったら教えてください」

水嶋さんは、水パトの発行する通信『頭痛のたね』(このユニークな通信名は、「ホームレスと放置自転車は、頭痛の種だ」と語った高橋清・元川崎市長の発言からつけられた)のなかで、このかんの取りくみの経緯をまとめながら、最後にこう記している。

「この子たちが、野宿の仲間と地域の関係を変え、川崎の未来を創る、はじめての世代になる。感じたままを学校で伝えてほしい。また遊びに来てほしい。おとなになっても忘れないでほしい。高校に行ったり、働き始めたりして新しく友達になった人に語ってほしい。子どもが生まれたら連れてきてほしい。孫ができたら……、そうやって続けていけば、いつの日かかならず『弱い者いじめ』をなくしていける。路上でも、学校でも」

川崎の教育を動かした人びとの力が、さらに各地に広がり、子どもたちが野宿者と「仲間」として出会う場を、「いじめ」をこえるための教育を、一人ひとりが創造していけたなら、ほんとうに何かが変わるかもしれない。そんな希望をはじめて、私は川崎から見いだすようになった。

そして川崎の野宿者たちが生みだしたその希望の芽を、ここで終わらせ摘みとってしまってはならない。子どもたちだけでなく、大人が、教師が、親が、できるところから、できるかぎりの「取りくみ」をはじめていければ、街のあちこちで「授業」は展開し、社会のすみずみに「出会いの場」は生まれ育っていくだろう。

もはや〝何もない〟ところからの出発ではない。

野宿の仲間の秋祭り

九六年秋、ゼロの公判に大阪へと通うなか、しばらく川崎をたずねられないでいた私のもとに、水パトの水嶋さんから一通の便りが届いた。

「川崎の秋祭りにぜひ来てください――」

同封されていたのは、川崎ではじめての〝野宿の仲間の秋祭り〟のチラシだった。


〝「野宿者に物を投げたり偏見を持つ子どもたちと一緒に遊ぼう」

「地域に自分たちのことを分かってほしい」

「みんなの場がほしい」

そんな声が〈野宿の仲間の秋祭り〉を生みだそうとしています。

子どもから年寄りまで楽しめる企画満載です。

どんどん、遊びに来てくださいね。〟


川崎の秋祭りには、餅つきや炊き出し、手づくりの〝みこし〟のほか、メンコや竹馬、凧《たこ》あげ、お手玉といった昔なつかしい遊びを野宿の仲間といっしょに体験する〝子どもコーナー〟が企画されていた。

川崎のとなりの寿町、そして山谷や釜ヶ崎といった寄せ場では、毎年恒例の夏祭りや越冬祭りがひらかれていた。多くの労働者、野宿者たちが一堂に拠点の公園に集まり、コンサートやのど自慢、炊き出しや餅つきなどで楽しみ、盆暮れの仕事のない時期を仲間たちみんなで盛りあげていく。しかし、ドヤ街でもなく、日常的に地域住民と隣接しながら路上生活している川崎の野宿者たちには、活動の拠点となる場所も、みんなが集まって騒げるような空間もなかった。かねてから「川崎でも祭りをやりたい」という野宿者たちの声はあっても、実現するのはなかなかむずかしかった。

けれどいま、子どもたちとのふれあいから希望を見いだした野宿の仲間たちが、さらに新たな「交流の場」をつくりだそうとしている。チラシをながめながら胸が踊った。

十一月十日、おだやかな秋晴れの日曜の朝、私は四歳の息子の手をひいて、川崎の大師公園へと出かけた。都内から電車をのりついで約一時間半。菊まつりと七五三の催しでにぎわう川崎大師の参道をぬけ、息子とたどり着いた大師公園の会場には、すでに大勢の人が集まり、ちょうど餅つきがはじまろうとしていた。

「なにやってんの?」と、七五三帰りの晴れ着姿の子どもたちや、公園に遊びにきていた家族連れも、楽しげな〝ちんどん〟の音色につられてぞくぞくと流れこんできていた。

人だかりにかこまれて、まず野宿の仲間の一人が「ハイよッ」となれた手つきで杵《きね》を振り、べつの仲間が「ホイよッ」とすばやく臼《うす》に手を入れ、餅をこねる。「ハイッ」「ホイ!」、テンポよく餅をつくおじさんたちの姿を、列をつくって餅つきの順番を待つ子どもたちがわくわくした顔で見ている。

やがて、おじさんの手に支えられて、小学生や幼児たちが一人ずつ、小さな手に杵をにぎりしめる。「うわー、重い!」とふらつく男の子に、「こうするんだよ」とおじさんが手をとって教える。まさに、昔とったキネヅカだ。故郷の田舎を思い出しながら餅をつくおじさん、生まれてはじめて自分の手で餅をつく都会の子どもたち。そして、そんなわが子の姿をうれしそうにカメラにおさめるお父さん、つきたての餅をいっしょにおいしそうにほおばるお母さん。いつのまにか「きな粉はどこ?」と、はりきって配膳を仕切っていたのは、近所の主婦だった。自然な笑顔のなかで、地域住民との交流の輪が広がっていた。

〝昔の遊び〟コーナーでは、竹馬、メンコ、竹トンボ、コマ回し、凧づくり、お手玉、折り紙……。どれにもたくさんの子が集まり、野宿の仲間たちの〝名人芸〟に感嘆しながら、「すっげー」「どうやるの?」とおじさんたちを取りまいていた。

公園に来るなり、携帯電話で家に連絡したお父さんもいる。「折り紙も竹馬もやってるぞ。子どもを連れてすぐおいで!」。竹馬を練習する女の子に「ほら、がんばれ、もうちょい!」と、野宿の仲間と声援をおくっているお父さんもいた。

羽織《はおり》袴《はかま》の晴れ着が汚れるのもかまわず、地面に座りこんで「エイッ」「どうだ!」とおじさんとメンコに興じる男の子。コマ回しには野球チームのユニフォーム姿の少年たちが集まり、ヒモの巻き方をおじさんに教えてもらっては、「あ、できた! 回ったよ!」と歓声をあげている。大きい子も小さい子もキラキラと目を輝かせ、野宿のおじさんたちと〝童心〟にかえって遊んでいた。

四歳の息子がまっさきに飛びついたのは、凧づくりだった。児童館に勤める水パトのメンバーが材料を用意し指導していたが、息子はいつのまにか、一人の野宿のおじさんとすっかり仲よくなって、つきっきりで手伝ってもらっていた。二人でしゃがみこみ、背後からおじさんの体の内側にすっぽり包まれるようにして、黙々と凧にタコの絵を描き、材料を切ったり貼ったりしている。おじさんは手を貸すというより、ただじっとやさしげに息子の作業を見守ってくれていた。「できた！　ボクの凧だよ、見て見て！」と完成品を私に見せにくると、すぐにまたおじさんに凧あげを手伝ってもらいながら、公園内をうれしそうに駆けまわっていた。ここにいっしょに来れてよかった、と思った。

展示コーナーでは、野宿の仲間たちの詩・短歌・俳句・川柳・絵・写真・個人史などが掲示され、これまでの川崎での活動やたたかいの記録も貼りだされた。川崎の体育館越冬や団体交渉の写真を、地域市民も足をとめて熱心に見入っていた。野宿の仲間たちが「おれはここに写ってる」「この交渉は××の要求のときだ……」と、見ている人に近よって、にこにこと説明している。

詩と俳句に「感動した」と二千円のカンパをくれた人、ある野宿者の八十年間の個人史に「人の生きてきた歴史を教えられた」と語る人、「新聞を見て来ました。同じ川崎のことで知りたいと思ってました」といった女子大生。竹馬を子どもと練習していたお父さんは「だれも好きで野宿していないですよね……」としみじみ話した。

ポットにコーヒーとお茶を用意した〝憩いの場〟のベンチでは、近所のおばあちゃんたちと野宿の仲間がひなたぼっこをしながら、のんびりと談笑している。

炊き出しは、とん汁とカレーライス。野宿者で元・日本料理板前のMさんが腕をふるった。Mさんの腕前には、私も以前、「仲間の日」の炊き出しを手伝ったときに、その包丁さばきや味つけのうまさに驚嘆した。野宿の仲間には家づくりのプロはもちろん、さまざまな専門技術をもった人が多い。カレーには肉をたっぷり使い、とん汁は野菜をたくさん入れて柔らかく煮こみ、歯の悪い仲間、ふだんパン券の食事で野菜をとれない野宿者たちに配慮した。近所のお年寄りにも子どもたちにも「おいしい」と好評で、約百人分の炊き出しもあっというまになくなった。

祭りのクライマックスは〝みこし〟だった。仲間たちの手づくりみこしは、野宿者の一人がホテルの裏で拾ってきた「ゴミ回収車に乗せられるところだった結婚式用の樽」から生まれていた。

樽の上に屋根や鈴や飾りをつけ、しっかりと丸太にゆわえたみこしを、仲間たちは嬉々としてかつぎ、「わっしょい！　わっしょい！」と公園内を一周した。ちんどん屋〝朝日堂〟のちんどんが、太鼓や鉦《かね》、サックスの音色で先導し、みこしの後ろを「なんだなんだ」と自転車に乗った子どもたちがおもしろがってついてくる。まるでブレーメンの音楽隊だ。私も水嶋さんといっしょに、カメラを持って追いかけた。かつぎ手は年配のおじさんたちが多くて、しだいに息がゼーゼー、足もともおぼつかなかったが、汗をかき、仲間と「わっしょい！」と叫ぶみんなの顔はどれもイキイキしていた。

二年ごしの念願がかなっての、川崎の野宿の仲間たちのはじめての祭り。川崎の仲間たちと出会ってから、こんなにうれしそうな彼らの表情を、私は見たことがなかった。

でも、その笑顔は、仲間たちだけのものではない。別れぎわに野宿者たちと記念撮影をするおばあちゃん。あちこちで生まれていた地域の人たちとのだんらんの光景。コマをじょうずに回したり、竹馬を器用につくったりするおじさんに、驚きと尊敬のまなざしで接する子どもたち。ふだん、「一般市民」と断絶されてきた「野宿者」が、ここではあたりまえの人と人として出会い、ふれあい、語りあっていた。そしてなにより、襲撃やいじめの「被害者」「加害者」としてではなく、野宿者と子どもたちが同じ〝仲間〟となって、満面の笑顔のなかでただイキイキといっしょに遊び、ともに輝く姿が、そこにはあった。

回復する自信

後日、感慨をこめて水嶋さんは語ってくれた。

「今回の川崎の秋祭りは、この一年の取りくみの集大成だった。襲撃する子どもたちを、悲壮な顔して追いかけまわしていた一年まえを思えば、ほんとうによくここまで来たなあ、と思いましたよ。当日はビラも十分に準備できなかったけど、かえってそれがよかった。野宿の仲間たちそれぞれが、むずかしい話からじゃなく、自分流の説明で個々に市民と接していた。仲間の話を聞いて〝たいへんだねえ、うちの衣類を持ってきてあげるよ〟という近所のおばちゃんと、〝じゃあ○日後の×時に、またこの場所でね〟って待ちあわせして、二つの紙袋いっぱいの衣類を受けとった仲間もいる。ハハッ、だって送ってもらうにしても送り先がないんだもんね」

仲間たちと地域市民の個々の交流を、水嶋さんはうれしそうに話す。

予想以上に参加者も多かった。野宿の仲間は百人から百五十人、地域市民も子どもを中心にやはり百五十人くらいが参加したという。けれど、そこから生まれていたものは、たんに野宿者と地域の人びととの交流の輪だけではなかった。

「ふだんは、自分たちの思いや意見なんてだれも聞いてくれないし、ゴミあつかいされている。そんな野宿の仲間たちが、あの祭りをとおして、なにより〝自信〟をもつことができた。たとえば話をするときも、団体交渉のときのように〝自分たちは一生懸命、努力しているけど仕事がない。毎日、一生懸命、街や公園を掃除しているけど襲われる〟なんて、苦労や窮状を訴えるところから話さなくてもいい。祭りのなかで竹馬をつくり、コマを回し、子どもといっしょになって遊んでいるおじさんの姿、ただ楽しそうに餅をついている姿、そのまんまでいい。健全な聖人君子でも、努力の人でなくても、そのまんまの自分でそこにいていいんだって……」

そう語る水嶋さんに、ああ同じだ、と気づかされた。ただ「そのまんまの自分」を受けいれ、認められる場、そこから回復する希望と自信。ゼロがかつて〝橋〟の上に求めた「ありのままの自分」を受けいれてくれる居場所、そんな自分のあるがままの「価値」を認められ、尊重される人との関係を、野宿の仲間たちも〝祭り〟のなかに求め、見いだそうとしていた。

「あれから、新たにパトロールに参加するようになった仲間も出てきた。なにより活気が出てきて、みんなの表情が明るくなったね。〝あの祭り、よかったなー。またやろうなー〟って。もう楽しみにしてる。つぎの希望や目標ができたよ」

この一年間の歩みをふり返りながら、水嶋さんはいう。

「子どもたちの襲撃にたいする取りくみとして、学校教育の管理・指導の体質との直接対決、幅広い啓蒙活動、そして野宿者と子どもたちの直接の出会い……。いろんな方法を考えていかなくてはならないけど、そのなかでもやっぱり自分たちは、〝直接のふれあい〟を最重視してきた。教育委員会への追及や学校現場への呼びかけ、それだけをやっててもダメじゃないかと思った。子どもに襲われたおじさん自身が〝いまの子どもは遊び場がなくてかわいそう〟といった一言を発火点に、それならおれたちで、子どもたちといっしょに遊べる〝共同の遊び場〟をつくりだそうと」

それが、今回の秋祭りに結実した。願いつづけたその「共同の遊び場」を、行政でも学校でもなく、野宿の仲間たち自身が、はじめて自分たちの手で街の真ん中に創造した。遊び道具も、花火や鉄砲《エアガン》ではなく、たとえば竹を割り、縄をゆわえ、竹馬を一からつくりあげるところから子どもたちに見せた。弱いものをいじめたり、人間を襲ったりすることではけっしてない〝遊び〟、みずからの手でつくりだし仲間と〝輪〟になる喜びを、野宿者自身が子どもたちに体現してみせ、そして共有した。

「祭り」は終わり、つかのまの「共同の遊び場」は消えた。けれど、そこに生まれた希望と自信、蒔《ま》かれた〝喜びのたね〟の力はきっと大きい。

第III部

いじめの連鎖を断つために

——いま、なにができるか

1997→2009

二〇〇九年、冬

不況のなかの年越し

日本でいま、これほど多くの人が一気に「ホームレス」になると、だれが想像できただろう。

二〇〇九年を迎える冬――。世界的な金融危機のあおりを受け、日本中で、十万人以上ともいわれる非正規雇用者が、いわゆる「派遣切り」によって失業し、多くの人が住む家を追われ、ホームレス状態になった。駅の構内、深夜営業のファミレス、ファーストフード店、街のいたるところで出会う二十代、三十代とおぼしきホームレスの人びと、「ネットカフェ難民」と呼ばれる若者たちの姿もめだつようになった。

「今年の冬は、炊き出しに並ぶ人も例年の二倍近くになっている。池袋の越冬活動はじまって以来、ついに二十歳《はたち》になったばかりの女の子まで、野宿しながら、炊き出しにきてるよ」

元旦早々、池袋で野宿者の支援活動をつづける「NPO法人TENOHASI《てのはし》」事務局長・清野賢司さんから連絡を受けて、私は正月二日、越冬活動中の池袋南公園へむかった。

「おっ、来たなー。今日は息子はいっしょじゃないのか?」

炊き出しの現場に着くと、すっかり顔なじみになったTENOHASIの〝長老〟、野宿者の田屋《たや》さんが、笑顔で出迎えてくれる。真冬でもいつも薄着の田屋さんに「よかったら着てね」と昨年、渡してあった、私には大きすぎた男物のダウンコートを、今日はしっかり着こんでいてくれた。

「でも、ちょっとオレには暑いんだよなー」。ぱたぱたと手であおぐようにする田屋さんの胸元をのぞいてみると、なかは素肌に下着一枚。汗をかきかき、無理して着ていてくれた。思わず笑ってしまう。

長い路上暮らしのなか、空き缶を拾いあつめて生計を立てている田屋さんは、自分が食べていくだけでも精いっぱいだろうに、毎週、ほかの路上の仲間のために支援活動をつづけている。当事者にとって何がいちばん必要かを、だれより当事者が知っている。そんな〝先輩〟たちには、いつも教えられ頭が下がる。

冬休みとあって、学生や主婦らボランティアの人手はとりあえず足りていたので、炊き出しの列に並ぶ野宿の人たちに声をかけて話を聴く。ざっと見ても三百人はいるだろうか。

三十代ぐらいの男女のカップルがいた。二人とも「知的障害者」だということで、障害者手帳を見せてくれる。二人は一か月ほどまえまで埼玉の障害者施設にいたが、施設内では恋愛禁止などの規則もあり、プライバシーへの干渉・管理にたえきれず、施設を出て、歩いてここまで来たという。

二人に話を聴いていると、若い茶髪の男性が「おれの話も聞いてよ」と、声をかけてきた。彼も知的障害者だという。都内に実家はあるものの、両親も貧しく生活保護を受けている。さらに親からの虐待があり、一度は施設に入ったが、男性ばかりの集団が怖くて飛びだしたという。

彼らの話をひととおり聴いたところで、現場の指揮をとっていた清野さんに伝えに走る。「サンキュー、了解」というと「おーい、福祉相談の出番だぞー」と、福祉相談のスタッフに声をかけ、つないでくれる。さっそく正月休み明けに、スタッフが彼らといっしょに区役所の福祉窓口に出むき、生活保護の申請など交渉につきそってくれるという。迅速な対応と頼もしいチームワークに感謝する。

二十歳で野宿しているという女性には、その日、炊き出しの場では会えなかった。とりあえず独りではなく、恋人の男性といっしょに駅の構内で寝ているらしい。その若さでなぜ野宿しているのか、親はいないのか、くわしい事情はまだわからない。同じ年代の娘をもつ父親であり、学校教員でもある清野さんは、「他人事に思えない。路上で成人式を迎えるなんて、あまりにしのびないよ。これからも気をつけてフォローしていきたい」と案じる。

「派遣切り」の要因にとどまらず、こうした若年層ホームレスの人びとは年々、増加している。

若いのになぜ働かないのか、やる気がないんじゃないかと非難されやすいが、そこには、外からは見えにくいさまざまな要因がある。知的障害者をはじめ、精神障害や発達障害を抱える人も多く、虐待やDVなど家庭内暴力の被害者で実家に安住できない人たちもいる。

また、日本ではまだ社会的な認識が浅いが、路上に追いやられる人びとのなかには、「LGBT」（レズビアン、ゲイ、バイセクシャル、トランスジェンダー）の性的少数者たちも、けっして少なくない。

ホームレス問題と性的少数者、ジェンダー問題との関連は、欧米諸国ではすでに調査・研究がすすめられている。「三十人に一人」ともいわれる同性愛者たちの、周囲にうちあけられない苦しみ、職場や社会のなかでの違和感・疎外感、事実を公開すればどんな差別や迫害にあうかもしれない恐怖。それは就労問題だけでなく子どもたちの就学問題にも通じる。学校社会のなかで「不適応」とみなされている現在十万人を超える「不登校」の子どもたちにも、LGBTの少年少女たちが無数にいるのではないかと、私は予想している。

「路上」はまさに、社会の縮図である。

いまだ根強い偏見

私がはじめて釜ヶ崎をたずね、路上にかかわるようになった約二十年まえ、野宿者問題の多くは、まだ「寄せ場」労働者の問題でしかなかった。当時には考えられなかったほど、いま、ホームレス問題が、より身近な社会問題となり、世間の関心を集めるようになった。この三月末には、さらに派遣契約が切れ、失業する人びとは、約四十万人にものぼるといわれる(業界団体試算・〇九年一月)。大量解雇にともなう就労問題をめぐって、国会では議論が紛糾し、連日マスコミにも大きくとりあげられている。

国会に近い日比谷公園には、路頭に迷う人びとを支援しようと「年越し派遣村」が生まれ、日本中から多くのボランティアやカンパが集まった。派遣村の〝村長〟をつとめる湯浅誠さんは、やはり「道頓堀事件」が起こった九五年から渋谷で野宿者への支援活動にかかわりはじめ、その後、新宿連絡会で活動していた稲葉剛さんとともに、あらゆる生活困窮者の問題に取りくむために「NPO法人自立生活サポートセンター・もやい」を立ち上げていた。かつて二十代で出会った彼らが、長くつみ重ねてきた地道な取りくみも、まさにようやく世間の注目を集めるようになり、その活躍には勇気づけられた。

しかし、社会の関心が高まる一方で、ぬぐいがたい偏見、「派遣労働を選んだのも自己責任」といった自業自得論は、まだまだ根強い。また、かつて阪神・淡路大震災の被災者と従来からの野宿者が線引きされ「路上の格差」が生まれたように、「派遣切り」による失業者対策だけが「特別あつかい」されることになってはならないと、懸念する支援者の声もある。社会問題としての認知は広がっても、大多数の人たちにとっては、やはりまだホームレス問題は「他人事」ととらえられている現実が、依然として横たわっている。「困っている人がいたら助けましょう」「いじめをみんなでなくしましょう」と、子どもに教えながら、街にあふれるホームレスの人びとを「見てはいけません」「かかわっちゃだめ」と、子どもの手をひいて足ばやに通りすぎる親たち、大人たち。無関心と非介入、それこそが子どもたちへの最大・最悪の「教育」になっていることに気づいてほしい。

そして、そんななか、新年早々またも襲撃事件は起こってしまった。

私が池袋を訪れていた一月二日、野宿者の命を守るための越冬活動が日本各地でくりひろげられているさなか、東京・世田谷区の高架下で野宿していた近藤繁さん(七十一歳)が、凶器で襲われ殺害された。その後、殺人容疑で逮捕された容疑者は、少年ではなかった。多摩市の知的障害者施設に入所している三十六歳の男性だった。施設関係者の話では、容疑者には軽度の「知的障害」があったという。

さらに、前年六月に国立市で襲われ負傷した野宿者の男性(六十四歳)への暴行事件、府中市で野宿していた福岡正二さん(七十四歳)の殺害事件などにも、同容疑者が関与している疑いが強まり、殺人未遂・殺人容疑で再逮捕された。捜査関係者によると、福岡さん殺害事件について容疑者は「鉄パイプを使った」と供述し、事件現場近くの防犯カメラに、自転車に乗った容疑者の姿が映っていたという。

事件の真相は、まだわからない。が、今回、一連の野宿者襲撃事件の被疑者が「障害者」であったということを、どう受けとめればいいのか。社会的弱者をめぐる暴力の連鎖構造を、さらにつきつけられるショックのなか、複雑な思いで新たな年を迎えることになった。

暴発する怒り

〝いじめジゴク〟と路上の暴力

日本中でホームレスの人びとが急増するなか、こうしているいまも、襲撃事件は頻発している。いったいどうすれば、襲撃を食いとめることができるのか。

子どもたちの野宿者襲撃は、「学校のいじめ」の延長線上にある。それは子どもたちの「路上のいじめ」にほかならない。

川崎市教育委員会が、野宿者襲撃問題の「授業」への取りくみを決したのも、その点に着目したからだった。しかし、それ以降、子どもたちのいじめも、襲撃問題も、年々深刻化するなかで、すべての学校での「野宿者への襲撃・いじめ」を防ぐための「授業」の実現は、いまだかなえられていない。

私はこの数年、中学・高校で、直接子どもたちに講演する機会がふえた。

そのなかで、野宿者襲撃問題とともに、ある少年の「いじめ自殺」事件を、子どもたちに語る。

一九八六年二月一日、東京・中野区の中学二年生の鹿川裕史くんが、「葬式ごっこ」などのいじめを苦に、「このままじゃ生きジゴクになっちゃうよ」という遺書を残し、盛岡駅ターミナルビル地下一階トイレで、首

を つって命を絶った。それは私が、二十四歳のときにルポした最初の事件取材でもあった。
この事件を知らない九〇年代生まれの子どもたちに、私はいつも、鹿川くんの遺書を読んで伝える。

家の人へ　そして友達へ
突然姿を消して申し訳ありません　(原因について)詳しい事についてはAとかBとかにきけばわかると思う
俺だってまだ死にたくない
だけどこのままじゃ「生きジゴク」になっちゃうよ　ただ俺が死んだからって他のやつが犠牲になったんじゃ　いみがないじゃないか　だから君達もバカなことをするのはやめてくれ　最後のお願いだ
昭和六十一年二月一日　鹿川裕史

この事件には、現代の「いじめの原型」のすべてがある。「いじめなんて昔からあった」という人たちがいるが、それは、いまの「いじめ」の様相を十分理解していない。
いまの「いじめ」の多くは、あからさまな身体的暴力以前に、巧妙で執拗な精神的暴力がすさまじい。血は流さない、身体に傷は残さない。一見、ふざけて遊んでいるように見せかけながら、「笑い」のなかで心理的に追いつめ、孤立させ、心をずたずたに傷つけていく。からかいの域とされる「いじり」がしだいにエスカレートして悲惨な「いじめ」に発展していくが、その境界線は外からは見えにくい。鹿川くんの受けた「葬式ごっこ」のいじめは、クラスメートたちが鹿川くんへの「追悼」の言葉を色紙に書きこみ、「冗談だよ」

といいながら本人に渡すというものだった。色紙には、三十人の生徒が「ざまあみろ」「バーカ」「いなくなってよかった」「かなしいよ」などと記し、さらに四人の教師が「さようなら」「やすらかに」といった言葉を書いた。現代ではさらにそれが顔の見えない匿名性のいじめとなって、メールやブログ、インターネット上の攻撃、誹謗中傷のカキコミなど、ますます陰湿化している。

また、教室のなかでいじめの首謀者となる「いじめっ子」だけでなく、それをはやしたてる「観客」、見て見ぬふりをする「傍観者」、といった重層的な構造のなかで、いじめの標的にされる子は、だれ一人助ける者のない「非介入」の「孤立無援」の状況におちいる。

鹿川くんの学年は一九七一年〜七二年生まれ。この前後三年間の世代を「いじめ第一世代」とするなら、野宿者襲撃事件の加害者も、この世代から顕著になっている。

道頓堀事件のゼロも、一九七一年生まれ。まさに鹿川くんと同級だった。そして彼もまた、中学時代、過酷ないじめを受けて育ち、そのいじめ体験が野宿者襲撃事件の背景にあった。

一九八三年、横浜で野宿者をつぎつぎと襲い、山下公園で寝ていた須藤泰造さん(六十歳)を殺害した「横浜浮浪者殺傷」事件の加害者少年たち十名は(当時中学生五名をふくむ)、鹿川くんの数年先輩の年齢にあたる。

そして、鹿川くんの同級生たちは今年三十八歳。かつての「いじめ第一世代」がいま三十代後半となり、親の世代となり、その子どもたちが小学生・中学生になりはじめ、「いじめ第二世代」が生まれている。

思えば私は、二十数年間、自分よりひとまわり若いこの世代とかかわりつづけてきた。二十代のときに、十代の少女たち約二百人を取材してインタビュー集『少女宣言』をまとめ、いま、母親となった三十代世代の彼女たちと、子育て講座や虐待防止プログラムなどでむきあっている。

そこで年々、痛感するのは、「助けて」がいえない親たちの増加である。自分の悩みや弱さを他者に見せることへの怖れが強く、自己開示がしにくい。仲間づくりが困難で、安心してコミュニケーションがとれるようになるまでに、かつてよりずっと時間がかかる。「人とのつながり」を人一倍求めながら、人との関係で傷つく恐怖から、近づきふれあうことを躊躇する、そんな傾向がより強くなってきている。

学校現場ではつねに、同年代の子どもたちが年ごとに入れ替わり、多くの教師・教育者たちは、それ以前、それ以降をふくめ、何世代にもまたがる長いスパンで、子どもたちの育ちの過程を見ていない。自分たちの「指導」や「教育」の結果も、子どもたちがその後どう成長し、どんな状況を生き、どんな人生を送っているかも、その行方の詳細を確かめることはほとんどない。

そして、この二十年の子育てをめぐる社会環境の変化のなかで、かつて学校以外にあった、子どもたちの居場所や遊び場も激減し、疲れた身心を浄化する機会も失われている。逃げ場をなくした子どもたちは、家庭に安息の場を求めるしかないが、そこでは親たちもまた、核家族化や孤独な密室育児のなかで追いつめられ、子どもの気持ちを受けとめる余裕がもてなくなっている。

本来、一人の子どもが十全に育つためには、親以外の多様な人びとのかかわりが必要であり、かつては大家族や地域社会全体が、育児をともににない分かちあっていた。しかしいま、これほど母親独りに子育てが負わされている時代はない。モンスターペアレントも、わが子を虐待する親たちも、ある日突然、生まれたわけではない。

子どもたちを取りまくさまざまな暴力の問題には、こうした「人とのつながり」が断たれた地域や家庭、非介入の社会の現状がある。そして、野宿者襲撃事件の背景には、かつてないほど生き苦しく、ストレスフルな「いじめジゴク」を体験してきた世代、そしてまさにいまその渦中にいる世代の子どもたちの、より「見えにくい暴力」の状況があることを、念頭においてもらいたい。

謝罪を迫るリンチ

大阪・道頓堀川「ホームレス」襲撃事件から十四年――。

二度とこうした悲劇がくり返されないために、と願いながらも、野宿者への襲撃事件は増加しつづけ、死傷者はあとを絶たない。(巻末資料「野宿者襲撃事件・略年表」参照)

さらに加害者は中学生や小学生まで、ますます低年齢化している。

そのなかでも、二〇〇二年には、東京都東村山市、埼玉県熊谷市で連続して、中学二年生の少年たちが中心となって野宿者を暴行死させる事件があいついだ。この二つの事件は、それまでの襲撃事件とは異なる様相と問題をはらんでいて、私にとってさらに重く衝撃的な事件だった。

まず、二件の事件とも、少年たちが河原や公園でたまたま見つけた野宿者を「ホームレス狩り」として襲ったものでもなければ、遊びに出かけた都市や繁華街などで起こした「通り魔的」な犯行でもない。少年たちが暮らす日常の地域のなかで、すでに出会い、かかわり、接触をもっていた「特定のホームレス」をあえてねらった暴行事件だった。それは突発的な「襲撃」というより、集団で気にいらない個人に制裁を加える「いじめリンチ」の様相に近い。

二〇〇二年一月二十五日。東京・東村山市のゲートボール場で、野宿していた鈴木邦彦さん(五十五歳)が、地元の中学二年生四人と高校二年生二人に、その夜、三度にわたって暴行され、角材やビールビンで殴られるなど、全身に打撲を受け、外傷性ショックで死亡した。

事件の前日、中学二年の少年三人が、同市内の図書館で携帯電話を使うなどして騒いでいたのを、その場にいあわせた鈴木さんが、図書館職員に加勢するかたちで注意した。その後、図書館から出ていくようにいわれた少年たちは、外で鈴木さんを待ちぶせ、口論となり、小競りあいがあった。それを逆恨みしての「復讐」犯行だった。

その翌日、少年の一人が町で見かけた鈴木さんのあとをつけ、寝泊まりしているゲートボール場の居どころをつきとめ、仲間に連絡し、犯行を計画。事件の夜、ほかの同級生らと共謀して、鈴木さんに「あやまれ」と迫りながら、殴る蹴るの暴行を加える。その後、さらに現場を通りかかった高校生らも加わり、鈴木さんを金属製物置の下敷きにして上に乗って飛びはねるなど、執拗な暴行をつづけた。

少年たちは三度にわたって犯行現場にもどっているが、驚くことに、その暴行のあいまに「塾に行っていた」少年もいた。激しい暴行のさなか、塾の時間がくれば塾で勉強し、それを終えるとまた暴行へとむかう。その事実をどう理解すればいいのか。まるでスイッチの〝オン・オフ〟を切りかえるかのようなその心理・感覚が、私には想像しきれない。

また、一度目の暴行時に、少年の一人が現場に財布を落とし、ふたたび仲間と現場に探しにもどったことが二度目の暴行のきっかけになっていた。そこで苦痛にうめいていた鈴木さんに疑いをかけ、さらに腹をたて暴行を加え、鈴木さんの空の財布とわずかな所持金二百円までも奪いとっている。少年たちの暴行は一時間四十分にもおよんだという。

そこまでの容赦ない、執拗な怒りとは、なんだったのか。図書館で注意を受けた中学二年生の少年は、「あやまってほしかった」と、動機について述べたという。

が、鈴木さんのしたことは、命を奪われるほどの「制裁」を受けることだろうか。かつての地域社会では、親であろうとなかろうと、子どもを叱り、当然の注意をする大人たちがいた。タバコを吸っている少年たちや電車内で大声で携帯電話で話す者を注意しない、「見て見ぬふり」をしている人が圧倒的に多いなかで、鈴木さんはいわば勇気ある大人ではなかったか。困っている図書館の職員を助けて、みずから子どもたちを注意して怒った。それが、命を奪われるまでの復讐につながるとは、だれも思ってもみなかっただろう。

現場にいた野宿者仲間の証言では、「あやまれ」と迫る少年たちにたいして、鈴木さんは殴られるたびに「ごめんよ、ごめんよ」と何度もあやまっていたという。

でも、少年たちはなぜそこまで「あやまれ」ということを執拗に求め、すさまじい暴力を噴出させたのか。少年たちが怒りをぶつけたかったほんとうの相手、「あやまってほしかった」ものは、もしかしたらもっとほかのところにあったのではないか。鈴木さんは、少年たちが抱えていたいらだち、抑圧された怒りのスケープゴートにされたのではないか、そんな気がしてならない。

たとえ注意され、理不尽に思い、腹をたてたとしても、相手が親や教師、警官、彼らにとって強者の大人であれば、少年たちはここまでの暴行にはいたらなかっただろう。周囲の大人には、塾の時間を守る「いい子」としてべつの顔も見せていたかもしれない。逮捕後、少年たちは取調官に「許してください」「ごめんなさい」と涙を流したりあやまったりしたという。少年たちの通う中学校の校長は、「とくに非行歴がある生徒たちではなく、深夜徘徊や喫煙で注意を受けたりする者はいたが、ほかの生徒や教師に暴力をふるうような問題はなかった」と述べていた。

図書館は、少年たちグループの「たまり場」にもなっていた。そこに介入してきた鈴木さんを、少年たちは最初「ホームレスだとは思っていなかった」というが、野宿場所をつきとめ、暴行におよんだときは鈴木さんを「コジキ」と呼び、加担した高校生も「ホームレスだからべつに殴ってもたいした問題じゃない」と思ったという。

鈴木さんは、やはり「ホームレス」だったからこそ、殺された。少年たちにとって蔑視する「下にあるべき弱者」の存在であったからこそ、自分たちが逆らえない「上にいる強者」にぶつけられない怒りの矛先を、鈴木さんに集中して爆発させたのではなかったか。なにより、鈴木さんに逃げこめる安全な「家」があり、保護し通報してくれる家族や隣人がいれば、夜の路上で三度にわたって暴行され、死に至ることなどなかったはずだ。

少年たちは、ほんとうは、何にいらだち、何に怒っていたのか。

暴力は「怒り」の感情の爆発である。けれど「怒り」は、二次的な感情であり、その内奥の心の井戸の底には、本人にもまだ言葉にできていない無意識の感情、まだだれにも受けとめられていない、柔らかな一次感情としてのほんとうの「心の声」が、あるはずだった。

そして、それをつきとめ、理解しないかぎり、どんな処罰を受けても、彼らが爆発させた怒りのほんとうの要因は、いつまでも、わからない。少年たちの真の反省も、贖罪もありえない。

この事件の加害者少年たちと会うことは、ついにかなわなかった。

十四歳の中学生たちは起訴されず、少年院送致となった。高校生の二人は起訴され、それぞれ懲役二年六か月以上五年以下、懲役三年以上五年六か月以下の実刑判決を受け、少年刑務所に送致された。

事件の翌月二月十一日、地元の市民や野宿者支援者らによる「鈴木邦彦さんを追悼する会」がおこなわれ、私も参列した。その後「追悼する会」の有志らは、少年たちの通っていた中学校や市教育委員会にも、野宿者襲撃問題のための教育の取りくみを強く要請したが、誠意ある回答は得られないままだった。

住宅街の一角で起きた事件

東村山市の襲撃事件から十か月後の、二〇〇二年十一月二十五日。

埼玉県熊谷市内の住宅街の一角で、路上生活していた井上勝見さん(四十五歳)に、地元の中学二年生の少年三人が、鉄パイプやブロック塀を打ちつけ、殴る蹴るなどの暴行を加え死亡させた。

この少年たちもまた、「行きずり」犯ではなかった

被害者の井上さんは、少年たちの住むその町で、民家をまわって物乞いなどをしながら一年あまりも定住していた。子どもたちは、顔や手足が汚れて黒ずんでいた井上さんを「クロスケ」とあだ名をつけて呼び、学校は「かかわらないように」と指導している。住民から一一〇番通報されることもあり、「何かやるとまた来るし、このへんにいついちゃ困るので、みんなで何もあげないようにしましょう」と、町内で申しあわせる自治会もあった。

しかし、井上さんはなぜか、同市内の河川敷などで暮らす野宿者のコミュニティには属さず、あえて住宅

街に独りで身をおいていた。いまにも倒れそうな姿で歩きながら、民家のチャイムをならし、「おにぎりください」「着るものください」「何かあたたかいものをください」と、物乞いをして生活していたという、そのことじたいにまず私は驚く。

住民らは「あまりかかわりたくない」と思いながらも、多くの人たちが求めに応じて食べものや衣類を提供していた。また、わざわざ井上さんの寝場所に出むいて食べものを差しだすお年よりもいた。異質な他者を排除しようとする住民感情がある一方で、見るからに弱々しい井上さんを受けとめ、扶助しようとする「人の情け」もまた同時に、その町には存在していたといえる。

また、井上さんは当時四十五歳と若く、かつての野宿者層に多かった日雇い労働のすえに労災や高齢で野宿に追いこまれた人たちの背景とは異なっている。都内の裕福な家庭の二男として生まれ、父親は会社社長。獨協大学経済学部を卒業し、ドイツ語の原書を訳すなど、将来はドイツ文学の翻訳家をめざしていたという。しかし大学卒業後、希望の職に就けず、都内のデパートで一年ほど働いたあと、近所のスーパーの店員、印刷屋など、職を転々とした。父親のすすめで自宅を出て、アパートで一人暮らしをはじめたが、仕事はつづかず、家賃を滞納し、ある日行方がわからなくなった。実家からは捜索願いが出されていた。

その後、熊谷市の現場周辺で野宿するようになるまでの約二十年間、井上さんがどこでどんな暮らしをしていたのか、だれにもわからない。が、事件の三年まえまでは、子どものころに生き別れた生母のもとを何度か訪れ、数日、母親の家に泊まっては「お世話になりました」と、またどこかへ去っていったという。

二十代で行方不明になり、住宅街で物乞いをしながら路上生活をしていた井上さんもまた、なんらかの深い心の傷や病を抱えていたのではなかったか、と想像する。

暴行へのGOサイン

この事件については、埼玉新聞社の吉田俊一さんのルポ『ホームレス暴行死事件――少年たちはなぜ殺してしまったのか』(新風舎文庫・絶版)にくわしい。私がここに記している事件の情報も、その多くが吉田さんの取材に負っている。

三児の父親で、当時、長男が中学一年生でもあった吉田さんは、事件を他人事には思えなかったという。地元新聞の記者として地域に根ざした丹念な取材をつづけ、事件のルポを紙面に連載するなかで、私のもとへも取材にたずねてきてくれた。

「じつは、これだけ取材していても、やっぱりよくわからないんです。加害者の少年たちは学校でも家庭でも、ほかの子どもたちとくらべ、それほど問題があった子とは思えない。どの親も、なぜうちの子がと驚きショックを受けている。ほんとうになぜ、この子たちが、人を殺すまでの犯行にいたってしまったのか。何が原因だったのか……」

少年たちの野宿者への偏見・差別意識は根底にあるだろう。でも、偏見はあっても、だれもがそこまでの暴行をはたらくわけではない。何かが、少年たちの凶行の「引き金」になったはずだ。

私は吉田さんの話を聴き、それまでの取材記録や資料を見せてもらった。

主犯格とされた少年マサオ(仮名・十四歳)は体格がよく、スポーツ万能、空手を習い、野球部ではレギュラーとして活躍。陸上の個人競技でも市内優勝をはたし、県大会へも出場していた。成績も悪くはなく、一年生のときに書いた「人権標語」では表彰まで受けている。そんな「いい子」としてのマサオは、親や教師からの期待も大きかったという。

しかし一方で、アウトドア用のナイフをポケットに入れて持ち歩き、同級生からお金を脅しとったり、小さな子からお菓子を奪いとるなど、親や教師の知らない一面をもっていた。財布にはいつも万札を入れ、ゲームセンターではほかの子たちのゲーム代をよく出していた。母親は「きびしくしつけていた」というが、親の財布から盗んだり、親が積み立てている自分名義の口座から引き出したと、友人たちは聞いていた。

自営業を営む父親は、苦労して一代で財を築いた「成功者」として地元でも有名だった。長男のマサオにもきびしく、「うちのお父さんは、こわいんだぞ」「よく殴られる」とマサオは友人らに話していたという。

吉田さんの取材資料をたどりながら、私が気になったのは、マサオの井上さんへの暴行がはじまった時期、タイミングだった。

逮捕された当初、マサオは、井上さんをからかったら傘を振りまわして抵抗され、腹をたてて暴行をはじめたと供述した。しかし実際には、事件の二か月まえから、マサオは井上さんを暴行するようになっていた。二か月まえのそのころ、マサオの家に井上さんが物乞いに訪れている。玄関で応対に出た父親は、そのとき、井上さんにたいして「出て行け！」などと怒鳴りつけて追いかえしたという。

マサオが、下校時などに井上さんを暴行するようになったのは、ちょうどこの直後からになっている。

私は取材資料を見ながら、これだ、と思い、吉田さんに指摘した。父親のこのときの対応が、マサオにとっての「引き金」となり、暴行への「GO」サインを出させたのではないか。

「いまの子どもは善悪の判断がつかない」という大人たちがいる。が、マサオのような「いい子」たちは、親や大人の態度、顔色を見て、「これはやってもいいかどうか」を選別し判断しているともいえる。

それ以降、マサオは井上さんにツバを吐きかけたり、寝ているところを棒でこづいたりするようになり、やがて、事件の共犯者となる同級生のヒロシ（仮名・十四歳）も誘い、石を投げつけるようになる。最初は小さな石だったが、しだいに大きな石を投げるようになり、暴行はエスカレートしていった。

私は吉田さんの案内で、熊谷市の事件現場を訪れ、三人の少年たちが住んでいた家や町、周辺一帯をたずねてまわった。そのなかでもマサオの自宅は、ひときわめだつ、まさに〝要塞〟のような豪邸だった。高い塀にぐるりと囲まれたその大邸宅は、おそらく慣れたセールスマンでもチャイムをならすのは、ちょっと腰がひけてしまうだろう。よくぞ井上さんは物乞いにたずねたものだと、驚いた。みすぼらしい身なりで、体が真っ黒に汚れた井上さんが、どんな思いで一軒一軒、物乞いに歩いてまわっていたのか。まさにイソップ童話の「アリの家」をたずねるキリギリスの姿を想像する。

そしてそのとき、マサオにとって絶対的な強者であり、きびしく「こわい」父親が、弱々しい井上さんを、罵倒し、排除する姿は、彼に何を教えただろうか。もしもマサオの親がそのとき、お気の毒にとわずかな食べものでも手渡していたら、少しでも情けをかけ、案じる姿を見せていたら、はたしてマサオは、ここまで井上さんを情け容赦なく攻撃する行為へとつき進んでいっただろうか。

〝マサオ以上にやるのが強さだと〟

その年の夏、井上さんは、ヒロシの家にも何度か物乞いに訪れている。

ヒロシの母親は、はじめのころは、井上さんに乞われるまま、おにぎりなどを渡していたというが、知らないあいだに井上さんが玄関に入っていたり、家の周辺をうろついていたりして、怖くて泣きだしてしまったことがあった。ヒロシはそんな母親の話を聞いて、井上さんに腹をたて、「大人なのにいけないことをして、どうしてわからないのか」と、憎悪をつのらせるようになったという。

母子家庭で育ったヒロシは、母親思いの「優しい息子」で、小さな子の面倒見もよかった。運動能力抜群で、ルックスもよく、女子生徒にも人気があり、学年でもリーダー的存在だった。中学ではバスケット部に入り、主将候補として有望視されるが、一年生の夏に自転車事故を起こしたことがきっかけで、その後、部活を辞める。二年生の春に、市内のデパートで同級生らと集団万引きを起こし、しだいに学校を休みがちになる。「服装の乱れ」などで教師から注意されることはあったものの、やはりクラスの人気者で、学校へ行くのは「勉強はできないけど、友だちと会うためだ」と話していたという。

もう一人の少年アキラ(仮名・十四歳)は、事件当日、現場にはいたものの、ほとんど暴行には加わっていない。小柄でおとなしいアキラは、幼なじみのマサオとよく行動をともにしていたが、ふだんからマサオの「使いパシリ」を命じられるなど「従属的」な関係にあった。

事件の日も、マサオがアキラに「ヒロシを呼べ」といいつけ、アキラが自転車でヒロシの家まで迎えにいっている。マサオがまず最初に、井上さんに殴る蹴るの暴行をはじめ、やがて到着したヒロシとともに力を競うように暴行を加え、殴る手が痛くなると、近くの工事現場から鉄パイプや角材などを持ってきて凶器に使った。

ヒロシは、自宅から持ってきた消臭スプレーにライターで火をつけ、炎を噴射させ、井上さんを脅した。

二人の暴行が際限なくエスカレートしていくのを目の当たりにしながら、アキラはおびえながらも止めることができなかった。「いっしょにいないわけにはいかなった。やらないと仲間はずれになる」と思っていたという。

この三人は、ほんとうに「友だち」だったのだろうか。

ともにスポーツ万能で、学校でめだつ存在だったマサオとヒロシは、日常生活でも張りあう「ライバル」関係でもあった。ヒロシは「マサオ以上にやるのが強さだと思った。やらなければ男じゃないと思った」と述べている。ヒロシとマサオが意識をむけていたものは、暴行の標的となった井上さんより、むしろ、ライバルへの対抗意識、みずからの力を誇示し「腕比べ」の競争に勝つこと、ではなかったか。

友情と呼ぶにはあまりに哀しくむなしい、彼ら三人の「仲間」関係を想像する。

彼らもまた、安心して「ありのままの自分」でいられる居場所をもてない「ホーム」レスな子どもたちではなかったろうか。

事件の夜、雨のなかでの一時間におよぶ暴行の果て、井上さんがぐったりしたのを見て、三人はそのまま現場を立ち去った。近くの住民が井上さんの異変に気づいて一一〇番通報したのは、翌朝になってからだった。瀕死の井上さんを見て、警察署員はあわてて救急車を呼ぶ。救急車で市内の病院に運ばれた直後、井上さんは息をひきとった。死因は急性硬膜下血腫だった。

事件発覚後、少年たちは素直に取り調べに応じ、「ごめんなさい、ごめんなさい」「死ぬとは思わなかった」と、泣きながら犯行を認めたという。

三人は傷害致死罪で家裁に送致され、少年審判の結果、初等少年院送致となった。

だれが、何が、人を死なせたのか

吉田俊一さんの前掲書『ホームレス暴行死事件』の巻末に、私は「解説」を書いた。何が、井上さんを殺したのか——。そのことをあらためて問いなおしたかった。

「地域が殺した」という関係者の言葉もあった。井上さんを疎ましく思う地域住民の意識・感情を、少年たちは代行するように凶行におよんだのではないか、と自省する住民もいた。

物乞いにまわる井上さんにたいして、住民の感情が揺れるのは理解できる。見ず知らずの男性が、突然、家にやってきたり、軒下に立っていたりすれば、ヒロシの母親にかぎらず、恐怖を感じても当然だろう。もし自分なら……と思えば、その不安は否定できない。

けれど、ふと思う。井上さんは、なぜそうまでして、住宅街にいつづけたのか。マサオたちの襲撃以前にも、ほかの子どもたちや女子生徒から、井上さんは何度もちょっかいを受けていた。身の危険も感じていたはずだ。地域住民とのトラブルを避け、一定の距離をおいて暮らす野宿生活者が多いなかで、井上さんはみずから民家の戸口をたたき「何かください」「あったかいものください」と、接触を求めている。

住民は「おにぎりをあげたら中身が入ってないと文句をいわれた」「賞味期限切れのパンをあげたら、こんなのいらないとつき返された」ともいう。そんな井上さんは不遜で高慢にも見えたのかもしれない。

けれど、井上さんが求めていたのは、ほんとうに「胃袋の飢え」を満たすためだけのモノだったのだろうか。もしそうなら、今日一日を生きのびるために、賞味期限切れのパンでも食べただろう。もしかしたら井上さんがいちばんほしかったものは、そこにこめられる人の愛や情、人間としてあつかわれる尊厳、「心の飢え」を満たす「あったかいもの」ではなかったろうか。

世捨て人のように見えたかもしれない井上さんは、それでも「人とのつながり」を拒絶してはいなかった。その町の人の情けに頼り、地域に依存して生きていた。そして怒鳴られ追いかえされても、気味悪がられ嫌われても、自分から攻撃をするようなことはなかった。相手をおそれていたのは、井上さんよりも、住民たちのほうだった。

残念でならないのは、事件の直前に、地元の熱心な福祉職員の説得と努力によって井上さんの施設入所話が進められていた、その矢先の出来事だったことだ。井上さんは職員の説得に応じ、事件の前日には「明日、名前を教えるよ」と、話していたという。身の上を明かし、野宿生活から脱しようと、井上さんは思いはじめていたかもしれない。その、あと一歩のところで、事件は起こってしまった。

また事件の夜、現場に倒れこんでいる井上さんを目撃し不審に感じた人がいながら、だれも通報するまでにはいたっていなかった。「おそらくあの晩、現場を通りかかった人、目撃していた人は、一人ではないはず」と吉田さんも指摘している。そのとき、たしかに井上さんは生きていた。もしもそれが「物乞いのホームレス」としての井上さんではなく、「普通の身なり」をしたほかのだれかであったなら、すぐに通報され助けられてはいなかったか。せめて「どうしました？　大丈夫ですか？」とだれかが声をかけ、救急車が呼ばれていたなら、井上さんは死なずにすんだのではないか——。そう思うと、無念でならない。

だれが、何が、井上さんを、死なせてしまったのか。

暴行にみずから手を染めた少年たちだけを責めることはできない。また、彼らの地域の住民たちだけを断罪することもできない。その「地域」とは、この事件の少年たちが育った熊谷市北部の一角のことだけではない。私の住む町にも、どこの住民にも、どんな子どもたちにも起こりえる事件だと感じている。

殺したものと殺されたもの

この十四年、各地で頻発する襲撃事件を追いながら、私自身、いくつかの事件の加害者少年たちと直接出会い、かかわってきた。

〝反撃〟が生んだ悲劇

一九九八年六月十三日、兵庫県西宮市で、少年グループにくり返し襲撃を受けていた野宿者の男性が、たまりかねて少年らを追跡し反撃するなかで、少年二人を刃物で刺し、結果、少年の一人を殺《あや》めてしまう事件が起こった。

少年らに野宿者が襲われる事件は日常的に起こっていても、野宿者の側から子どもたちを襲うような事件は、私が知るかぎりなかった。

被害者の立場から、一転、加害者となったTさん(四十七歳)は、かつて土木作業などの日雇い仕事をしながら生活していたが、震災のあった九五年から野宿生活になり、約二年まえから西宮市内の堤防下に仮設小屋をつくって廃品回収などをしながら暮らしていた。事件の三か月ほどまえから、近くの団地に住む少年たちが石やボールなどを小屋に投げつけ、「ルンペン出てこい」などとはやしたてては逃げる、といった襲撃をくり返すようになっていた。襲撃はしだいにひんぱんになり、事件の起こった夜には、大型ゴミの洗面台の鏡、スキー靴、ブロック片、消火器の液をふきつけて投げつけるなど、暴行もエスカレートしていた。たまりかねたTさんは、少年たちを「こらしめようと思って」、刃物をもって追いかけることになったという。

Tさんの逮捕後、すぐに釜ヶ崎や神戸の野宿支援者らを中心にTさんの裁判支援態勢ができ、「道頓堀事件」のゼロの控訴審の弁護人でもあった後藤貞人弁護士が弁護人を担当することになった。

一方で私は、初公判を傍聴した翌月の十月、Tさんに刺されて亡くなった被害者・Sくん(十八歳)の実家をたずねた。中学卒業後、とび職人として働きながら自活していたSくんには、すでに十七歳の妻がいて、二人のあいだには赤ちゃんが生まれたばかりだった。

Tさんへの襲撃をくり返していた六人の少年たちと、Sくんは出身中学も学年も違い、ふだんから行動をともにしていたわけではなかった。少年たちの供述によると、Sくんはそれまでの襲撃事件にもかかわっておらず、その日はじめて、彼らといっしょに現場についていったものの、Tさんの小屋に物を投げるなどの襲撃行為に積極的に加わっていたわけではなかった、という。

Sくんを失った遺族の嘆き、哀しみ、怒り、その痛みの深さにふれたときの思いは、いまも言葉につくせない。私と同世代のSくんのお母さんは、母子家庭生活のなかで、Sくんとその姉の二人の子どもを育ててきた。「息子は、やんちゃはしたけど、友だちの多い、心のやさしい子で、ホームレスの人にパンをあげたりすることもあった」という。「なんで、あの子が……」と嗚咽《おえつ》する母の嘆きを、やはりひとり息子をもつ母親として、ただただ受けとめ、ともに涙することしかできなかった。

少年たちはなぜ、野宿者Tさんを襲撃するにいたったのか。そしてなぜ、Sくんが命を奪われることになってしまったのか。Sくんのお母さんは、それまで一度も少年たちに事件の詳細を詰問することも、怒りをぶつけることもなかったという。が、私がたずねたその日、彼女は、事件に関与していた少年六人のうち、連絡のとれた少年五人を自宅に呼びあつめ、私とSくんの遺影のまえで、「事件のこと、あなたたちの知っていることをぜんぶ、つつみかくさず、話してほしい」と、問いただした。

私は全身全霊で、少年たち一人ひとりの話を聴いた。五人の少年は全員、地元の中学の同級生で、それぞれ中学卒業後の進路は別べつだったが、夜中によく誘いあって、地域の団地群の敷地内でたむろしたりして遊んでいたという。三人は高校二年生、二人は高校を中退していて、うち一人は無職、一人は土木工事現場などで働いていた。

事件の起こった金曜の夜、雨天つづきで数日間、建設現場の仕事が休みになっていたSくんは、少年グループの一人と携帯電話で連絡をとりあい、彼らがサッカーをして遊んでいた団地下の広場に呼ばれてやってきたという。少年たちは、Sくんをともない襲撃現場にむかったあと、Tさんの小屋を見おろす堤防の上に立ち、自分がどの位置にいて、何を投げたか、そのときの状況を説明した。Sくんは堤防の上にはあがらず、最後尾の離れた場所にいて、少年の一人と話をしていたという。「Yくんが、S先輩に仕事を紹介してもらう相談をしていて、週明けの月曜に社長に会わせてもらう話になっていた」と少年の一人は語った。が、肝心のそのY少年は、唯一、私が出会えなかった少年で、直接本人の話を確かめることはできなかった。

Tさんの裁判では、Sくんが襲撃に関与していたかどうかが争点のひとつになっていったが、少なくとも、私が聞いた少年たちの話では、Sくんは「何も物を投げていない」「投げるところは見ていない」というものだった。(その後、私は少年たちの案内で、実際に事件の夜の彼らの行動ルートをいっしょに歩き、襲撃現場にも出かけて彼らの証言を確認したが、Sくんがいたという位置から、Tさんの小屋があった場所まではたしかに距離があり、小屋の位置までは見えなかった。)

彼らのうち、Tさんの小屋に鏡などを投げつけたあと、Tさんに追いかけられ、団地内の女子トイレに逃げこんだ少年(十七歳・高二)は、そのときの状況、気持ちを声を震わせながら語った。彼は、先に男子トイレに逃げこんでいたSくんがTさんに腹部を刃物で刺されたあと、Tさんに臀部《でんぶ》を刺され、二週間のけがを負っていた。「おまえらやったんやな、殺したろか」といわれて、体を刺され、すぐにトイレの一室に鍵をかけてこもった彼は、ガタガタ震えながら「こわかった、こわかった、ほんとうに殺されると思った」といい、トイレの外側から扉をたたかれ脅されたとき、まさに「死ぬかもしれない恐怖」を味わったという。

でも彼の感情は、自分の恐怖にむかうばかりで、自分が相手に与えた恐怖には思いがおよんでいなかった。私は、彼にたずねた。「きみが感じた、ほんとうに殺されるかもしれない、死ぬかもしれないと思った恐怖、それをTさんも味わったんじゃないのかな。きみたちに、毎晩のように、自分の小屋に石やボール、消火器や鏡台まで、どんどん投げこまれ、寝ている上に落とされて、このままじゃあほんとうに殺される、もう我慢できない、と思ったんじゃないのかな?」

私の問いかけに、彼は、ワッと泣きだした。「ごめんなさい、ごめんなさい」とくり返し、「ぼくらのせいで、S先輩は死んでしまった、ごめんなさい!」と号泣した。この少年の母親は、彼に「私はSくんのお母さんにどんなにわびてもわびきれない。私が死ねばよかった」と泣いて語ったという。自分たちのしたことがどんな結果をひき起こしたか、彼は何度も、かみしめるように自分を責め、泣いてあやまっていた。

けれど、ほかの四人の少年たちからは、彼ほどには強い感情も、また心底、謝罪しているような思いも、伝わってはこなかった。とりあえず、聞かれた事実経緯については答えても、「なぜ、どういうつもりで」といったそのときの気持ち、主観としての自分の心情については、なかなか言葉が出てこなかった。

あまりに幼い動機

そのなかで、もっとも寡黙で、何をたずねても「よくワカラナイ」としか答えない少年には、事実確認するだけで何時間もかかった。彼は昨年入った高校を中退していて、学校にも仕事にも行っていなかった。

「その日、きみは、何を投げたの？」「……消火器……」

「なんで、消火器だったの？」「……あったから」

「どこにあったの？」「……団地の、……通路に」

「で、たまたま消火器があるのが、目に入ったから、それを持っていったの？」「……そう」

「でも、なんで、その日は消火器を投げようと思ったの？　それまでは石とか、ボールだったんでしょう？」「……よくワカンナイ」

まるで、警察の取調官になったような気分だったが、暖簾《のれん》に腕押しの少年の態度に、しだいに私も腹だたしくなってきた。

「ワカラナイってことはないでしょう。これ投げたら、どうなると思った？　これ、人の上に落としたら、ケガするとか、死んでしまうとか、考えなかった？」

「何も考えてませんでした」

開きなおったようにきっぱりいう少年に、いいかげんにしろ、と叫びたい気持ちを抑えながら、私はいった。

「私は、あなたたちを責めにきたわけじゃない。取り調べにきたわけでもない。ただ事実が知りたい、何が事件をひき起こしたのか、何がSくんの命を奪ったのか。Sくんがなぜ刺されなくてはいけなかったのか、そのことはきみにも責任があるはずだよね。きみの投げた消火器が、Sくんの命にかかわっているんだよね。私はほんとうのことを知りたい。ワカラナイじゃなくて、思い出してほしい、よく考えてほしい。どうなると思ったのか、おもしろいと思ったのか、びっくりさせたろうと思ったのか。なんでもいい、ゆっくりでいいから、思い出してほしい。教えてほしい」

食い下がる私に、少年はじっと黙りこみ、しばらく考えて、ポツリとこういった。

「音が、するから」

「え？　音？」

「うん、おっきい音がすると思ったから」

「あ、そうか……、消火器なら、石やボールより、落としたときにもっと大きい音がするから？」

「うん」

「おっきい音がしたら、どうなると思ったの？」

「音がしたら、気づくから」

「だれが？　Tさんが？」

「そう。石ぐらいでは、もう出てこなくなってて、追いかけてこなかったから。石やボールやったら気づかないのかなって思って。気づくように……」

「ただ、気づいてほしかったの？　出てきてほしかったの？　追いかけてきてほしかったの？」

「うん」

へなへなと私は、全身の力が抜けた。なんと幼い、思いもよらない返答に愕然とした。

「でも、なんで？　なんで追いかけてきてほしかったの？」

「おもしろくないから。追いかけてこないと、つまんないから」

さらに唖然とする。襲う側と襲われる側。その意識のあまりの落差。野宿している側にとっての悲愴な恐怖、死ぬかもしれない危機感にたいして、襲う側の彼ら少年たちの動機や心理は、そんな「おいかけごっこ」を楽しむような遊び感覚でしかなかったというのか。

つまり、彼らは、反応してほしかったのか。どんどんより大きく危険なものを投げこんでいたのも、物を投げ、危害を加えることが〝目的〟だったのではなく、反応をひきだし、おびきよせ、逃げまわるスリルを得るための〝手段〟だったというのか。相手にかまってほしくて、わざと怒らせるようないたずらをしたり、ちょっかいをだしたり、スカートめくりの反応を期待する幼い男の子のような。そんな幼稚な楽しみのために、彼らは、相手の尊厳も命をもおびやかす襲撃をくり返し、仲間を誘い、エスカレートしていったというのか。

「まさか、こんなことになるなんて……思ってなかった」

結局、その言葉なのか。長い長い時間をかけて、真意を問う作業の果てに、少年からもれたつぶやきに、やりきれなかった。

ためいきをつく私を無表情のままじーっと見つめていた少年の瞳に、一瞬、じわっと涙がにじむのを見た。この子にも感情はたしかにある、言葉に表現できない何かが、きっとある。ふと、たずねてみた。

「きみは、どうして高校やめたの？」「……高校、しんどかったから」。素直に答えた。

「この仲間やったら、しんどくなかったの？」「うん」

「安心できた？」「うん」

固唾《かたず》をのむように私たちのやりとりを聞いていた、ほかの高校生たちに聞いてみた。

「いまの高校で、この事件のこととか、自分の悩みを話せるような人はいる？」

三人とも即座に「いない」と答えた。

このまま、ここで私は彼らと別れてしまいたくなかった。彼らはこれからみずからの襲撃・暴行の罪を少年審判で問われる身でもあった。やがて彼らと接触することはますます困難になるだろう。


その夜、私は少年たちを釜ヶ崎へ連れていくことを決めた。

彼らと日時を確認して「かならず来てほしい」というと「親に聞かないとわからない」という子がいたが、「それを許さないような親なら、私が直接、親に説明する」というと、とたんに「それならいい、行く」という。夜まわりにつれていきたかったが、「それは無理」「夜までに帰らないと親に怒られるから」。事件後、親たちもわが子の夜の徘徊、行動管理に過敏になっているのだろう。自分も親ながら、「親の顔が見たい」と思ってしまう。彼らの親たちが、もっと関心をむける矛先はべつにあるはずだろう。

少年たちはSくんの実家に、毎週のようにお線香をあげ手を合わせに来ているというが、彼らの親は一度もたずねてもこないと、Sくんのお母さんはいう。消火器を投げた少年に、「親御さんはこの事件のあと、きみになんといった?」と聞くと、「べつに……。なんにも」と答えた。きっとこの子は、親にも何も話さず、またこんなふうに自分の気持ちを問われることもないのだろう。五人の少年たちの言動には、それぞれ、彼らと家庭との関係が透けて見えるようだった。

少年たちと釜ヶ崎へ

数日後の日曜日、私は釜ヶ崎に少年たちを案内した。

待ちあわせたJR新今宮駅に、仕事で来られない少年一人をのぞいて、約束どおり四人は現れた。

その日は、「こどもの里」のバザーの日だった。指導員の荘保共子さんには事情を説明し、バザーの手伝いに彼らを受けいれてもらうことを了解してもらっていた。彼らが「西宮の襲撃事件」の少年たちであることは承知のうえだった。こんな面倒をもちかけることに恐縮しながら、その懐の広さに感謝する。

新今宮駅から「里」へむかう道中、釜ヶ崎の銀座通りを、少年たちはびくびくするように歩き、おずおずと周囲を見渡していた、地べたに寝転んでいる人を眺めながら、少年の一人が、ぼそりといった。「ここでは普通なんだ」。

「そうやね、きみたちの住む団地の町では、野宿している人は、特殊で、めずらしい、異質なものかもしれないけどね」。路上に座りこんでいる人、野宿している人、この町では当たりまえの風景だった。

「これはドヤといって、日雇い労働者の人たちが寝泊まりしている宿泊所」「あれが西成警察の監視カメラで……」「あっちにあるのが〝あいりんセンター〟といって……」と、ひととおり、釜ヶ崎の町を案内しながら、だれもが最初から野宿していたわけではないこと、なぜ仕事にあぶれるのか、なぜ野宿生活になっていくのかを、少年たちに説明する。

うんうんとうなずきながら歩く少年たちは、西宮の団地の一室で対峙していたときの表情とは違い、目を見開き、足もとに横たわる人をていねいによけながら、ドヤ街を行きかう作業服姿の労働者たちを、興味深げに見まわしていた。

釜ヶ崎のわかくさ保育園のまえで開かれていた「里」のバザーに、少年たちを交代で二人ずつ預け、そのあいだに私はほかの二人を、さらに周辺の三角公園や野宿者の支援施設、緊急保護施設などへ案内する。

少年たちは、共子さんのもとで、道行く釜ヶ崎の労働者たちに、タオルや石けんなどの日用品、衣類などバザーの品を売るのを手伝った。私も後半、彼らといっしょにバザーに参加する。

「にいちゃん、これ、いくらや?」と声をかけてくる労働者に、緊張し、おずおずと対応していた少年が、「ご、五十円です」「お、安いな、一つちょうだい」「は、はい」……しだいに言葉をかわすようになっていた。

「このジャンパー、派手やろか?」と古着を物色していたおじさんに、共子さんが気軽に「着てみたら?」。「どや? 似合うか?」「おっちゃん、ええやん、よう似合うわ」「お、そうか」と、おどけてポーズをとるおじさんに、少年たちも思わず吹きだす。少年がおつりを渡すと、おじさんのほうから「おおきに、ありがとうな!」。少年ははにかみながら、笑って去っていく労働者の姿を見つめていた。

バザーを終えたあと、彼らに感想をたずねた。「おもしろかった」「ありがとうといってもらって、うれしかった」「なんか楽しかった」。釜ヶ崎の労働者たちと、直接ふれあい、言葉をかわし、交流するなかで、少年たちからも笑顔がこぼれ、おびえの色は消えていた。帰りぎわ、口数の少なかった子が、「ありがとうございました」と、はじめて私にいった。帰りの時間を気にしていた少年が「もうちょっといたかったけど……今日はこれで帰ります。すみません」と、あやまった。

この子たちを、もっと早く、ここに連れてくることができていたなら。彼らに、一度でも、こうした体験の機会があったなら——。

いまさら何をしても遅すぎる。そう思いながら、何もしないではいられなかった。そして、そんな私にできたことは、やはりごくわずかだった。その後、東京から西宮へ、公判の傍聴にできるかぎり通い、Tさんの支援者らに、Sくんの遺族と、あるいはせめて少年たちと、なんとか出会ってもらうことはできないか、二つの場所を行き来しながら努力してみた。が、かなわなかった。双方の溝をうめる機会は、ついにもてなかった。

私が何をしても、だれかを苦しめ、だれかを傷つけるだけにも思えた。

Sくんの命が絶たれた現場に足を運んでは、花を供え、冥福を祈った。どんなに祈っても、時間はもとにもどらず、Sくんの命は帰らない。

一方で、Tさんら野宿の人たちを支援する立場でもある私は、遺族の立場、心境を想うと、Sくんのお母さんに合わせる顔がなかった。

事件から一年四か月が過ぎた九九年十月二十七日。神戸地裁尼崎支部で、被告Tさんにたいし、懲役十年（検察側求刑・懲役十二年）の判決が出された。弁護人側は「Tさんに殺意はなかった」ことを主張したが、殺意を認定した一審判決にたいし、Tさんは殺意の認定・量刑の不当などを訴え、控訴した。二〇〇〇年六月、大阪高裁は控訴を棄却。さらに同年九月、最高裁は上告を棄却。Tさんの主張は認められなかった。

自分はどこに拠って立てばいいのか。どの立場にも、だれの側にも、私は完全に立ちきることが、できなかった。

殺したものと、殺されたもの。立場が入れかわっても、その両者のあいだで、つねにひき裂かれながら、しだいに私は、襲撃事件を追うことが、つらく、苦しく、路上の仲間からも支援活動からも、足が遠のくようになっていった。

Aとの出会い

そんななかで、ふたたび私が路上にひきよせられたのは、ある襲撃事件がきっかけだった。

一人の高齢の野宿者が、複数の少年らに激しい暴行を受けたすえに、惨殺された。

もう、現場をたずねるまい、近づくまい。そう思いながら、やはりむかわずにはいられなかった。

殺害された被害者の男性は、温厚で穏やかな人で、ダンボールの廃品回収などをしながら、住宅街の一角に何年も定住して暮らしていた。熊谷市の事件の場合とは違い、地域住民からも「隣人」として愛され親しまれ、通行人や通学途中の子どもたちとも「おじさん、おはよう」「おはよう、いってらっしゃい」「いってきます！」と、笑顔で挨拶をかわしあい、交流していた。とりわけ親しく食べものなどもよく差し入れていたという近所の女性は、「おじさんはホームレスじゃなかった。ここが、おじさんの家（ホーム）だった」と、涙ながらに語った。

追悼集会には、野宿支援者らだけでなく、多くの地域住民が参加した。近所の人たちからたむけられた花束、カップ酒やお菓子など、無数の供物が、被害者が暮らしていた路上の「家」のまえに供えられた。被害者の本名も年齢も知らないまま〝友人〟になった人びとが、遺影のかわりに似顔絵を描き、手を合わせ、焼香し、涙を流した。「ひどい」「許せない」と訴える人たちの激しい憤りが、私の内にも湧いていた。

被害者は一晩に何度も襲撃され、近くで寝ていていっしょに襲われた野宿者仲間の証言から、加害者たちの残虐な暴行の実態が伝えられた。私がたずねたとき、現場付近にはまだ、被害者の血痕が点在していた。

その夜、被害者が逃げまわった形跡をたどり、流した血のりのまえに立ち、その暴行のすさまじさを想像して、体が震えた。なぜここまで非道な行為ができるのか……想うほどに理解できず、たとえどんな理由があろうと、許せない、けっして共感の回路は見いだせない。そう思っていた。

けれど、結局、この事件の加害者Aと、私は深くかかわることになった。

彼と交わした〝約束〟から、私は本事件の詳細を特定して、ここに記すことができない。そのことを読者に許してもらいたい。

事件後、やがて逮捕された主犯格の容疑者Aの公判に、私は出かけ、そこではじめて、Aの姿に出会った。裁判のなかでAは、犯行の事実を否定することなく、全面的に罪を認めた。また共犯の友人たちを誘ったのも自分であり、責任はすべて自分にあると証言した。

いっさいの釈明をしないAにたいして、二度目の公判で、学生服を着たAのきょうだいが証言台に立った。「おにいちゃんは、いつもお母さんに殴られながら、自分を守ってくれました」。泣きながら、その子は叫ぶように訴えていた。

Aは幼いころから激しい虐待を受け、暴力のなかを生きのびてきた子どもだった。Aの父親は、日常的に家族に暴力をふるい、母と幼いきょうだいは傷つきおびえて暮らした。Aが小学生のときに両親は離婚、母親ときょうだい二人の母子家庭生活になるが、母親のいらだちはとくに長男のAにむかい、下の子を必死でかばうようにAは母の暴力に耐えつづけた。殴られ、衣服を脱がされ、身体を縛られ、ベランダに放置されることもあった。

中学生になるころ、母親の都合で、A一人が父親のもとに移され、転校させられる。そこで父親からさらに激しい虐待を受けつづけるなか、その暴行から身を守るために、Aは体を鍛え、武術の技を訓練するようになる。ある日、殴りかかってくる父親をはじめて押さえこみ、反撃できたとき、Aは自分の「力」を実感したという。そして自分の腕力を試すかのように、やがて友人らと河川敷に暮らす野宿者たちを襲い、攻撃するようになっていった。

事件当時、Aたちきょうだいは、父親からも母親からも離れ、二人だけで暮らしていた。

「親は一度も相談にも傍聴にも来ない。遺棄された子です」と、国選弁護人は語った。

抑えがたい暴力の衝動

拘置所にAに会いにいくことを決めたのは、そんな彼の生いたちを知ってしまったからだった。

何度目かの面会で、Aとむきあったとき、震える体を両手で抱いて押さえながら、彼はいった。

「自分のやったことがおそろしい。いまも、ここにいても、自分のなかに抑えがたい暴力の衝動があるのを感じて、こわい。それは、やったものにしかわからない、だれにもわからない。

Aの内にある抑えがたい暴力の衝動。それは、どこから生じているのか。刑罰の一方で、彼には心の治療が必要に思えた。けれど、Aに与えられた獄内の生活、塀のなかのシステムに、その期待も希望ももてるとは思えなかった。肉親ではない私にできることは、あまりにもかぎられていた。面会や手紙のやりとりが許されるのも、刑が確定されるまでのわずかな時間しかなかった。

拘置所で、何か命を感じられるものをと生花や果物、彼のきょうだいから聞いた好物のお菓子、便せんや切手などを、面会のたびに差し入れた。そして彼に読んでもらいたい本を届け、手紙を書いては送った。

当初、見ず知らずの「ルポライター」である私を警戒し不審に思っていたAが、私を受けいれ、心を開いてくれるようになるまでにも、さまざまな紆余曲折があった。何度目かの面会と手紙のやりとりのあと、ある日、彼から、私に詫びる長い手紙が届いた。私が差し入れた「道頓堀事件」の本も、最初は自分の裁判での供述に利用しようと思い、私への言葉にも「嘘」があったと告白してきてくれた。そしてこれからは偽りのない、真実だけを語ると誓い、正直な自分の思いをうちあけてくれた。

そんな彼の手紙を読んでいたとき、「お母さん、なんで泣いてるの？　何が哀しいの？」。ちょうど小学校から帰宅した息子が驚いてたずねる声に、はっとした。

「ああ、哀しくて泣いてたんじゃないよ、うれしいの」

「何がうれしいの？」「このお手紙のおにいちゃんがね、ぼくはあなたに嘘をついていましたって、書いてきてくれたんだよ」「嘘つかれて、うれしいの？」。十歳の息子は不思議そうに問う。

「嘘をつかれるのはうれしくないけどね、でも、自分は嘘をついてましたってうちあけるってことは、とても勇気のいることだと思う。自分のまちがいをあやまってくれて、正直に勇気を出して告白してくれたこと、それがうれしいの」

「ふーん」と聞いていた息子が、そのあとぽつりといった。

「でも、どうして、お母さんが、いつもお手紙書いたり、メンカイに行ったりしているの？　おにいちゃんのほんとうのお母さんが、してあげればいいんじゃないの？」

小さな息子は「ぼくのお母さん」なのに、と、訴えたかったのだろう。出かけて留守にするたび、わかる範囲で事情を説明していたが、「ほかの子」のことで泣いたり悩んだりしている私の姿に、自分の母親が奪われるようで、さみしく思っていたかもしれない。私は息子を抱きよせた。

「そうだね、おにいちゃんのお母さんがそうしてくれるのが、いちばんいいんだよね。でも、ごめんね。ほんとうのお母さんが、そうできないこともあるんだよ」

止まらない涙を、息子の小さな手がぬぐってくれた。

いつも、いちばん大事なことを、子どもが教えてくれる。

Aもきっと、そんな子どもであったはずだった。

親を愛し、親の愛を乞い、親の庇護を願ってきたはずだった。

彼は、それまで裁判の傍聴にも面会にも来ない自分の母親を、一度もなじることはなかった。自分たち家族に暴行を加えてきた父親を激しく憎悪しながらも、それでも自分につらくあたった母親を、一度も責めず、憎もうとはしなかった。「やっぱり、ぼくは、母が好きなんです」というAに、私は胸をしめつけられた。

母の痛みを想い、暴行の痛みを全身で感じながら、どこまでも受けいれ、許し、愛そうとする。そんな彼もまた、やはり、ただ独りの母を慕いかばおうとする「いい子」だったにちがいない。

自分のつらさや苦しみを、あるがままに訴え、親に見せられる子どもたちは、幸いである。安心して泣ける場所と関係、「ホーム」をもった子どもたちだろう。けれど多くの子どもたちは、親を愛するがために自分を抑え、「いい子」であろうとする。とくに、親の苦労を知る貧困層や母子家庭の子どもたちが、母親をかばい、守ろうとする心理は、同様に母子家庭で育った自分の体験からもよくわかる。

そうした負の感情の抑圧は、さらに「男性」としての性の縛り(ジェンダー)にとらわれる思春期以降の少年たち——泣いてはならない、負けてはならない、弱音を吐かず、強くあらねばならない「男らしさ」を求められる少年たち——にとって、より強い重圧となっていく。みずからの葛藤を内に抱えたまま、安全に解消する場もすべももてないまま、茫漠としたいらだち・ムカつきを増幅させていく。その有形無形の「男らしさ」の縛りがもたらす苦しみと、残虐な襲撃事件の加害者に圧倒的に少年たちが多いことは、けっして無関係ではないだろう。

たどりついた怒りの根源

Aがそんな自分のなかにある感情を理解するためには、彼自身の意思と努力が必要だった。なぜ、野宿の人たちを襲うようになったのか。

Aのなかにもあったはずの愛が、どんなふうに傷つき奪われ、「抑えがたい暴力の衝動」へと変わってしまったのか。その暴力は、どんな怒り、いらだちから生まれ、その心の奥底にはどんなつらさ、苦しみが、あったのか。それをまず、A自身が見きわめ、気づき、受けとめていくことが必要だった。

彼はその後、かぎられた時間のなかで、私の問いかけに、懸命に応えようとしてくれた。自分の気持ちにむきあい、率直な思いをつづり、生きいそぐように、手紙を書き送りつづけてくれた。

いまここに、そんな彼から届けられたいくつもの手紙の束がある。彼が見つめた自分の心の軌跡、その大切な言葉の数かずがある。そのなかで彼は、何度も自分の罪をふりかえり、被害者の命の意味、その命を奪ってしまった自分の「生きる意味」を問い、ひとつの決意を伝えてくれた。自分のやったことをけっして許すことはできない、生きる資格も価値もない、けれどももし生かされるなら、ふたたび外へ出られたら、自分にできる償いをしたい、野宿の人たちを助けるための活動に参加したいと。そしてもう二度と、「第二の自分のような人間」をつくらないために、いま、自分が問いなおし理解しようとしていることを「語り継いでいきたい」と。

現在、彼とは連絡がとれない。彼の意思をあらためて確認するすべがないまま、彼の手紙をそのまま公開することは、私にはできない。

けれどどうしても、彼自身の言葉からでしか、伝えられないものがある。「なぜ、ホームレスの人たちを攻撃するようになったのか」。やったものにしかわからない、当事者にしか答えられないその事実を、ここに「語り継ぐ」ことを、彼に許してもらいたい。それは、彼自身が強く願った、「二度とこんな事件が起こらないために」なにより必要で、伝えるべき大切な意味あるものだと、私は信じている。

なぜ、どんな理由で、自分は野宿者を攻撃するようになったのか——。

「私がホームレスを攻撃しはじめたのは中学1年の頃でした」

母親のもとから父親の家へ送られたAは、新しく移り住んだ町で、かつての地域では見なれなかった多くの野宿者たちの姿に出会うようになる。転校して、知りあった中学の友人に「ホームレスを襲撃することを持ちかけられたこと」をきっかけに、河原でテント生活している野宿者を攻撃するようになった。

「この頃の私はそういった行動にドキドキし、スリルを感じていました。同時に毎日のようにあるイライラ感も、なくなるほどでした」

そんな襲撃の引き金となったのは、そのとき、友人から「なぜ彼らがホームレスをやっているのか」について、教えられた言葉だった。「やつらルンペンは、借金をしたりして家族をこまらせ逃げてきたやつらだ」と聞かされ、また「どこかに家族が居ること」を、Aは友人に教えられる。

「その時、私は全員ホームレスはそういうやつなんだと思いました。それと同時に彼らホームレスへの怒りもそこにはありました」

自分が抱いた「ホームレスへの怒り」とは、どこから生じていたのか。Aは自問し、やがて気づいた。「その怒りとは、小学生の頃、母と私たちきょうだいでの生活、母一人で、私たちを食べさせ学校に行かせていた、母のつらさ、そして私たちきょうだいを置き去りにした父への解らなさから来たもの」だったと。そして「私が見出したものは、まさに自分がホームレスを攻撃する理由、そしていつしか口実へと変わっていたもの、そのものでした」。

自分たち家族を捨てた「父親」と、「家族をこまらせ逃げてきたホームレス」の姿を、Aは無意識に重ね、その不可解な父にたいする憎悪を、ホームレスの人たちに投影し、敵意を抱くようになっていた。そして、父の暴力におびやかされてきた被害者としての自分の怒りと、野宿者へのゆがんだ認識を「口実」に、やがてみずからの「ホームレス攻撃」を正当化するようになっていた。そんな自分の気持ちに気づいてはじめて、Aは自分のまちがいを思い知り、犯した過ちを理解した。

あらゆるいじめ・暴力の原因は、一〇〇パーセント、いじめられる側にはない。問題はすべていじめる側、加害者自身のなかにある。いじめる側のなかにあるストレス、意識化できていない深層の意識、その「怒り」の感情が、何に由来し生じているのか。それに気づき、それを意識化し、解消していかないかぎり、表面的などんな反省や処罰をくり返しても、いじめ・暴力はなくせない。

Aが自分自身を凝視し、見いだした「怒り」の根源を、そこからどうやって癒し、解消し、変容させていけるのか。そのための作業には、さらにより多くの助け、周囲の人の愛と協力、継続的なかかわりが必要になる。

「きみにもきっと善《よ》いものがある。自分のなかにあるいいところを探して」と書く私に、彼は、人生のなかで、自分を認めほめてくれた人の存在に気づいた。幼いころ、何キロもある幼稚園までの道のりを、毎日、走って行き帰りする健脚と体力、その長所を認め、伸ばしてあげたいと願ってくれた祖父母の愛情。たしかに自分に注がれていた愛を思い出し、「ぼくだって善人になりたい」と、拘置所でひとり声に出し、涙が流れたと、彼は伝えてくれた。

二つの命

事件から一年後、被害者の一周忌に、私は故人の故郷の実家をたずねた。迎えてくれた遺族の弟さんは、入院中の老いた母親には事件の詳細は話せていないと語った。Aから、もしできることなら自分のかわりに供えてきてほしいと頼まれた、故人が好きだったというカップ酒とお花、そして私からの香典を、そっとご霊前に供え、手を合わせ、祈った。私が許しを請うてもしかたがないことはわかっていても、こうして冥福を祈ることしかできない自分を、詫びずにはいられなかった。

美しい大自然につつまれたふる里。故人は、なぜこの静かな町を去り、遠く離れた都会の片隅で野宿生活をすることになったのか。遺族にはたずねられなかった。それは、だれにもわからないことだったかもしれない。その美しい故郷の風景とともに、かけがえのない故人の姓名を、私は生涯、忘れない。たとえ多くの人の記憶から事件が忘れ去られても、路上で生き、路上で奪われたその命の、存在の証としての姓名を、心に刻み忘れないということ。それがせめて自分にできるご供養だった。

それからまもなく、Aは一審で刑が確定し、控訴することなく服役した。刑務所に移されたあと、Aの家族は行方がわからず、彼との連絡のすべは、完全に断たれた。

いまも私は、彼の声を、待っている。

そうして、二つの命の意味を問う、彼の「生きなおし」を、信じ願っている。

自尊感情の回復

〝おじさんたちは強い〟

もうだれも加害者にしない、だれも被害者にしたくない。そのために、自分に何ができるのか——。襲撃の被害者と加害者、双方にかかわりながら、ときに、果てしない砂漠に水をまいているかのような徒労感、孤独感に襲われていた私にも、「道頓堀事件」をルポした拙著の出版後、少しずつ、周囲に理解者や〝同志〟の仲間が生まれはじめた。

新宿で、ゆで玉子をもって野宿者のもとをたずねてまわる「たまパト」のボランティア活動に参加していた飯田基晴さんは、当時二十代半ば、大学卒業後、ビデオカメラを手に、新宿で出会った一人の野宿者「あしがらさん」のドキュメンタリー映像を撮りはじめていた。襲撃をなくしていくために、子どもたちと野宿者の出会いの場をつくりだしていきたいという私に、彼はいちはやく呼応してくれた。

そして、やはり野宿者の支援活動をつづけながら、学校などで野宿者問題の講師に呼ばれるようになっていた新宿連絡会の稲葉剛さんから、「子どもたちが野宿者とふれあうための〝体験・交流班〟をつくろう」という提案を受け、私たちはすぐに賛同し、活動をはじめた。

「野宿の人と話をしてみませんか？」。子どもたちにむけたビラをつくり、学校や児童館、子どもの現場にかかわる大人たちにも働きかけた。「学校」の敷居はまだまだ高かったが、いじめ問題やチャイルドラインに取りくんできた都内の児童館職員や保護者たちの協力を得て、児童館に集う中高生たち、フリースクールに通う不登校の子どもたちが、「たまパト」や越冬の野宿者支援活動に参加してくれるようになった。

不登校の子どもたちは、とりわけ鋭く豊かな感受性をもっていた。野宿の人に出会って「かわいそう」「好きで野宿してるわけではないことがわかった」といった声があがることは多いが、彼らの感想はたんなる同情や表面的な理解にとどまらなかった。

不登校の十六歳のある少年は、「おじさんたちは、強い、かっこいいと思った」と語った。

それを聞いていた野宿の仲間が、「何がかっこいいもんか。ゴミ箱から残飯ひろって、炊き出しに並んでメシもらって、情けない、ちっともかっこよくないさ。おじさんみたいになっちゃだめだぞ」と、自嘲ぎみに笑った。

それでも少年は、「ううん、おじさんは、かっこいい」。「いったいどこが?」と聞くおじさんに、彼はきっぱりいった。「だって、こんなにたくさんの人が歩いている新宿の道のうえで、みんなに見られているのに、ダンボールだけでそこに座ってる。食べるためにご飯だって必死で探してる。ぼくだったら、こわくて、たえられなくて、そんなことできない。とっくにあのビルの屋上から飛びおりてる。きっと死んでる。おじさんたちは必死に生きてる。生きるために生きている。すごい、強い人だと思う」。

おじさんは、もう黙って、目をうるませていた。野宿の人の弱さではなく、弱さを受けいれ生きていく強さを、この子は一夜にして、見ぬいていた。

家がある自分もホームレス

修《しゅう》くん(仮名)も、そんな豊かな感性をもった少年だった。

ある土曜の冬の夜、十九歳の修くんは、フリースクールの仲間たちと、たまパトのボランティアにやってきた。凍てつく新宿の路上をまわりながら、野宿の人たちとじかにふれあい、心を通わせあった夜、彼はこう話してくれた。

「ぼくも、ホームレスのおじさんたちも、おんなじだなって思った」。

最初、私はその言葉の意味が、よくわからなかった。「え？　何が同じなの？」。

「おじさんたちには、屋根のあるうちがない。ダンボールや毛布だけ。ぼくには屋根のある大きな家があるけど、安心して眠れる家はない。心が帰れる居場所がない。……だから毎日、自分の部屋で布団に入るときも、明日、ぼくは生きてられるかなあって思いながら、眠れない夜を明かしている。おじさんたちも、この寒い空の下で、明日、自分は生きていられるんだろうかって、不安に思いながら、眠れない長い夜を過ごすんだと思う。だからぼくも、おじさんたちと同じ、ホームレスなんだと思う」

私は驚き、そのときはじめて、子どもたちも「ホーム」レスだったのだと、気づかされた。襲撃する少年たちも「心が帰れる居場所」をもてない子どもたちであったにちがいないと、修くんの言葉から教えられた。

そんな洞察を表現できる修くんに、さらに私は多くのことを学ばされた。

私が彼と出会ったその年(二〇〇〇年)、「十七歳」による少年事件が、あいついでいた。

「佐賀バスジャック殺傷事件」「岡山金属バット殺害事件」「豊川主婦刺殺事件」、いずれも十七歳少年による犯行で、彼らはその三年まえに起こった「神戸連続児童殺傷事件」の容疑者とされた少年〝酒鬼薔薇聖斗《サカキバラセイト》〟と同年齢であった。

マスコミでは「十七歳」をターゲットに、少年たちの「心の闇」をとりあげ、その「異常性」と「不可解さ」をしきりに強調した。でも私は、当の子どもたちの声をぬきにした評論家や識者の分析や解説に、ほとんど意味を見いだせなかった。修くんをはじめ、同時代を生きる同世代の十代、子どもたち自身の生の声を聴くことが、不可解さを理解し、闇の扉を開くための「鍵」だと信じ、十代への取材をつづけていた。

「事件を起こしてしまった子たちには、共感できるところもある。少しまえまでは、ぼくも、いつかほんとうに人を殺しちゃいそうな人間だったから」

そんなことを、柔和な顔だちに穏やかな声で語る修くんは、小学校・中学校でいじめられ、中学三年から不登校になり、十七歳までの約二年間、自分の部屋に「ひきこもる」生活をしていた。

「ひきこもりはじめたころは、すごい暴力家だった。親にもはじめて手を出したし、手あたりしだい殴って殴って。でもそのあと、罪悪感でいっぱいになって、自分で警察にいって〝ぼくを閉じこめてください〟ってお願いした。警察の人は、すぐに親に迎えにくるように連絡して、連れもどされた。でも家に帰っても居場所はないし、すごくつらかった」

姉が二人いる修くんは、両親にとって、やっと生まれた「待望の長男」だった。自営業を営む父親は、自分の跡とりとなる男らしい息子を期待した。母親も、いじめられては泣いて帰ってくる弱い息子を責め、父親は彼を殴りつけて学校へ行かせた。

けれど、修くんにとって学校は、どこまでも過酷な〝戦場〟だった。

「小学三年生のときからずっと〝死にたい〟と思ってた。みんな、いじめには凝《こ》っていた。ぼくたちの年代って、昔みたいに殴りあうケンカじゃない。心を思いきりずたずたにするような心理的ないやがらせなんだ」

たとえば、と、修くんは小学三年生のときの体験を話してくれた。仲間たちで集まり、遊びにおいでと、ある子を呼びだす。本人が来るまえに、みんなでその子の悪口をテープに吹きこみ、何も知らず喜んでやってきた子に、にやにや笑いながら、黙ってそのテープを流して聞かせる。

「その子が、つらくて、いたたまれなくなって泣きだして、帰っていくのを、またみんなで笑って楽しむ。うんと優しくしておいて、急に無視して裏切るとか。どうやったらいちばん傷つくか、相手の心理を読んで、ぼろぼろになるまで追いつめていくんだ。ぼくもやられたことがあるから、よくわかる。でも助けてあげることもできなくて、ぼくにできることは、玄関で泣きながら靴をはいているその子と、いっしょに靴をはいて、そこを出て帰っていくことだけ。何もいってあげられなかった」

いじめは、被害者を深く傷つけるだけでなく、その場にいて「傍観者」にしかなれない子どもたちをも傷つけ、深い罪悪感を抱かせる。しかしこれがほんとうに十歳の子どものやることなのかと、その陰湿さに、当時まさに小学三年生の息子をもつ母親だった私は、背筋が凍った。

べつのある少年は、「大人の世界で起こっていることは、とっくにぜんぶ、子どもの世界で起こっている」と私に語った。彼は高校時代、いじめる側にもいじめられる側にもならずに、クラスのなかで生き残るために、ナイフを持ち歩き、「だれかを刺すためじゃなくて、あいつはヤバイと周囲に思わせるために」わざとちらつかせ、自分の身を守っていた、と話してくれた。

大人社会の反映という以上に、むしろその毒やゆがみをより濃厚に「圧縮」した世界に、子どもたちは生きているのかもしれない。

修くんは中学生になると、さらに、身体的な暴力によるいじめも日常化していったという。

「そこはすごく荒れてる中学校で、目があっただけでも、授業中でも、いきなり殴りつけてくる。先生は見てても何もいわない。人間って、いつ凶器になるかわからないっていうこわさをいつも感じてた。それでも、がんばって学校に行ってた。でも、だんだん頭がくらくらしてきて、目のまえがいつもスモッグがかかったようになって、のどがからからに渇いて、すごく毎日疲れて、自分でも自分がわからない状態になってた」

そして中三の二学期を迎えたある日の下校途中、修くんは、何者かに腕を刺される傷害事件にあう。意識がもうろうとしていて「だれに刺されたかもわからなかった」という。ふらふらしながら自宅に帰りつき、二階の部屋にあがって気を失うまで、最後に彼がおぼえているのは〝塾へ行け〟と怒鳴る母親からいわれた言葉だった。「ホントにあんたって、昔から思ってたけど、サイテーでクズよ！」。

「それからはもう、意識がなくて、おぼえてないんです。姉がいうには、いきなり吐いて、呼吸困難を起こして、救急車で運ばれたんだよって。死ぬんじゃないかと思ったって」

翌日、気がついたときには、病院のベッドのうえ。しばらく記憶がもどらず、約一週間、言葉がしゃべれず、歩行困難になった。それから修くんは、二度と学校へは行かず、自室にひきこもるようになった。家のなかは暗く、不機嫌な両親と顔をあわすのがいやで、リビングにいるのもこわかった。

唯一、外へ出るのは、家から歩いて二分のレンタルビデオ店。映画ビデオを何本も借りてきては、映像の世界に逃げこむように没頭した。彼の豊かな語彙や表現力も、無数の映画から学び吸収したものなのかもしれない。

一人きりで部屋にこもっていた約二年間、彼はどんな気持ちでいたのだろう。

「ぼくがつらくて部屋で泣いていたとき、一度でも親が〝大丈夫？〟って、優しい言葉をかけてくれたことがあったかなあって思う。父も母も、泣いてるぼくを見ると、よけいイライラして怒る。そしてぼくをよくはいわない。いちばんつらいのは、自分で自分のよさがわからないこと、自分の存在理由がわからないってこと。ぼくはなんのために生まれてきたんだろう？　ぼくのいいところってどこ？　ってすごく不安で、それをいってくれる人をずっと求めていたんだと思う」

そういって、修くんは、「北村さん、中島みゆきの〝瞬きもせず〟って歌、知ってる？」と、その歌詞を、私のノートにさらさらっと書きだしてくれた。

〝君を映す鏡の中　君を誉める歌はなくても
僕は誉める　君の知らぬ君についていくつでも〟

毎日、鏡を見ても自分のいいところが見つけられない。そんな修くんは、ひとり部屋のなかでひざを抱えながら、この歌を何度もくり返し聴いては、自分を支えていたという。

不完全さを認めあうことから

ひきこもりから一年八か月、十七歳になった修くんは、自分から「居場所」を求めて、はじめて外へ一歩踏みだした。彼が最初にむかったのは、学校でも塾でもフリースクールでもなく、「日本に暮らす外国人」の集まるサークルの会合だった。

「姉が最初、情報雑誌で見つけて、行ってみたらって紹介してくれて。もう学校も友だちも信じられなかったけど、もう一回、人を好きになれるんだったら、なってみようと思って……」

ドキドキしながらたずねたそのサークルには、新宿の路上でアクセサリーを売るイラン人、東南アジアからの留学生や英会話講師のアメリカ人、大学教授のイギリス人もいれば、ホテルで働く韓国人やインド人、HIVポジティブの同性愛者や末期がん患者もいた。

さまざまな人種、職業、肌や目の色、言語も違う。でも異国の地に独りで暮らす彼らに、学校でも家庭でも「異邦人」のような孤独を感じていた修くんは、「同じにおい」を感じて、安心できたという。

「みんなそれぞれ、不安や孤独を抱えていたけど、そのぶん強くて、そして優しかった。イエス・ノーがはっきりしているけど、嘘やお世辞じゃなくて、ちゃんと相手のいいところを見つけようとしてくれるし、ぼくのこともほめてくれた」

英語をうまく話せなかった修くんは、一生懸命、相手の話を聴こうとし、彼らの痛みをわかちあおうとした。「修は人の話を聴くのが上手だね、すごいね、修がいてくれると雰囲気が優しい感じになるよって。みんな、ぼくを受けいれてくれて、ありのままのぼくでいいんだって、認めてくれた。そんな友だちがいっぱいできてうれしかった」。

抑えられていたエネルギーがあふれるように流れだし、生きる力を回復していった修くんは、さらに同世代の子どもたちが集まるフリースクールにも通いだすようになる。いじめやひきこもりの体験、「障害」や病気を抱えた子たちなど、悩みを語りあい共感しあえる仲間もできた。

そうして一年が過ぎたころ、ある日、新しくフリースクールに入ってきた女の子が一人、部屋のすみにうずくまり、ひざを抱えて泣いていた。そんな姿に、修くんは部屋にひきこもっていたときの自分の姿を思い出したという。「どうしたの?」、思わずその子のとなりにしゃがみこんでたずねた。女の子は顔を上げ、「もうダメ、私はいつもうまくいかないの!」と、興奮ぎみに泣きじゃくった。「うん、わかるよ。ぼくもそうだから」と応える修くんに、彼女はほっとしたのか、自分の悩みを語りだした。

長い時間、彼女の話を、ただひたすら聴きつづけた。そして、励ますつもりでもほめるつもりでもなく、ただ素直に自分が感心したことを彼女に伝えた。「きみ、すごいね。ぼくよりずっと年下なのに、そんなに自分のことがよくわかってるんだ、ほんとうにすごいね」。すると、ずっと泣いていた彼女が、ぱあっと明るい笑顔をみせてこういった。

「ありがとう。私、修くんみたいな人がいるから、生きていける」

うれしかった。

「ありがとう……。ぼくも、そういってくれる人がいるから、生きていける」

そんな言葉がふと口から出たとき、はじめて気づいた。「ぼくにもいいところがあるのかもしれない。だれかを元気にできるのかもしれない」と。

「そのときにぼく、はじめて、人のつながり、人の絆って、こういうことなのかなって思った。いま、ぼくがその子の痛みや苦しみがわかるのも、自分もそんな時期を体験してきたから。そう思うと、いままでつらかったこともぜんぶ、自分の歴史、自分の知識、自分の経験になってるからムダじゃなかったんだ、ぼくはいま、幸せなんだって思えた」

それを機に、彼ははじめて、自分の目標を見つけた。「ぼくは〝心の介護士〟になりたい。ぼくのような体験をしてきた人たちの力になりたい。そしていつか自分もフリースクールをひらきたい」。

通信制高校に入った彼は、介護福祉を学ぶ大学をめざし、夢にむかって歩きだした。

「このあいだ、二十歳になった誕生日を、フリースクールでみんなが祝ってくれて、すごくうれしかった。ほんとうにぼく、生きててよかったと思えたよ」

自分を殺すことも、他人を殺めることもなく、彼は過酷な〝いじめジゴク〟から生きのびるためにひきこもり、もっとも危うい時期をくぐりぬけ、いま、幸せだと、過去の自分をも受けいれ肯定できる地点にまで、たどりついた。

人との関係のなかで傷ついた心が、人とのつながりのなかでまた、癒され、回復していく。彼の命を守り、生きる力を蘇らせたのは、親でも先生でもクラスメートでも、なかった。疎外される不安と孤独を知る人たち、弱く小さくされ傷ついてきた人たち、その痛みをわかちあい、弱さを受けいれあう人とのつながりのなかで、彼は〝自分の存在の価値〟をとりもどし、〝自尊感情〟を回復することができた。

真の自尊感情（セルフ・エスティーム）とは、うぬぼれや高慢さを意味する〝尊大な自尊心〟とは違う。他者との比較・競争のなかで、だれかを「下に置く」ことで保たれる優越感でもない。たとえ勝てなくても、弱くても、だれがなんといおうと、自分はいまそのままで価値ある存在であり、この世に唯一無二のかけがえのない大切な命なのだと、認められること。そんな「ありのままの自分の価値」を知る命は、自分の上にも下にも人を置かない。自分より価値ある人もいなければ、自分より価値のない人もいない、だれもが等しく価値ある存在であることを、理解している。

自尊感情について、これまで多くの人が、長所を認める＝「ほめる」ことで育つと、提唱してきた。私もそう信じてきた。けれど、それだけで自尊感情は守り育てられない。長所を認め「ほめる」ことができる以上に、まず必要で大切なことは、短所や欠点もある自分を受けいれ「許す」ことだった。

光もあれば影もあり、成功するときも失敗するときもある、人はつねに「無常」であり、変化し、いつも完全な状態でありつづけられない。完璧な人は一人もいない。長所と同時に短所もあり、まちがうこともある「不完全な自分」を受けいれてはじめて、いま・ここの「あるがままの自分」をほんとうに認めることができる。否定的な自分をも嫌わず否定せず、許し受けいれられることそのものが「肯定的な力」となり、内在するエネルギーや長所をさらに引きだし、発揮させていけることを、私は十数年の子どもたち、親たちとのかかわりのなかで学び、気づかされた。

「ホーム」なき社会のなかで

修くんの長い物語を聴いたあと、私は彼に教えてほしいことがあった。

「いまの親たちに、願うことは何？　子どもにいちばんしてあげてほしいことは何？」。

彼は、迷わず答えてくれた。

「たとえいま、その子がどんな状態でも、どんな子でも、その子の可能性を信じてあげてほしい。そして安心して〝還れる場所〟を残してあげておいてほしい」

安心して還っていける場所。それこそを「ホーム」と呼ぶのだろう。

「Ｉ　ａｍ　ｈｏｍｅ」(ただいま)と、たどりつける家。たとえ外でどんなに傷ついても疲れても、そこにもどれば、ほっと安らげる家庭――マイ・ホーム。

そして、いじめられる不安もバカにされる恐怖もない教室――ホーム・ルーム。

自分を受けいれ、励まし支えてくれる心のふる里――ホーム・タウン。

子どもたちはいま、そんな「ホーム」を、どれほど渇望し、「たとえどんな状態でも」自分を信じ認めてくれる人とのつながりを、どれだけ欲していることだろう。

私は、不登校をはじめ、さまざまな悩みを抱える子どもたちとかかわるたびに、何度もこの修くんの言葉を思い出した。

どの子も、いちばん求め願っていたものは、傷つき、弱っている自分を、否定することなく、ただ受けとめてくれる存在だった。もうこれ以上、「がんばれ」と追いつめないでほしい、「なんでできないんだ」と責めないでほしい、期待に応えられる「いい子」を求めないでほしい、と。

いまそのままの自分を受けとめられ、安心して、居場所(ホーム)を得られた子どもたちはかならず、生きる力を回復していく。逆に、いつまでも「こうあってほしい」と期待をかけられ、そうなれない自分を許せない自己否定感のなかでは、子どもたちの心はさらに傷つき、追いつめられ、内向していく。

厳罰化を求め、寛容さを排除する〝ゼロ・トレランス〟などといった「対策」で、子どもたちの暴力をほんとうに防ぐことも改善することもできない。自尊感情は育つどころか、自他への許容量も共感性もより奪われ、ますます子どもたちの世界は荒んでいく。

一方、子どもをほめて育てよと奨励されるなか、親たち・大人たちがほめるつもりでかけている常套句は、「いい子ね」「上手にできたね」「よくがんばった」。母親たちへのアンケートでも、いつもこの三つが、もっとも多く子どもにかけているほめ言葉としてあげられる。しかし、安易で表面的な決まり文句を連発していれば、「心がすくすく育つ」わけでもない。いい子とはつまり、大人にとってコントロールしやすい「都合のいい子」でもある。さらに、まちがえないで「上手にできる」こと、期待に応えて「がんばり」成果を上げることに価値を求め、優秀さや完璧さをつねに高く評価する価値観のなかで、子どもたちは、うまくやれない自分やがんばれない自分、期待に応えられない自分を、許せず、否定し、失敗を怖れ、意欲や自信をなくしていく。

そして、そのがんばれない、うまくやれない、許されない存在の、最大「最低」の象徴として、「ホームレス」の人びとの姿を嫌悪し、憎悪する。

「ホームレス」の人たちの背景を知り、野宿者を生みだす社会構造を学習し、知識のうえで理解するだけでは、その「許せない」感情を消し去ることも、憎悪をとかすこともできない。「ホームレス」の人びとを忌み嫌う、この社会の競争原理の絶対的な価値観を、根本から見直し、負けることやつまずくことを「許しあえる」価値観へと変容していかないかぎり、「ホームレス襲撃」も「弱者いじめ」もなくならない。

人は、「ホームレス」として生まれない。この言葉は、ほんらい「人」を指ししめすものではなく、「状態」を表すものである。私にも、あなたにも、だれにでも起こりうる状況であり、同時に、またいつか変化し、解消していくこともできる状態である。

そんな不完全な命の、完璧でないその状態を、どれだけ受容し、その回復のために手伝いあい、支えあっていけるのか。「たとえどんな状態でも」その命の力を信じ、見守り、たがいの弱さを助けあって生きていける――そんな「ホーム」ある社会を私たちが実現できるとき、子どもたちもまた、自分を信じ、肯定し、自尊感情をとりもどして生きていける。

「ホームレス襲撃問題」の克服は、そのまま、子どもたちが、自分も他者も否定しない、攻撃しない、「いじめ問題」の解消に、かならずつながる。

野宿の人びとと子どもたち、どちらか一方の平和はない。両者はともに幸せになる。

「ホーム」なき寄るべない社会のなかで、その生き難さがもっとも凝縮された世界に生きる彼らは、分かちがたくつながりあう、同じ「仲間」なのだから。

いま、私たちにできること

「ホームレス問題の授業づくり全国ネット」発足

野宿者と子どもたち、そのもっとも不幸な出会いが「襲撃」であるなら、両者が「人と人」としてふれあい、「仲間」としてつながりあっていけるための、もっと幸福な出会いを、いまのこの社会に生みだしていきたい。十数年の旅の果て、追い求めつづけたその願いのなかで、二〇〇八年春、私は有志の仲間たちと「ホームレス問題の授業づくり全国ネット」を立ちあげた。

「ホームレス問題の授業づくり全国ネット」参加へのお願い

わたしたち「ホームレス問題の授業づくり全国ネット」呼びかけ人は、これまで野宿者問題にかかわりながら、支援者、ジャーナリスト、学校教員など、それぞれの立場から、学校での「ホームレス問題の授業」に取りくんできた有志の集まりです。

このたび、「ホームレス問題の授業づくり全国ネット」を立ち上げるにあたって、広く、全国の皆さんのご参加を呼びかけます。

呼びかけ文

いま、日本各地で、子ども・若者たちによる野宿者への襲撃事件が起こっています。投石、エアガン・花火を打ちこむ、消火器を噴霧して投げこむ、ガソリンをかけて火を放つ、殴る・蹴るなどの暴行が、日常的に頻発しているのです。

05年には、姫路市の中高生ら少年4人が、野宿者に火炎瓶を投げこんで焼死させるなど、被害者が「死」に至る事件も後をたちません。

襲撃した少年たちは、「ホームレスは臭くて汚くて社会の役にたたない存在」「ゴミを掃除しただけ、大人は叱らないと思った」などと語っています。そこには、大人・社会の野宿者・貧困者への差別意識が、あからさまに反映されています。

そして、子どもたちの襲撃には、「いじめ」問題との強い共通性があります。多くの子どもたちが、学校、家庭、社会から「ありのままの自分」を認められず、仲間に対しても「過剰な同調」と「競争意識」を強いられ、そのストレスから「自分より弱い他者を攻撃すること」で、自分の存在・価値を実感しようとしています。子どもたちの「ホームレスいじめ」も、まさに同じ背景・構造にあり、加害者自身が「自分を尊重され、他者を尊重できる」という、基本的な関係性が築けず、心理的に抑圧されています。「ホーム・レス」を、安心できる「家や居場所がない状態」と捉えるなら、彼らもまた「心のホームレス」「関係のホームレス」であるといえるでしょう。

また、多くの若者たちが、学校を出ても「働いても満足な収入が得られない」(ワーキングプア)、「働いても使い捨てられる」(フリーター)、「社会に出て働く意味が感じられない」(ひきこもり)という問題に直面しています。「ネットカフェ難民」といわれる若年層の「ホームレス」化とともに、野宿者と若者たちの抱える貧困・労働問題は、もはや切りはなせない地続きのものとなっています。

わたしたちは、「襲撃・いじめ」といった若者たちと野宿者の「最悪の出会い」を、希望ある「人と人としての出会い」へと転換していくために、襲撃問題を解決するための取りくみや、学校での「ホームレス問題の授業」をおこなってきました。

しかし「ホームレス問題の授業」の実践は、日本では、まだごく一部です。子どもたちが加害者となる残酷な襲撃・殺害事件が頻発しているなか、教育現場の対応は、信じられないほど遅れています。

襲撃問題の解決のために、そして野宿者をはじめ、子どもや若者たちが、安心して生きていける社会の実現のために、「ホームレス問題」への理解と共感、あらゆる命・人権を尊重するための「授業の実践」を、至急、教育現場で展開していくことが必要です。

わたしたちは、こうした問題に関心をもつ全国のみなさんと、授業の実践、情報交換、教材の開発、そして文部科学省・各地の教育委員会へ「学校でホームレス問題の授業をおこなうこと」を求めていくために、つながり、力を合わせていきたいと願っています。ぜひ仲間に加わっていただけますよう、多くの方のご参加を呼びかけます。

「ホームレス問題の授業づくり全国ネット」

呼びかけ人

生田武志（野宿者ネットワーク）
北村年子（フリージャーナリスト）
清野賢司（東京都教員&NPO法人TENOHASI事務局長）
飯田基晴（ドキュメンタリー映画監督）

＊「ホームレス問題の授業づくり全国ネット」メーリングリストの開設を予定しています。
ご参加・ご登録希望は、氏名・所属等を明記のうえ、こちらのアドレスまで。cex38710@syd.odn.ne.jp（生田）

二〇〇八年三月二十九日。東京・千代田区の中学校を会場に開催された「反貧困フェスタ」で、はじめて私たちは「ホームレス問題の授業づくり全国ネット」の呼びかけビラを配り、活動をはじめた。

「ホームレス問題の授業」実現のための全国的なネットワークをつくろうという提案に、二つ返事で「やりましょう」と応えてくれた生田武志さんは、八九年にはじめて釜ヶ崎で出会って以来の同志だった。釜ヶ崎で野宿者支援活動をつづけていた彼もまた、九五年の道頓堀事件に衝撃を受け、襲撃問題の解消にむけて、各地の学校で「野宿問題の授業」に精力的に取りくんできた。〇五年、生田さんから届いた初の著書『〈野宿者襲撃〉論』（人文書院）には、まさにその「困難なテーマ」に真摯にむきあいつづけてきた彼の軌跡がまとめられていた。

清野賢司さんは、都内の公立中学校で社会科教諭をしていた〇二年、前任校の近くで起こった東村山市の中学生による襲撃事件に大きなショックを受け、「ホームレス問題を教材化する必要」を痛切に感じていたという。そんななかで〇四年、飯田基晴さんが撮りつづけてきた新宿の野宿者のドキュメンタリー映画「あしがらさん」に出会い、触発され、さっそく「ホームレス問題の授業」を計画する。中学二年生全員を対象に、①映画「あしがらさん」の上映と飯田監督との質疑応答(二時間)、②野宿者襲撃事件の新聞記事を読んで考えあう(一時間)、③野宿生活体験者と支援者を招いての質疑応答(二時間)、といった連続三回(計五時間)の授業を実現させた。

その授業でゲスト講師に招いた野宿者支援団体TENOHASI《てのはし》の当事者らとの出会いから、清野さん自身も炊き出しや夜まわりの支援活動に参加するようになり、いつのまにか、TENOHASI事務局長になっていた。

飯田基晴さんもまた、はじめての監督作品「あしがらさん」が各地で好評を得るなか、こうした学校での上映会や授業や講演に招かれ、子どもたちにホームレス問題を伝えるようになっていた。

それぞれが歩んできた道のりが一点に集結するように、「襲撃をなくしたい」という強い願いのなかで、「ホームレス問題の授業づくり全国ネット」は生まれた。

やがて、開設したメーリングリストには、予想を上回る多くの人たちから参加申し込みがあった。野宿問題の支援者、教師、教育・福祉関係者、学生、ジャーナリストのほか、子どもや女性、LGBT(性的少数者)、さまざまな人権問題にかかわる人たちが、賛同してくれた(〇九年三月末現在・参加者二百五十四人)。北海道から沖縄まで、「ホームレス問題と子どもたち」に関心をよせるさまざまな立場の人びとと意見・情報をかわしながら、これまで知らなかった各地の取りくみ、個々の教員たちの実践例も知ることができて、勇気づけられた。

そして、意見や情報の交換だけでなく、実際にどのような授業をしているのか、これからどんな「授業づくり」を実現していけるのか。まずは私たちそれぞれが実践してきた授業内容を紹介し、参加者に〝生徒役〟になって体験してもらおうと、〇八年秋、第一回「総会」と「ホームレス問題の授業づくりセミナー」を開催することになった。

ワークショップ形式の授業

東京・豊島区立生活産業プラザの多目的ホール。

壇上には、TENOHASIの野宿の当事者らが四人、ゲスト講師として並び、四十数名の〝生徒〟たちをまえに座っている。

会場から遠慮がちに、一人の女性から質問の声があがる。

「ホームレスの方に何かできることはないかなっていつも思いながら、ただ、何かものをあげるのは失礼じゃないかと考えてしまうんですけど……あの……もらっていちばんうれしいものは何ですか？」

野宿生活歴七年、六十七歳のユウさんが、にこやかに応える。

「おれがもらっていちばんうれしいのは、野菜だねぇ」

「えー？」、意外な返答に、会場からどっと笑いが起こる。

「みんな健康状態よくないでしょう？　だから野菜とか、いちばん不足してるものをもらいたいねぇ。で、ハッキリいって、渡さんでほしいのは、酒類だね」

ふむふむと感心するようにうなずく人、目を見開いて聴いている子どもたち。

そんな光景を眺めながら、野宿の仲間たちの独演会に笑わされては目尻がにじむ。この日をどれだけ待ち望んだことだろう。

二〇〇八年十一月二十四日、「ホームレス問題の授業づくりセミナー」の授業の一コマだった。

その日、セミナー開催に先立ち、私たちは初の「総会」を開き、定款などを審議した。生田武志さんと私が共同代表となり、あらためて出席者一同の拍手をもって「ホームレス問題の授業づくり全国ネット」は承認された。

そして、いよいよ迎えるはじめてのセミナーである。この日のために、四か月まえから、メーリングリストなどで実行委員を募り、集まった有志のスタッフらと、企画・準備を進めてきた。

講師を担当するのは、関西から駆けつけた公立中学校教員の中江淳子さん、生田武志さん、そして私と、清野賢司さん率いるTENOHASIチームで、最大の〝目玉講師〟は野宿の当事者ら四名だった。

参加者は、ワークショップ形式で定員四十名の枠に多数の応募があり、小中学生の子どもから大学生、教員、大学講師、専門学校講師、野宿問題の支援者、子どもNPO関係者、主婦など。親子での参加や、他府県の遠方から来てくれた人たち、さらに〝生徒〟役に入りきれなかった参観者など、総勢七十数名が参加した。

まずは一人目の講師、中江淳子さんのワークショップからスタートする。

アイスブレイク『数字を足したら100になる』で、三人一組のグループに分かれたあと、『クイズ・どうして生活しているの?』。まずは野宿生活者の暮らしを学ぶ。

「さて、野宿で生活している人は、どうやって食べているのでしょう?」。講師からの質問に、グループごとに話しあい書きだしたあと、全体で発表する。今回のセミナーの〝生徒〟たちは、ホームレス問題に関心のある大人や支援者が多いせいか、通常の中高生との授業の場合より、かなり状況にくわしい。

「空き缶あつめ」「炊き出し」「コンビニで賞味期限切れのお弁当などをもらう」「ビッグイシュー*の販売」「雑誌・ダンボールあつめ」「日雇い仕事」「残飯あつめ」「もらいもの」など。なかには「畑をつくっている」「釣り!」といったユニークな答えも飛びだす。(*ホームレスの人を販売者とする、仕事と自立を応援する雑誌。一冊の定価三百円のうち、百六十円が販売者の収入になる)

「では、いま聞いたことが事実か、当事者のゲスト講師に聞いてみましょう」

登場するのは、東京・池袋で野宿生活している田屋さん(六十歳)、Nさん(五十八歳)と、元・野宿生活者で現在は生活保護を受けてアパート暮らしの松下さん(七十二歳)、寮生活のユウさん(六十七歳)の四人。

「コンビニの弁当は、昔は出してもらえたんですけど、いまは衛生上の問題とかできびしくなって、あんまり出してもらえないんですね。店長をよく知っていると出してもらえるんですけどね」と松下さん。

「釣りは?」と聞かれて、「釣りしても、池袋では食べられる魚が泳いでないから……ありません」とユウさん。会場は爆笑。

「それでは、このポリ袋いっぱいの空き缶、これでいくらになるでしょう?」。ガラガラとアルミ缶の入ったポリ袋を掲げて、中江さんがたずねる。前日の夜、田屋さんが一晩かけて集めてくれたアルミ缶だった。

「この位置を一円として、最高額までぐるっと円になって、みなさん並んでみてください」。講師の誘導に、生徒たちはがやがやと椅子から立ちあがり、「百円？」「三百円ぐらいかな」「六百円はほしい！」と口ぐちにいいあいながら、円になって並ぶ。予想は、最低三十円から最高千二百円。

「では、これを実際に集めた方に聞いてみましょう」

田屋さんが、ポリ袋を手に持ち、上下に軽く振って重さをはかる。「うーん、これじゃ少ないなあ……三

第1回「ホームレス問題の授業づくりセミナー」プログラム

9：30〜10：30　総会
10：50〜16：40　授業づくりセミナー

■数字を足したら100になる（アイスブレイク）

■クイズ・どうして生活しているの？
① 考えてみよう——「カマやん」4コマ漫画から
② How Much?——ラインクイズ

■なぜ野宿になるの？——社会の構造を知ろう

■私たちのくらしと“ホームレス”
① 何か変だな（フォトランゲージ）
② シェルター建設をめぐって（ロールプレイ）

■当事者に聞いてみよう（インタビュー）

■「ホームレス」襲撃事件はなぜ起こるのか？
① 野宿者を襲う子どもたち
② なぜ？…野宿者襲撃・いじめ（ウェビング）

■わたしにぼくにできること（ふり返り）

百円ぐらいだね」。やったー！　と、予想的中した生徒たちから歓声があがる。もう一人の当事者・Nさんも、手に持って「まあ、三百五十円ぐらいだな……。でも、ちょっとまえまでなら六百円ぐらいだった」。昨年の夏ごろまでは一キロ百五十～百六十円だったというが、金融不況の影響でアルミ缶の買取価格もどんどん下落し、五十～七十円にまで値下がりしていた。「いまだと六十円くらいだね」。米国に端を発する世界不況の波は、その末端の「路上」の暮らしをまさに直撃している。

さらに、このアルミ缶を集めるのに、どれぐらいの時間・労力がかかるのか。「だいたい六時間かけて歩いて、ポリ袋二つ、がんばって満タンにしても十四キロぐらいだね」と田屋さん。夜中に集めて、昼に業者に売りにいく。公園などで日中、寝ている野宿者を見て「なまけている」と思う子どもたちは、夜中に働いている野宿者の姿を知らない。でもその報酬も、空き缶一キロ六十円とすれば、一日十四キロで八百四十円。時給にしたらわずか百四十円である。しかも毎日回収できるわけではない。いかに過酷な状況で野宿者たちが食べて働いて生きているか、生徒たちにも「現実」が伝わる。

こうしたポリ袋いっぱいのアルミ缶の写真や資料を、私たち講師が子どもたちに見せて説明し、授業をすることもできる。けれど、それを生活の糧として実際に集めた人が、目のまえに立ち、その声で語り、見せてくれる「リアル」な現実だからこそ、それはたんなる〝教材〟以上の重さをもって、生徒たちの胸に迫る。

自分史を語る当事者たち

清野さんの授業『当事者に聞いてみよう』では、さらにその〝本物の力〟を再確認させられた。

「私の授業のテーマは〝出会い〟です」という清野さんを進行役に、四人の当事者それぞれが、野宿生活にいたった経緯や現状などを、生徒たちに語って聞かせてくれた。

まずは、背広姿に紺と赤の縞のネクタイをきりっと締めた松下さん（七十二歳）。松下さんとは、私も十年来のつきあいになる。都内のある大学の講義で、私がはじめて野宿の当事者三名をゲスト講師に招く授業を計画したとき、まっさきに「いいよ」と快くひきうけてくれたのが松下さんだった。

「私は静岡の生まれで、昔は、床屋やってました。そのあと三十八歳で、一八〇度かわって土方やるようになって、六十一歳まで土方やってました。でも、六十過ぎたらゼネコンでは使わない。それで仕事もなくなってホームレスになって。新宿や池袋で野宿しながら、六十五歳まで日雇いやってました。一日やって七千五百円で、週に三日あればいいとこ。それもだんだんへって、どうにもならなくなって……。新宿で出会ったこちらの飯田監督にも、障害者の方のヘルパーの仕事を紹介してもらったりもしていました。……みんな仕事したいんですよ。でも仕事がないんです。私は、ずいぶん亡くなった人も見てきました。おなかがすいて、目のまえでぶったおれた人もいる。年寄りで一人っきりでさみしく死んでいく人もいる。そういうのを見ていると、やっぱり助けなきゃって思って、いまは、池袋のＴＥＮＯＨＡＳＩでボランティアやったりしています」

かつて理容学校の講師をしていたこともある松下さんは、いつも身なりを整え、背広で決めていて、「ネクタイ姿のホームレス」とマスコミで紹介されることもあった。新宿中央公園の野宿者コミュニティ〝チロリン村〟にいたときも、池袋の公園で小屋をつくって生活していたときも、つねにほかの野宿者への支援活動にたずさわり、炊き出しや夜まわり、青空床屋のボランティア活動に精を出してきた。

そんな松下さんの歴史を、私はあらためて聴くことになった。

故郷の中学を卒業後、理容師の免許をとって二十一歳で床屋を開業。お客さんの一人で、社長令嬢だったという十九歳の女性と大恋愛のすえに、二十五歳で結婚。床屋は繁盛し、支店も出し、従業員も雇い、三十歳で待望の子どもも生まれ、順風満帆だった。

けれどその後、松下さんの人生が急転していった背景には、不運な出来事がいくえにもかさなっていた。

三十八歳のとき、東京の理容学校に講師として雇われ、静岡から単身赴任した。講師業にもなれ、新居を用意し、あとは妻子を呼びよせるだけというときになって突然、愛妻が三十三歳の若さで急逝する。「そこから人生が狂っちゃった」と松下さんはいう。傷心のまま故郷へもどり、ふたたび床屋をやるが、ある日、交通事故にあい、足に全治六か月の大けがをしてしまう。約一年間リハビリをして、やっと杖なしで歩けるようになったものの、立ち仕事の理容師はつづけられなくなった。

その後、床屋は甥《おい》にまかせ、妻の実家にひとり息子をあずけ、熱海の温泉街などで住みこみで働きながら、職を転々とする。さらに仕事を求めて上京するが、職は見つからず、行くあてはなかった。横浜の関内で途方に暮れていたとき、手配師に声をかけられ、はじめて建設工事現場の日雇い仕事に就いた。以後、六十代まで日雇い仕事をつづけ、六十五歳から生活保護を受けて、いまは埼玉のアパートで一人暮らしをしている。

「路上にいたとき、自分の支えになったことってなんですか？」と、会場から質問があった。

「仲間の信頼、そして、助けあいですね。いまでも私、自分の昔のこと思い出すと、ほうっておけなくて……。このあいだもね、池袋の駅にいるホームレスのおばさんが、私の顔見て、〝おなかすいたー、もう三日も食べてないー〝なんていうんで、私、二千円か三千円渡して〝これで大丈夫だよー〟って。そういうことが多々ありますね。ぜんぜん知らない方だったけど。自分もそういうことあったから、人に捧げるってことをしています」

人から助けられ生きてこれたからこそ、人を助け生かしたい。そんな松下さんのような野宿の仲間は少なくない。

松下さんからマイクを渡されたのは、赤いバンダナを首に巻いたユウさん(六十七歳)。ひょうひょうと明るい調子で話しだす。

「みなさん、びっくりするかもしれませんが、じつは私、若いころは公務員でした。郵便局で、郵便配達やってました」。へえーっと、驚きの声がもれ、清野さんも「そうだったんだ？」とはじめて知る。

「当時、給料すごく安くてね。まあ、いわゆる〝若気の至り〟ってやつで辞めちゃったんだけど……。そのままやってたら、いま、こんな生活してないと思います！」

にこやかに語り、場を和ませてくれるユウさんは、天性のムードメーカーだ。

「で、東京出てきて、いろんな仕事を転々としながら、最後にたどりついたのは、コンクリート打ちでしたね。交番から、放送局から、鉄道から、みなさん行くようなとこ、ほとんど、コンクリート打ちました」

しかしその仕事も、リストラにあって失業。同時に住む家もなくし、「ホームレスになりました」。野宿の仲間から教えてもらった古雑誌集めなどの仕事をしながら、長く池袋で野宿生活をしていた。

「じつはすぐそこ、この産業プラザのまえの駐車場のなかで、ダンボール敷いて寝てました。毎朝、時間になるとちゃんとかたづけていくもんで、警備員さんも〃いつもきれいにして、よくやってくれてるし、大目に見てやるから、火事にならないようにだけ気をつけてくれればいいよ〃って、いってくれてね。追いだされることもなく、なんと六年間もそこにいました」と笑う。

一昨年、生活保護が認められ、現在は埼玉の寮で暮らしている。いまなによりの楽しみは、趣味の山歩きと写真撮影、そしてTENOHASIが主催する月に一度のお茶会「池袋ほっと友の会」で、かつての野宿者仲間と集まり「ほっとすること」だという。むしろ居宅になってから人とのつながりが断たれ、孤立してしまう元野宿者も多いなか、ユウさんは積極的にこうした活動の世話役もしている。

野宿生活をしていたとき、襲撃などの暴行にあったことはないというが、「ある日、子どもを連れた母親がまえを通っていくときに、〃なまけているとああなるのよ〃って子どもにいうのを聞いてね。そんときは、さすがに腹がたって追いかけてって、〃親がそんなふうに教えるから子どもがまちがうんだ、あやまれ！〃って、叱りつけたことがあるよ。親の責任だよ」。朗らかなユウさんが、一度だけ、憤りをこめてそんな体験を語った。

路上での苦労と家族への思いと

元「ホームレス」だった二人につづいて、現役の野宿生活者、Nさんと田屋さんは、同じ空き缶回収業で生計をたてている仲間だった。

セミナー開始まえ、田屋さんは空き缶だけ会場に運んで「じゃ、オレ、帰って寝るから」ともどろうとしていたところ、「田屋さんもゲストで出演してよ」と頼む私や仲間たちに請われ、「そ、そうか？」と眠そうな目をこすりながら、急きょ、飛び入り参加してくれることになった。

こういう場に出て話すのははじめての田屋さん同様、口下手なNさんも最初は緊張ぎみだったが、落ちついたベテランの松下さん、ひょうきんなユウさん、進行役の清野さんの適切なフォローに助けられ、しだいにリラックスしながらインタビューは進んだ。

「みなさん、病気になったときはどのようにしておられるのですか？」と、会場から中学生の女の子が質問した。Nさんがマイクを手に、ぽつぽつと語る。「路上にいて、それがいちばんきついですよね。私は三か月くらい入院したかな。あと、腕にひびが入っちゃってるし。まえに福祉の人ともめちゃって蹴られちゃったりしたもんだから……」。「そういうときの病院の費用とかは？」と清野さん。「そのときは、役所がとりあえず払ってくれた……」。「Nさんの場合、病気になったら、豊島区の生活保護費用で入院するということになりますね」と、清野さんが補足説明する。

「生きがいとか、趣味はありますか？」と聞かれ、即座に「映画だね！」と答える田屋さん。空き缶で苦労して得た貴重な収入の大半を、食費よりも映画館のチケット代に注ぎこむ。「今年は七十本見ようって目標たててます。ほとんど洋画。自分は淀川長治先生を尊敬してますから」。「ちなみに、ポニョ（「崖の上のポニョ」）は何回観ましたか？」と聞く清野さんに、「ロードショーで四回！」。おおー、と会場がどよめく。

何年も池袋の支援現場でともに活動をつづけてきた清野さんと野宿の仲間たちとの絶妙なコンビネーション、信頼感あるチームワーク。今日出会ったばかりの関係では、こうはいかないだろう。でも、長いつきあいだからこそ、あえて立ち入ってこなかったそれぞれの歴史やプライバシーもある。

あらかじめ用意された質問とは違い、授業のなかでの生徒とのナマのやりとりでは、どんな話が飛びだすかわからない。事前のうちあわせで、「答えたくない質問には無理に話さなくていいから、パスしてくださいね」と清野さんも伝えてはいた。けれど、当事者たちは、予想以上に多くを、率直に語ってくれた。

後半、会場から「家族への思い、親だったり、子どもへの思いだったり、どういうのがあったんですか?」と質問があった。「とてもシビアな質問ですが……」といいながら、清野さんが当事者の反応をうかがう。

すっと松下さんがマイクを取って、口を開いた。

「私の場合、女房が三十三歳で亡くなってるんです。ひとり息子が生まれてまもなく……。ずいぶんまえだから忘れたっていうとおかしいけどね、三十三で亡くなったというのは、ほんとうにショックでしたね。東京出てきてからは、もうずっと一人暮らしで、息子とも会ってないけど。いま、息子は愛知県で教師やってます。だからもう安心なんだけどね。私も最初、東京出てきたのは、理容学校の教師だったから。そこで七年間、私も教師やりましたからね……」

十年近くまえ、私は松下さんに、床屋をやめたのはどうしてなのか、たずねたことがあった。「女房が死んでから、さみしくてね、なにもやる気をなくしてしまってね……」と、つぶやいた。哀切な声に、私はそれ以上は問えなかった。松下さんにとってそれがどれほどつらく重い出来事だったか、けっして「忘れた」わけではなく、忘れたくても忘れられない記憶なのだろうと想う。けれどこの日、松下さんの声は、以前よりも凛《りん》としていた。ひとり息子が教師をしていること、自分もかつて教師をしていたことを、みんなのまえで語る姿は、どこか誇らしげにも見えた。こうした授業の「講師」を、いつも松下さんが快くひきうけてくれるわけが、少しわかったような気がした。

つづけて、ユウさんがマイクを持った。

「正直に申しあげますけど、身内にはこんなこと、恥ずかしくてホントはいえないんだよね。ホームレスになったなんて。だから、ずっと連絡も断ってます。どうせ死んだら警察から連絡くるだろうと、そんなぐらいにしか思ってないだろうから。親父もお袋も、両親はもう死んじゃっていないからね。あと、下に妹がいるんだけど、いまは住所変わっちゃって、年賀状も届かなくなってね。まえはもらってたんだけど、いまは受けとれなくなっちゃって……」

そんな話を、やはり笑顔で話すユウさんを、会場全体が、しんと水を打ったように聴きいっている。なかでも、TENOHASIの炊き出しに毎週のように参加している中一のタケハルくん、小五のアリちゃん兄妹は、いつも自分をわが子・わが孫のようにかわいがってくれるおじさんたちが、みんなのまえで注目を集めて語る姿を、目を輝かせ食いいるように見つめている。

つぎに話をしてくれたのは、タケハルくんたち兄妹がとりわけ慕っている「タヤじい」である。

「自分はいま、池袋にいてますけど……、じつはうちの実家のほうから、捜索願いが二十年も出てたんですね。二十年も探してくれてたなんて、自分でも、信じられなかったです。ほんと、やっぱり、身内っていうのはあったかいなあーって、思ったんですよね。最初は他人かなーって思ってたけど。ああ、やっぱり心配してくれてるんだなあーって。たまたま、べつの用事で警察いったときに、捜索願いが出てますよっていわれて、わかったんですけどね……」。そんな田屋さんの話を、しんみり聴いていると、「おかげで、池袋警察でえらい説教されちゃって、四時間、説教ですよ！」。

どっとまた笑顔があふれる。泣き笑いの会場だった。

「と、オチがついたところで、もう、時間いっぱいです。みなさん、どうもありがとうございました」。清野さんがいったん締めたあと、最後に自分の思いを語った。

「じつは、私も、ヒヤヒヤしながら、やっていました……。今日、語ってくれた当事者の方々は、野宿者、またはその経験者として来てくださっているわけです。もしみなさんが、自分が野宿生活していて、学校へ行って生徒のまえで話しなさいといわれたら、どうでしょうか。親や親戚にも見られたくない、知られたくないのに、どうして、中学生のまえに自分をさらさなくてはいけないのか。それだけ大変な、勇気のいることなんですね。今日のみなさんは、すごくあったかい雰囲気で聞いてくれましたけど、でも場合によっては、教室のなかで、もしかすると、どんな冷たい質問が出るか、あるいはどんな差別的な笑いや暴言が突然起こるか、わからない。そのときに、教師がどんな反応をするか、子どもたちはそんな教師の姿をどう受けとめるか。自分の態度によっては、子どもたちの偏見や差別を助長することにもなりかねない。そういったおそろしさもあります。だから、ただゲスト講師を呼んでぜんぶ丸投げでいいっていうことではなく、いちばんいいのは、やっぱり子どもたちをよく知っている教師自身が、こうした野宿の現場のことも知って、自分の思いをもって、当事者とも話しあい、プログラムを考え、いっしょに授業をつくっていく。それが大事だと私は思います」

現役教師の清野さんからの、実感をこめた感想だった。

カフカの階段

昼食の休憩時間をはさんで、セミナー・午後の部の冒頭では、生田武志さんによる講義『なぜ野宿になるの？――社会の構造を知ろう』で、野宿生活にいたる社会背景が説明された。

生田さんが「カフカの階段」と名づけた教材を使って、人がホームレス状況になっていくプロセスを、「階段」を一段ずつ転げ落ちていく人（ありむら潜さんの漫画「カマやん」）のイラスト図を示しながら、解説する。

階段の最上階「仕事をして家がある状態」から、最下段の「野宿の状態」になるまでに、「その階段では何が起こっているのでしょうか？」

実際の授業のなかでは、生徒たちが自分で考えつくかぎりの要因を出しあうことになる。失業、労災、事故、病気、高齢化、離婚、虐待、ローン破綻、借金など……。就労問題や経済的な貧困だけでなく、家族や友人との関係の悪化、孤立化など、人は「関係性の貧困」のなかで、野宿生活へといたる。が、野宿におちいるまでは、じょじょに落ちていく「段々」だが、いったん野宿になった人が、ふたたび上の階段へ復帰しようとするときには、もはや段々ではなく、ドンと一段の高く険しい「壁」となっている。

それは「全力を尽くしても登りきれない階段であり、それを乗り越えることはもちろん、そもそもそれに取っつくことさえ不可能なのです」というフランツ・カフカの言葉を引用し、野宿者問題は、けっしてたんなる「自己責任」ではなく、この社会の仕組みがつくりだしている「社会問題」なのだということを、生徒たちに伝える。そして、その高い「壁」に段差をつくり、また一段ずつ登っていくことができるように手伝うことが、自分たちにできる「支援活動」であったり、行政の「福祉」「社会制度」などセーフティネットの整備・拡充ではないかと。

しかし、野宿から脱出し、仕事を得て、また階段の上まで登りつめたとして、「そこではどのようなことが起こっているのかな？」と、さらに生田さんは問いかける。生徒たちは一瞬、きょとんとする。

「ここでは〝イス取りゲーム〟をやっているんですね」

イスは〝仕事〟を表している。かぎられた数しかない仕事にたいして、それを上回る数の人たちが、イスを獲得するためにせめぎあう「競争社会」が、階段の上には依然として存在している。せっかく苦労して復帰しても、だれかがイスを取れば、べつのだれかがまたイスを失い、失業することにもなる。「その問題を解決するためには、どうすればいいか。イスをふやす、あるいは、イスを分けあう、しか方法はありません」。そこでイス(仕事)をふやすための方法として、行政の「公的就労」や民間企業の「社会的起業」、イス(仕事)を分けあうための「ワークシェアリング」の働き方など、国内外の事例をあげて紹介する。

〝心の声〟に気づく

セミナーの後半、いよいよテーマの核心となる「襲撃問題」に入る。

『「ホームレス」襲撃事件はなぜ起こるのか?』

まず、野宿者襲撃問題の現状・背景について、生田さんから、支援現場での実感をとおした報告、襲撃事件のニュース番組の映像なども使って概要を講義をしてもらう。そのあと、私はさらに「野宿者を襲う子どもたち」の具体的な状況や心理に焦点をあてる授業を担当した。

なぜ、子どもたちは野宿者を襲うのか。野宿者襲撃は、弱い立場にある人を集団で攻撃し、痛めつける「路上のいじめ」にほかならない。では加害者となる子どもたちは、なぜ、どんなときに、いじめたくなるのか。「いじめる側の心理」を、他人事として「考える」だけでなく、自分にもつながる問題として、その状況や気持ちを見つめ「感じる」ことをとおして理解を深めていくための、ワークショップをおこなった。

冒頭、大人の生徒たちには「今日はみなさん、中学生の気持ちになってみてください。あるいは、十代のときの自分の体験や気持ちを思い出してみてください」と呼びかける。小中高校生の子どもたちには「いま、ここにいるみんなは、ホームレスの人をいじめるような人たちじゃないですよね。でもホームレスの人に石を投げたり、火を放ったり、そんな暴力的なエネルギーをぶつけてしまうときって、もし自分だったら、どんなとき？　どんな気持ちだろう？　それをこれから、グループで話しあい、出しあってみてください」。

大人・子ども混じって四～五人に分かれた各グループに、大きな模造紙を一枚渡し、真ん中に「ホームレス襲撃・いじめ」とテーマを書いてもらい、円で囲む。そこから、参加者それぞれが連想すること、思いつくことを自由に書きだし、どんどん連想をつなげていく「ウェビング」の手法を用いた。

これまでの経験では、とくに子どもたち以上に「知識」のある大人たちの場合、たいていまず出てくる言葉は、社会的な要因を示す単語になることが多い。たとえば、「いじめ」→「ストレス」→「受験戦争」→「偏差値教育」→「親の無理解・過干渉」……といったように、社会知識的な分析はえんえんとつづくが、喜怒哀楽を表す「気持ち」「感情」の言葉は、なかなか出てこない。でも、暴力は「感情の爆発」として起こっている。そこでどんな感情が生じているのか？　自分自身が気づき、理解していないものを、私たちは変えていくことも解消することもできない。いじめる子の心理を知ろうとするなら、まず自分のなかにあるさまざまな感情に気づき、その「心の声」を受けとめ認知していくことが、重要な鍵となる。

たとえば「親の過干渉」が問題の背景にあるのだとしたら、親に干渉されるとき、具体的にどんな気持ちになるのか。「イライラする」ならば、「そのイライラの中身は？　ほんとうは何がいいたいんだろう？」。ストレス、イライラといった、漠然とした言語化できていない感情を、あらためて見つめなおし、深層にある心の声へと掘りさげていく。

しだいに、各グループ、模造紙いっぱいに、さまざまな言葉の「波」が表されていった。十分後、グループで書きだし、話しあったことを、全体で共有する。

まず一つ目のグループの発表。「ホームレス」→「のんきにみえる」→「おまえはいいよなあ」→「うらやましい」……。ねたみ・嫉妬の感情の言葉が出る。なぜ「うらやましい」のだろうか？「自分たちは一生懸命がんばらなくちゃいけないのに、あの人たちは気楽そうだから、許せない、腹がたつ」と、生徒の一人。「なるほど。で、何をそんなに一生懸命がんばらなくちゃいけないの？」と問うと、「イス取りゲーム」。さらにその競争社会のなかで生じている気持ちをみていくと、「しんどい、ぼくだって休みたい」といった本音の声へと気づきはつながっていく。

つづいて、中二の女の子のいるグループでは、「ホームレスいじめ」→「親からの期待」→「感情をあらわにできない」→「いい成績、いい点をとらなくちゃ」→「重圧」……とつづく。その重圧を抱える気持ちをたずねると、中学生のOさんが応えてくれた。「たしかに、テストでいい点を取れたら自分もうれしいけど。そんなにいつもいい点ばっかり取れないし、悪い点のときもあるし、親に怒られるし……それが、こわい」。期待に応えられない不安、否定される恐怖、子どもたちの内面にあるさまざまな「怖れ」の感情がみえてくる。

二十代の男性Nさんは「中学生ぐらいの男子になると、カツアゲとか経験するんで……」と、自分の体験からの実感を語る。「暴力にたいするめざめ」→「自分の力を試したい」→「自分より弱い人間にたいして自分の力を見せつけたい」→「スリルがほしい、発散したい」→「あいつらなら弱いから大丈夫」……。そんな自分の力を誇示したい衝動が、より弱い者にむかうのはなぜか。「強いやつとたたかうのは勇気が出ないけど、弱いやつなら勝てるから。かならず勝ちたい、負けたくない、失敗したくないから……」と応えながら、Nさん自身がハッと気づく。「失敗してはいけないと思ってる。失敗するのがこわくて不安なんだ」。

子どもたち若者たちのいらだち、暴力性の奥にある、より率直で、より柔らかな「心の叫び」が、さらにさまざまに浮かびあがってきた。

「親にも、まわりの人にも、だれにもほんとうの自分をわかってもらえなくて悲しい」「KY（空気をよめない）っていわれてしまうのがこわい。みんなに合わせて生きているのがつらい」「ダメな自分、弱い自分を見せられない。だからそれを出しちゃってる人にムカつく」……。

子どもたちの襲撃・いじめをひき起こしているものは、こうした抑圧された「つらい心」の集積である。その気づかれない、表現されない「つらさ」の鬱積が、無意識の「いらだち」となり「怒り」となり、その感情の爆発が「暴力」となって表出される。これまで、私が出会ってきた多くの子どもたちが、まず表現できる感情の言葉は、ほとんどこの三つだった――「ウザい」「ムカつく」「イラつく」。すべて怒りの感情である。けれど、一触即発の怒りのその根底にある、自分のつらさ、苦しさ、哀しさを、彼ら自身も自覚できず、だれにも聴いてもらえず、自分や他者を傷つけていた。

「いじめは悪いこと、してはいけない」と正論を説き、暴力を罰し、行為を禁じても、子どもたちの「いじめ」は解消しない。同様に、野宿者の背景を学び、社会構造を理解するだけでは、やはり「野宿者襲撃」もなくせない。

その事実を、長く襲撃問題に取りくんできた私たち自身も、体験的に思い知らされてきた。

幼いころから夜まわりに歩き、野宿者と実際に出会い、ふれあい、「仲間」となってきたはずの子どもでさえ、年齢をおうごとに「格差の階段」の現実社会に打ちのめされ、学校・家庭・世間から否定され追いつめられていくなかで、ある日、その哀しみの怒りを、弱い「仲間」にぶつけ、襲撃の「加害者」になってしまうことが起こりえる現実を、深いショックのなかで突きつけられた。

私たちに見えていない子どもたちの生き苦しさ、不安と怖れのなかで、叫べない「心のつらさ」を抱えている子どもの現状と環境そのものが改善されていかないかぎり、「襲撃・いじめ」はなくならない。

だからこそいま、子どもたちの心の声に耳を傾け、抑圧されたその感情を、まず安心して表せる場、いまそのままの自分を受けいれてくれる「ホーム」となる人とのつながりを、この社会につくりだしていくこと。親であろうとなかろうと、教師であってもなくても、私たち一人ひとりが、町で、路上で、教室で、いまここで出会う、子どもの心を受けとめ、力を信じ、見守り慈しむ「心のホーム」になること。「ホームレス問題の授業づくり」がめざす光の先にあるものは、そんな私たち一人ひとりの「ホームづくり」であるにちがいない。

生きることをあきらめない

約六時間、半日かけてのセミナーで、私たちはさまざまな手法をとおして「授業」を紹介した。最後に参加者全員が「わたしにぼくにできること」を書きだし、一つのボードに集めて、共有した。

・今日聞いたことを、家族や友だちに伝える。いろんなところで話す。メールや電話をする。ブログに書く。
・夜まわりや炊き出しに参加する。冬物の服を越冬活動に持っていく。

・ホームレスの人と話してみる。子どもたちと野宿のおじさんに会いにいく。
・ビッグイシューをより多くの人に知ってもらう。ビッグイシューを買うときに果物を渡してみる。
・生活保護を受けられるように支援する。社会保障制度を変革する。
・行政が仕事を提供する。起業して仕事をふやす。
・市・県の教育委員会に人権教育として「ホームレス」問題を取りあげてもらう。野宿者問題の授業をおこなう教員をふやす。
・学校で生徒たちとの関係を日々深めていく。
・競争や評価のまなざしで子どもたちを見ない教育に変えていく。
・子どもたちの話を聴く。子どもの気持ちを受けとめる。
・若い人たちの感情を解きほぐせるようにする。
・矛盾から目をそらさない。関心をもちつづけていく。
……など、ほかにもたくさんの希望と可能性が、ボードいっぱいに埋めつくされた。


セミナーの最後に、ユウさんが立ち上がり、満面の笑顔で叫んだ。

「おれたちホームレスの体験談を聴いて、どうか参考にしてくれ！」

当事者のことは当事者に聴け。その「本物の力」にまさるものはない。

この「格差の階段」ある現実社会のなかで、たんに弱く小さくされた「かわいそうなホームレス」としてではなく、たとえ何があっても、どんな状態になろうと、弱さを受けいれ生きていく強さ、その生きることをあきらめない命の力こそを、野宿の仲間たちから、子どもたちに学びとってほしい。
「生きる達人、四人の人生の先輩たちに、もう一度感謝をこめて、今日はほんとうにありがとうございました」。会場いっぱいに響きわたる拍手のなか、セミナーは終了した。

その後、参加者から、授業の計画・実践に取りくむ教師や講師、職場や家庭で子どもに伝える大人たち、それぞれの活動・生活の場で、この日の体験が生かされている報告が届いた。とりわけうれしいのは、参加してくれた子どもたちが「学校でも先生や友だちに話しているよ」といってくれること。

そしてさらにもう一つ、大きな収穫があった。ゲスト講師となった野宿の仲間たちからの喜びの手応えだった。

「いやあ、ホントに楽しかったよ」「よかった、うれしかった」「いつでもまたやるよ！　今度いつやる？」

実際に、さっそく当事者への「講師依頼」も入ってきた。

なにより、野宿の仲間たち自身が、自信をとりもどし、自尊感情が高まり、エンパワーされていた。支えられ、与えられる存在としての自分ではなく、だれかに与え、教え、感謝され、肯定される存在としての自分。そんなみずからの尊厳の回復をとおして、野宿の仲間たちの命にも新たな力と希望が生まれていた。

かつて、川崎の「野宿の仲間の秋祭り」で出会った、野宿者たちの笑顔、喜びの声を思い出す。

川崎の仲間たちが、街のなかに創造した野宿者と子どもたちの「交流の場」、そしてまた、私たちがセミナーでつくりだそうとした「出会いの場」を、さらにこれから学校のなか、教室のなかで、実際に「授業」としてどう具現化し、実現していくことができるのか。

学校は、教師は、そこで何を求められるか。

それはいちばんに、正しい知識や技術の獲得でも、完璧さをめざすことでもなく、不完全さを受けいれる勇気ではないかと、私は思う。

授業をになうのは、野宿問題にかかわってきた支援者や専門家でなくていい。教師でも、親でも、地域の大人でも、だれがどこで取りくんでも「学びの場」は実現できる。大切なのは、いまそこで日々、子どもたちとかかわりむきあう大人自身が、失敗をおそれず、唯一の正解を求めず、不完全な自分を許し認めながら、野宿の人に出会い、子どもといっしょに学び、気づき、体験し、理解していこうとすることではないだろうか。

そしてそのとき、その「学びの場」は、きっとだれもが、いまそのままで受けいれられる「ホーム」となっていくはずだろう。

何をどれだけ正しく伝え教えられるか、ではなく、何をどれだけ深く感じ、学びとれるか。

野宿の人たちから教えられ、子どもたちから学ばされながら、ときに迷い、ともに悩み、いっしょに歩み成長していける。私もまたそんな「仲間」の一人でありたいと、願いつづけている。

エピローグ　大切なただ一人のきみへ

前略

寒さのきびしい日がつづいていますが、風邪などひいていませんか。

お手紙どうもありがとう。お返事が遅くなってしまってごめんなさい。

きみが伝えようとしてくれた気持ち、とても、うれしかったです。


「ぼくは知りたいことがあります」と、きみが書いてくれた質問を見て、どれも一言では応えられない重い問いで、この返事を書くことが、私自身の「宿題」にむきあうことになるなと、思いました。


「年子さんはどんな気持ちであの本（『大阪・道頓堀川「ホームレス」襲撃事件』）を書いたのか？」

「あの本をどんな気持ちでぼくに送ったのか？」

「年子さんは一生懸命ホームレスの支援活動をしているのに、ぼくは年子さんの活動を無力だと思わせるようなことをしてしまった。そのことを年子さんはどう思った？　ぼくのことをどう思った？」

それぞれの質問に別個に答えるというより、どれも私のなかでからみあっている事柄なので、これまでの自分の長い時間と体験をふり返りながら、書いてみようと思います。

私が、あの本を書くことになった直接のきっかけや経緯は、本のなかにも書いているとおりです。けれど「どんな気持ちで」私はあの本を書いたのか。つまり「ホームレス」襲撃事件の被害者・加害者に、どんな思いで、かかわってきたのか。

あの本を書いているときの「私」は、終始、二つの立場、二つのベクトルにひき裂かれていました。野宿を強《し》いられている人たちの側に立ちたい思いと、その人たちを「人間」として見られずに、否定し攻撃してしまう子どもたち・若者たちに寄りそおうとする思い。

「襲撃」という暴力の被害者と加害者には、ちがいありません。

でも、誤解をおそれずにいえば、両者は、私にとってひとつらなりの、分断できない、「仲間」でした。

その、双方の痛み、苦しみを感じながら、ひき裂かれている「私」自身の痛みそのものが、この世界のあらゆる対立・分断・紛争の哀《かな》しみにつながっていることを感じるようにもなりました。

そんななかで、なによりつらかったのは、自分のしていることが、野宿の仲間たちを傷つけてはいないか、という怖《おそ》れでした。「ホームレス」を支援する人たちから「野宿者を襲う若者をかばうような話は聞きたくない」「理解することなど絶対にできない、許せない」と非難されたり、ときに敵視されることもありました。

でも、それも当然のことだと思います。私は、けっして加害者を擁護《ようご》しているつもりはありませんでしたが、加害者に自分の犯した罪を認め、内省し、なぜそうなってしまったのかを問いなおしてもらうためには、彼らに全身でむきあい、受けとめ、その作業を支え、働きかけていくことが必要でした。でも私のそうした言動は、被害者の側に寄りそう人たちの気持ちを傷つけ踏みにじることにもなったかもしれません。

「傷つけられた」と思うことより、「傷つけてしまった」と感じることのほうが、私にとっては深い痛みでした。

また、こうした悲劇が二度と起こらないようにと活動するなかで、野宿者支援にたいしても、人びとの理解を求めていくことは容易ではありませんでした。

いろんな人たちから、「なぜ野宿者にかかわるのか」と、たずねられました。

「北村さんが、子どもや女性の人権にかかわる気持ちはよくわかる。でもなぜ、ホームレスの人権にそこまでこだわるのか。頭では理解できても、実感としてわからない、共感できない」「社会的弱者とはいえ、ホームレスの人たちも個々に問題もある。自業自得な面もあるではないか。生理的に受けつけられない……」

そのたびに、私は、返事に困り、相手に納得してもらえるように、言葉をつくして説明しようとしたりしてきました。構造的な差別の問題や、野宿にいたる社会背景や現状など……。でも、そうした理づめの説明では、私自身、しっくりこないもの、自分の「ほんとうの気持ち」はもっとべつの深いところにあるはずなのに、それをうまく言葉にできないもどかしさを、感じていました。

なぜ、私は、野宿者の問題にかかわり、つながっていくのか。

なぜ、私は、その野宿者を襲う加害者の側にもかかわり、つながろうとするのか。

何が、私を、そうさせるのか。

ずっと、自分でも、わかりませんでした。


けれど、あの本を書きあげて、そして今日までの長い年月のなかで、しだいに気づくようになりました。

それを私に教えてくれたのは、私が出会ってきた無数の野宿の仲間たち、子どもたち、そしてきみのように、私とむきあってくれた「加害者」の少年たち、でした。

そのとても個人的な「私」の気づきを、いまここに、伝えようとすることは、簡単ではありません。

でも、きみが伝えてくれた勇気に応えるためにも、私も勇気を出して、書いてみようと思います。

*

きみは、お父さんからもお母さんからも傷つけられ、暴力のなかを生きのびてきたことを話してくれました。私は両親から虐待を受けたわけではありません。けれど、私も過去のある時点で傷ついた子どもであり、また、いまのきみのように、けっして自分を許すことができないと思っていた「加害者」の一人でもありました。

私も、きみと同じように、幼いころに両親が離婚しています。

物心ついたときには、私の傍《かたわ》らに両親はなく、私は父方の祖母に預けられ、その後は叔父《おじ》夫婦のもとで育ちました。

父は私が三歳になるまえに、事業に失敗し、借金を残して行方不明になったそうです。突然、住む家もなくし乳飲み子を抱えて残された母は、しかたなく私を手放し、自分の実家にもどり、家族はバラバラになりました。

その当時、父がどこでどうやって暮らしていたのか、知る由《よし》もありませんが、ずっとあとになって知った話では、父はまさにそのとき「ホームレス」状態で、住みこみの職を転々としたあと、ある街で、行き倒れ寸前のところを保護され、救急車で病院に送られ、何年も入院していたそうです。

実家に帰った母も、そこには兄夫婦の家族や弟たちもいて、居場所がなかったことでしょう。長くいることもできず、実家を出て、住みこみの仕事を見つけ、洋裁を学びながら手に職をつけ、自活の道を探しました。

いま思えば、そのころまだ若かった父も、母も、小さな私も、突然、住処《すみか》も家族もなくした「ホーム」レスでした。けれど、幼い私は、祖母からかわいがられ、血のつながりのない叔母《おば》にも、わが子のように育ててもらいました。たとえ実の親でなくても、その命を受けいれ愛し肯定してくれる存在があれば、人は安心して自分の尊厳を信じて生きていけること、そんな私の「自尊感情」を守り育ててくれた人たち、私の「ホーム」となってくれた存在に、いまもとても、感謝しています。

親といっしょに暮らせない子どもたちに、私がまるで弟や妹のように親近感を抱くのも、血縁によらない人のつながりのなかで助けあって生きる野宿の仲間たちに共感するのも、そんな自分の原体験があるからかもしれません。


その後、母は、なんとかアパートを借りて自活できるようになると、私が小学校にあがる直前、六歳のときに、私をひきとり、母子家庭生活をはじめました。

私は母と暮らせるようなって、それはそれはうれしかったです。お風呂もない、狭いアパート暮らしでしたが、洋裁仕事で夜なべする母の肩をもんだり、お使いに走ったり、お米をといだり、少しでも母の役にたちたいと思っていました。どんなに怒られても、母といっしょにいられることが、幸せでした。

いま、自分が母親になって、そんな子どものころの自分をよく思い出します。子どもがどれだけ親を思い、愛しているか。生まれたときから無条件の愛を注いでいるのは、子どものほうだと気づかされます。どんなに怒鳴《どな》られても、たたかれても、それでも子どもは親を慕《した》い、求め、追っていく。そんな子どもの愛に甘えて、どれだけ子どもに許されているかを忘れて、親はわが子を傷つけながら省《かえり》みないで加害者になってしまうことがあります。自戒《じかい》をこめて「子どもの気持ち」を忘れないでいたいと思います。

それから二年後、私が小学二年生になったとき、長く入院していた父を母がひきうけ、退院した父を迎えて、親子三人の生活がはじまりました。母もまた、父の過《あやま》ちを許し、父のよいところを、それでも信じ愛していたのだと思います。父がかつて放浪していたときに、どのように心身を病むことになったのかはわかりませんが、私たち家族と暮らすようになって、父はどんどん元気になって回復していきました。

それまで私は父を知らずに育ってきましたが、父は、色白で、男前で、読書の好きな、物静かな人でした。若いころはカッとなるとこわい面もあったそうですが、私の知る父は、にこにこと穏やかで、人をけっして悪くいうことのない、柔和《にゅうわ》でやさしい人でした。

やがて、父も就職先が決まり、毎日、電車で一駅のとなり町の工場へ通い、母は家で洋裁の内職をつづけました。私は元気に学校に通い、学級委員長をしている活発な小学生でした。父の仕事の帰りを待って三人で銭湯へ行ったり、休日には母のお弁当を持って動物園やお花見に出かけたり、ささやかで貧しいながらも、幸せな日々でした。それから父が亡くなるまでの四年間は、私の人生で唯一、親子三人で暮らせた平和なときだったと思います。

*

そんな生活が一変したのは、私が小学六年生の夏を迎えるころでした。小学四年生のある日、公団住宅への入居が決まり、市内の端から端の遠い町へ引っこすことになりました。それまでお風呂もなかった木造アパートから、エレベーター付きの高層住宅の最上階、鉄筋コンクリートの３ＤＫ、お風呂もあれば自分の部屋までできて、子どもの私には夢のような生活でした。けれど職場がとても遠くなってしまった父は、朝早く家を出て、夜遅くまで、毎日の長い通勤生活のなかで、心身に過剰《かじょう》な負担がかかっていたのでしょう。二年ほどたったころには、疲労がたまり、体がむくみ、どんどん太っていきました。その年の夏、腎臓《じんぞう》が弱っていると病院で診断され、父はそのまま入院することになりました。

けれど、夏休みに祖母のところへ遊びにいっていた私が自宅に帰ってみると、入院しているはずの父がなぜか、家にいます。「お父さん、どうしたの?」と聞いても「もう病院はいやや」というばかり。医者の止めるのも聞かず、父は勝手に自己退院してきていました。「ちゃんと入院して治療しないと」と、母も私も、懸命に説得しましたが、父は頑《がん》として、病院へもどろうとしませんでした。

しかたなく、自宅療養するしかない、と、あきらめた母は、父の食事や世話に気をくばりながら、たちまち苦しくなった家計を支えるために、これまで以上に懸命に、徹夜もしながら働いていました。

父にたいして、最初は「がんばってね、早くよくなってね」と励ましていた私も、母がこんなにがんばって苦労しているのに、病気を治そうと努力しようともしない、家でごろごろ、ただなまけているようにしか見えない父に、だんだんいらだちを感じるようになりました。

それでも、やっぱり私は、父を案じていましたから、一度本気で、哀願したことがありました。

「お父さん、頼むから、病院へ行こうよ。このまま家にいてもよくならへんよ。お願いやから、ちゃんと入院して病気を治そう。私やお母さんのためにも、がんばってよ」

そのとき、父は、大きな体を折りまげて、私の手を握りしめ、ぼろぼろと涙をこぼして「年子、すまん、許してくれ」と、泣きました。「お父さん、病院はいやなんや。病院へ入るぐらいやったら、いっそいま、ここで死んだほうがましや」。まるで小さな子どものように、顔をぐしゃぐしゃにして泣いて訴える父に、私はびっくりして、哀しくなって、「そんなこといわんといてよ。お父さんが死んだらいやや。死ぬなんていわんといて」と、父の手を握りしめ、いっしょにぽろぽろ泣きました。

いったい、父はなぜ、それほど病院がいやだったのか、当時の私にはわかりませんでした。いまにして思えば、父が過去に、行き倒れの「ホームレス」として送りこまれた病院で、どんな非人間的なあつかいを受けたのか、とてもいやなつらい思いをしたのではないか、後に野宿の人たちと路上で出会うなかで、やはり父のように「病院はいやや、それやったらここで死んだほうがましや」というのを何度も聴くようになってはじめて、わからなかった父の心を、想像するようにもなりました。

あんなふうに、おいおいと子どものように泣く男の人を見たのははじめてでした。父の涙を私が見たのも、それが最初で最後になりました。父はあのとき、恥も怖れも捨てて、正直に、ありのままの自分をさらして、私に見せてくれていたのだと思います。

でもそのとき、私は十二歳。思春期を迎えるころでもありました。正義感の強い、優等生だった私は、父の弱さを受けいれきれず、自分の思う正しさから、父に「強さ」を求め、「がんばる」ことを強いていたのだと思います。「そんな弱いことでどうするん。甘えてる。逃げてる。もっとがんばらなあかんやん」と。

それは、「ホームレス」の人たちや、いま「不登校」の子どもたちが、世間からいわれるせりふと同じです。「みんなつらくてもがんばっているんだ。甘えるな。逃げるな。もっとがんばれ」と。

いまなら、それが、傷ついてる命にどれだけつらい言葉か、わかります。

「弱くてもいい。強くなれなくてもいい。どこから逃げてもいい。生きていてくれさえすれば、それでいい。いまここに生きててくれれば、私はうれしいよ」

あのとき、なんでそういってあげられなかったのか。そのことをずっと悔やんできました。

＊

でも、その日以来、私はもう父に、あまり働きかけなくなりました。父も寡黙《かもく》になり、しだいに部屋のすみや暗がりにひきこもるようになりました。うつの状態であったことが、いまならわかります。

父のことで、ずっとだれにもいえなかったこと、私がいちばん後悔していることが、じつはもう一つあります。

ある夜、父へのいらだちが爆発して、私はひどいことをいってしまいました。

父がふと「もう死にたい」と、聞きたくない言葉をまた口にしたとき、私は思わず「そんなに死にたいんやったら、勝手に死んだらいい！」。そう口走ってしまいました。

どんなに悔やんでも、あのときのその一言を、消し去ることはできません。

それから数週間後のある日、父はほんとうにあっけなく、みずから命を絶ってしまいました。遺書も残さず、さよならもいわずに、一人で空の彼方に逝《い》ってしまいました。

それからの長い長い時間、私はずっと自分を責めてきました。

私が父を殺したのだ、と、思って生きてきました。

なぜ、あのときもっと、やさしくしてあげられなかったのか。

なぜ、あのときもっと、父の「弱さ」を受けいれ、父のつらさや痛みを理解してあげようとしなかったのか。

あのとき、父の唯一の子どもであり、希望であったはずの私の、非情な一言が、その愛のない行為のすべてが、生と死のぎりぎりの淵《ふち》にいた父を、追いこみ、死の底へつき落としたのだと、思いました。

後悔と自責と、とり返しのつかないことをしてしまったという罪の意識。それをだれかにうちあけることも、懺悔《ざんげ》することもできず、だれが私を責めなくても、裁かなくても、私は自分の過ちを自分で裁くように、責めつづけていました。

その一方で、父にとって「私」はなんだったのか。愛されてはいなかったのか。十二歳の私は、人生で二度、父親に見捨てられた子どもなのだと、絶望的な気持ちになりました。

だから、私のなかには「傷ついた子ども」であった被害者としての自分と、とり返しのつかない罪を犯してしまったという加害者としての自分が、同時に、存在していました。

でも、そんな自分のなかのひき裂かれた「二つの意識」を理解できるようになったのも、ごく最近のことです。

道頓堀事件で、野宿者の藤本さんの命を奪った若者ゼロくんに、私がかかわろうとしたのも、彼一人を責めたて断罪する気持ちになれなかったのも、私自身が、どこかで彼と同じ「人を死に追いやった加害者である」という思いを、深い潜在意識のなかに抱えていたからだと思います。

そして、二十八歳で、私がはじめて釜ヶ崎を訪れたときから、なぜそんなにも、野宿の人たちに、心を動かされ、ひきよせられたのか。私は、釜ヶ崎の路上で、毎日のように、野宿のおじさんたちと出会いながら、

「父」と出会っていたのだと思います。

いま、その人が、たとえどんな状態でも、どんなに弱くなっていても、もう「がんばれ」とはいいたくなかった。「おっちゃん、生きててくれてありがとう」「生きててくれたらうれしいよ」。父にいいたくていいえなかったことを、私は、必死に伝えようとしていたのだと思います。

けれど、結局、受けいれられ、励まされ、癒《いや》されていたのは、私のほうでした。

子どもだった私が、父にたいして抱いた嫌悪感、「努力しない、がんばろうとしない」「弱い、甘えている、なまけている」と、否定し、切り捨てたもの。その一方にある、かけがえのない「人間性」や、深い痛みや苦労の体験に裏打ちされた人としてのやさしさ、あたたかさ、豊かさを、野宿の人たちが私に教え、気づかせてもくれました。そして、たとえ何があっても、どんなにどん底にいても、笑う力、生きぬく力、それでも愛し感謝し与えようとする人の力を、だれより私に示してみせてくれたのも、路上に生きる人たちでした。

＊

もちろん、実際に野宿を強いられている人の多くが、けっして「努力しないでなまけている」わけでも、「働く意思がない」わけでもないことを、いまは私も知っています。でも、たとえほんとうにいま、働く意欲がもてなかったとしても、がんばれなくても、どんな状態でも、それでも、「いま・ここに生きていること」が、どれだけ尊く、それだけですばらしいことか、私に思い知らせてくれたのは、父の「いのち」でした。

だからこそ、私自身がまず、父に強いた「弱さを許せない自分」を乗り越えること。そのためにも、私自身が、自分の過ち、失敗もふくめて、自分の「弱さ」を許すこと。

そうして、欠点もまちがいもある「不完全な自分」を受けいれ、みずからを責めて生きる罪悪感から、自分を解き放ち、失敗から学び、いまある自分を生かし、肯定的に生きようとしていくことが、大切で必要なのだと、気づきました。

いま、私を動かしているものは、もう「罪悪感」でも、「自責の念」でも、ありません。

とても長い時間がかかったけれど、これまで私が体験してきたことの一つひとつが、いまの「私」をかたちづくり、「私」を生かし、成長させるために、すべて必要で意味あるプロセスだったと、思えるようになりました。

弱いものをいじめる子どもたち、野宿の人を襲う若者たち、彼らのなかにも「弱さを許せない」心の苦しみがあるのではないかと感じます。凶悪事件が起こるたび、「人でなし」「鬼畜だ」「人間とは思えない」「死刑だ」と、世間は糾弾《きゅうだん》し、その加害者を憎悪し、断罪します。

でも、私にはやっぱり裁けません。私もまた、まちがうからです。裁ける人は、たぶん自分はけっしてまちがえないと思っている人ではないでしょうか。自分はけっしてそんなことをするわけがない、自分に起こるわけがない、自分はまちがわない、自分は正しいと、思っている人ではないでしょうか。

自分が罪を犯すはずがないと思うように、「ホームレス」になるなんてこともありえない、と思っているのではないでしょうか。でも私たちは、みんな「不完全」です。だれも、完璧《かんぺき》な人はいません。だれにでもまちがう可能性があります。どんなに気をつけているつもりでも、努力していても、さまざまな予期せぬ出来事のなかで、階段をふみはずすこと、見えない石につまずくことも、あるでしょう。

私は、いまでも、しょっちゅう、まちがいます。いとしいはずのわが子に、きついことをいってしまったり、傷つけるつもりではなくても、意識的にせよ、無意識にせよ、自分の思いや行為や言葉で、だれかを傷つけてしまったり。そのたびに気づかされ、反省します。そのくり返しです。

でも、だからこそ、けっして忘れることができないほど大きな過ちの体験を与えてくれた父に、いま、私は、感謝しています。父の自死がなかったなら、私はあのままずっと、自分はまちがえない、正しい人間だと、思っていたかもしれません。そのまちがいにも気づかないまま、生きていたかもしれません。

私が、自分を責めながらも、それでも自分を憎みきらずに、自分を殺さずに生きてこれたのは、やっぱり、父のおかげだったと思います。思えば父は、私に何をいわれても、一度も、私を否定したことはありませんでした。それが、父が示してくれた愛だったと、たったいま、この手紙を書きながら、気づきました。


父が亡くなる少しまえに、そっと私の部屋に来て、一言、残していった言葉がありました。

「年子、大きいねえちゃんに、なりや」

ただ、それだけいうと、またそっと、部屋を出ていきました。何をいっているのか、そのときの私には意味がわからず、なんやねんと、思っているだけでした。

父は私に、「自分や人の弱さ、不完全さを、受けいれられる大きな人間になれ」と、いっていたのだと思います。あとになって、そのときの、静かに微笑《ほほえ》む父の顔と声が、何度も何度もよみがえり、私を支え、生かしつづけてくれました。私をけっして裁くことなく、許し受けいれてくれた父が、最期《さいご》に唯一、私に求めた願い、いのちに代えて教え遺《のこ》してくれたこと。それは、まだまだこの先、私の生涯かけての課題で、私のいのちの目標だと思っています。

＊

三十年近い年月をかけて、ようやく、私は自分を許し、これまでの自分の体験すべてを受けいれられるようになりました。

そして、いま、私がきみと出会ったことも、きみにかかわり、こうして手紙を書いていることも、いまはまだ何のためなのか、答えはわからなくても、きっと何か必要で、大切な意味あることなのだと、私は信じていたいです。願わくば、それがきみにとっても、大切な意味あるものになってくれることを祈っています。

そうしていま、きみに、いちばん、伝えたいこと。

たとえこの先、何があっても、どんなにつらくても、どんなに苦しい道のりでも、どうか、生きていてください。たとえもし、いつか、きみと会えなくなってしまっても、どこにいて何をしているのかわからなくなっても、生きてくれれば、それでいい。自分を死なさず、人を殺《あや》めず、生きていてくれれば、うれしいです。

きみはもう、知っていると思います。自分の与えたものが、受けとるものになるのだと。攻撃し傷つければ、その痛みはかならず自分に返り、さらに自分を傷つけ苦しめること。暴力の連鎖を断ちきり、きみが自分を愛し、肯定し、まわりに愛を与えれば、もっと愛され、肯定され、もっと自分を好きになれること。

きみをほんとうに幸せにできるのも、きみを変えることができるのも、親でもなく、だれでもなく、この世に一人、きみ自身です。きみの人生を、選び決定していくのは、きみ自身です。

どうか、自分を大切にしてください。

どうか、自分を見捨てず、嫌わず、信じてあげていてください。

きみが、自分を愛して生きていてくれますように。

きっとまた、生きて、きみに出会えますように。

いつまでも、どこにいても、きみのなかの「よいもの」を、私は信じています。

きみがこの世に、生まれてきてくれて、ありがとう。

そこにいま、生きててくれて、ありがとう。

愛と感謝をこめて

大切なただ一人のきみへ

あとがき

「ルポライターにとって十年に一冊、書けるかどうかの作品」——前著の帯に、上野千鶴子さんからいただいた言葉。

「十年に一冊なんて書いちゃったから、呪いをかけちゃったね」と、ご本人は笑う。が、「呪い」はさらに二年延長され、前著の出版から十二年が、かかってしまった。もちろんぜんぶ、自分の責任である。

すらすらと書いているように思える、といわれるが、私はとても遅筆だ。

たった四百字を書くために、一日中でも悩んでいる。

書くことは、こわい。自分のことを書くだけならまだ、自分の問題ですむ。でも、だれかの人生にかかわり、他者の言動を書き記すことには、いつも、たえまない不安と罪悪感がともなう。

自分の書いた一言で、だれかを傷つけることにならないか、私はまちがわないか、その恐怖から逃れられることはない。そして書いたことで負うべき責任の重圧を、つねに抱えている。

その重さにはもう耐えられない、と思った。すべてを放りだし、もう何も見なくていい、聞かなくていい、そんな場所にひきこもり、ただ静かに暮らして生きていたい、と、本気で願った。

十二年の歳月は、そんな私の、逃げまどい、ひきこもり、もがいていた、長い葛藤の時間だったかもしれない。その怖れはまた、だれからでもない、私自身が自分にかけた「呪縛」だったのだろう。

では、いま、その恐怖は消えたのか、といえば、ちっとも変わっていない。

けれど、変わったものがあるとしたら、怖れを感じてもいいのだと、抗《あらが》わず、受けとめようと思えるようになったこと。そして、たとえどんな不安が襲ったとしても、その怖れを超えるだけの希望、重圧に耐えうるだけの支えの力を、いま信じられる自分がいることだ。

投げだしたくなるたびに、自問した。そうまでして、なぜ書くのか。私は、何を伝えたいのか。

その答えを思い出させてくれたのは、「私」自身の声だった。

引っこしたばかりの家で、ダンボールの山のなかから古い資料を探していて、十年もまえに、ある紙面に掲載された自分の文章を見つけた。忘れかけていた。私はこう記していた。

「〝弱者〟と呼ばれる人たちの、豊かさ、生きる力こそを、いつか描きたい。闇の深さを伝えるだけのものなら書きたくない。どんな暗い現実にも一筋の光を見いだしたい。それが私の伝えたいものだ」

自分にかけた怖れの縛りを、解き放つことができるのも、やっぱり自分自身だった。


十年まえに誓ったとおり、私はこの本を、希望を伝えるものにしたかった。過酷な現実から目をそらし、見ないふりの気休めの希望ではなく、闇を闇として、あるがままに受けとめ、平静に凝視するなかで、はじめて観《み》えてくる光の輪郭を、ふたたび闇に消されてしまわぬよう、この目でとらえ、提示したかった。

私は希望を伝えられたか、そこに光を描きだせたか。その判断は、一人ひとりの読者にゆだねたい。

そして私たちを縛っている有形無形の呪縛の闇を、一人ひとりが、みずからの手で解き放ち、さらに光を広げていくために、本書が少しでも役にたてたなら、これ以上の幸せはない。

気が強いくせに打たれ弱い、こんな面倒な私を、多くの愛と力が支えてくれた。その支えのなかで、みずからを拠《よ》りどころに生きる勇気をもって、きっとこれから先も歩いていける。私はまだまだ弱い。けれど弱いままで生きていていいと、教えてくれた仲間たち、受けいれてくれた友人たちに、感謝する。ありがとう。

あらためて「ありがとう」を伝えたい人は、たくさんいる。

まず、前著の出版からお世話になり、当時、原稿用紙六百二十枚を超えてしまった膨大な原稿を、「削ることはありません、すべて生かしましょう」と、二冊に分けて刊行することを英断してくださった太郎次郎社の浅川満さん。その後、私は「いつか必ず」と何度も誓いながら、ついに約束を果たせないまま、昨夏、浅川さんの訃報を受けた。「いつか」はもうない、皮肉にもその悔恨が、私を奮起させる原動力になった。

さらに娘の太郎次郎社エディタスの北山理子さんは、父上より豪快な英断をもって、この膨大な内容すべてを一冊に収める本書の刊行を、推しすすめてくださった。想定外だったエピローグを開示することになったのも、ひとえに、彼女の揺るぎない確信と情熱の賜である。二人の素晴らしい編集人をはじめ、前著・本書の制作にかかわってくださったすべての方に、感謝したい。ありがとうございます。

そして、全三部をとおして、取材にご協力いただいたみなさん、本書にご登場いただいた、お名前をあげきれないたくさんの方々に、あらためて敬意と謝意を表したい。ありがとうございました。

またこれまで「野宿者襲撃事件を考える会」へのご支援・カンパをお寄せいただいた方々にも、この場をかりて御礼申しあげたい。なお同会は、昨春をもって解散し、そこで得たご支援は、今後ぜひ「ホームレス問題の授業づくり全国ネット」の活動に生かさせていただければ幸いである。またどうか、一人でも多くの方に「ホームレス問題の授業づくり全国ネット」へのご賛同・ご支援を、よろしくお願い申しあげます。

▼「ホームレス問題の授業づくり全国ネット」
神奈川県横浜市港北区篠原台町36―28―603　映像グループ　ローポジション方
090―8795―9499（野宿者ネットワーク）
E-mail：net@class-homeless.sakura.ne.jp
http://class-homeless.sakura.ne.jp/
ゆうちょ銀行　振替口座：00160―1―413454

そして、私に「ホーム」をもたらしてくれた家族、十六歳の夏休みに紙原稿のデータ入力を手伝ってくれた息子、私をこの世に生みだしてくれた両親に、最大の感謝と愛をこめて、ありがとう。

最後に、だれよりも――。生きて出会うことのかなわなかった路上の仲間たち、襲撃事件によって尊い生命を奪われた、かけがえのないすべての人のご霊前に、心から冥福の祈りをこめて、本書を捧げたい。

二〇〇九年五月　　星の輝く雨上がりの夜に

北村年子

や別の男性(52)にオイルをかけて火をつける行為をくり返していた。

◉6月5日　午前4時半頃、埼玉県朝霞市の河川敷で、野宿生活をしている男性(43)の寝ていたダンボールハウスにサラダ油をまき、放火しようとしたとして、大学生ら男女4人が逮捕された。大学4年の女子学生(21)、専門学校の男子学生(20)、大学2年の男子学生2名(19)は、深夜バーベキューをしているうち「殺せ」「燃やせ」などと騒ぎ、ダンボールハウスを"焼き打ち"しようとした疑い。4人はカラオケ店のアルバイト仲間だった。

2008年

◉1月20日　深夜、大阪城公園で野宿していた男性3人が少年グループに襲われ、1人が救急搬送された。就寝中、腹にこぶし大の石を投げこまれ、追いかけていくと、石を投げつけられ、木の棒で殴られたという。1人は背中・足・腕などを殴られ、1人は頭から出血。捕まった9人の少年は襲撃を否認。

◉2月16日　大阪市日本橋で、前年の夏以降、野宿生活者が少年グループから生卵を投げつけられる被害があいついでいると報道。

◉4月9日　未明、名古屋市中川区の河川敷にある野宿者のテントや小屋が、つづけて全焼した。いずれも近くで3人組の若い男たちが目撃されている。

◉3月～6月　近接する東京都府中市・調布市・国立市の高架下などで連続して5件の野宿者襲撃が起こる。いずれも就寝中に鉄パイプのようなもので殴られており、6/27府中市では野宿者の福岡正二さん(74)が遺体で発見される。20～30歳くらいの自転車に乗った男が目撃された。

◉10月20日　夕方、東京都大田区の多摩川河川敷に座っていた56歳の野宿者男性が、17～18歳ぐらいの若い男5人に、突然、鉄パイプで襲われ全身打撲の重傷を負った。

◉10月29日　午前3：45頃、福岡市の路上で、13～18歳の少年7人が、車上生活をしていた男性(58)を襲う。車にペットボトルを投げつけて男性を外に誘いだし、生卵10個を投げつけ、木の棒で殴るなどし、男性は肩に軽傷を負った。12/4、少年7人が逮捕・検挙。「ホームレスが反撃する姿が面白かった」「卵がついたら、においで困るだろうと思った」などと供述。

2009年

◉1月2日　午後5：50頃、東京都世田谷区の東名道高架下で、野宿者とみられる近藤繁さん(71)が頭から血を流し死亡しているのが見つかる。後頭部に数回殴られたあとがあった。★Ⅲ

◉1月3日　前年の都内(府中・調布・国立)での野宿者襲撃の容疑で、多摩市に住む軽度の知的障害をもつ男性(36)が逮捕。1/23には、上記世田谷の事件の殺人容疑でも再逮捕された。★Ⅲ

◉2月10日　午後9時頃、東京都江戸川区松江の首都高速7号線の高架下で、野宿していた男性を集団で暴行し、けがを負わせたとして、4/22、同区立中学校の3年生(14)3人と無職少年(15)、当時13歳の同中学3年生の少年ら5人が、逮捕・補導された。逃げる男性を追いかけ、約40分間にわたり、アルミ製の棒や鎌の柄で殴り、顔を7針縫うなど10日間のけがを負わせた疑い。少年らは容疑を認め「こじきは人間のくず」「ゲーム感覚でいためつけた」などと供述。男性を映画「ハリーポッター」のキャラクターに見立てて「ハグリッド狩り」と呼んでいた。5人は小学校時代からの遊び仲間。前年12月から6～7回、野宿者への暴行をくり返していたという。

活の男性が襲われて死亡。死因は失血死で、左側頭部が陥没し大量に出血していたほか、肋骨が折れていた。16日、定時制高校の生徒で、同区内の少年(19)と江東区内の青年(20)が、殺人の疑いで逮捕された。2人は午前3時半頃、仲間と酒を飲んで帰宅する途中に被害者を見つけ、襲撃したという。事件直前の12日は前期試験の最終日だった。

◉7月18日　未明、東京都足立区の荒川河川敷にある橋の下で、都立高校生7人(15〜16)が、ビニールテント内にいた野宿者の男性(43)を外に出し、殴る蹴るなどの暴行をした疑いで、25日に逮捕された。男性にロケット花火を発射するようなこともしていた。少年たちは「4回ぐらいホームレスに暴行した」「ホームレスなら警察に届けないと思った。怒った顔が面白く、ストレス発散になった」などと供述。

◉10月22日　午前4：20頃、兵庫県姫路市の夢前川にかかる橋げたの下で寝泊まりしていた雨堤誠さん(60)が、少年グループに火炎ビンを投げこまれて焼死した。雨堤さんは足が不自由で逃げ遅れたとみられる。翌06年3月、中学3年の男子(15)、高校3年の男子(18)、無職少年2人(16)の少年4人が逮捕された。家裁は同年5月、当時18歳の少年を「主導的役割を果たしており、刑事処分が相当」として検察官送致(逆送)し、地検が起訴。ほかの3人は初等・中等少年院送致とした。殺人罪などに問われた少年は、ほかの少年らと空きビンにガソリンを入れて火炎ビンを作り、雨堤さんの寝床に投げこんだことは認めたものの「中に人がいるとは思わなかった」と殺意を否認。07年1月判決公判で、地裁は「人が死亡するに至るかもしれないことを認識していた」として少年の未必の殺意を認定、懲役5年以上8年以下の不定期刑をいい渡した。

2006年

◉10月30日〜11月22日　愛知県岡崎市内で連続して11件の野宿者襲撃事件が発生。11/19未明には、乙川河川敷で野宿していた花岡美代子さん(69)が金属パイプなどで顔や体を殴られ、外傷性ショックで死亡した。逮捕された市内の中学校2年生の少年3人(14歳1人、13歳2人)は、少年の1人の自宅に居候していた無職の男(28)と共謀し、金品を奪う目的で花岡さんを襲ったとして、強盗致死の非行事実で少年院送致となる。少年2人は不登校、貧困で家庭環境が複雑な少年もいた。少年らを指示したとされる28歳の男は、10月に失職しホームレス状態だった。一連の襲撃事件への関与を認めたうえで、弁護側は「知的障害があり、死亡という結果を予想し得なかった」と殺意を否認。09年4/6地裁判決は、未必の殺意を認定し無期懲役をいい渡した。

2007年

◉2〜3月　大阪市東淀川区の淀川河川敷で暮らす野宿者の男性3人が、2月下旬から3月にかけて、少年グループに襲撃される。市内に住む14〜15歳の少年11人が、4月に書類送検された。2/28夜には、十数人の少年が金属バットや鉄パイプで小屋をたたき壊しているのを、近所の住民が目撃。学生服姿の少年もおり、少女の声も聞こえたという。

◉5月13日　午後11：55頃、東京都北区の赤羽公園で、高校生を含む少年5人が、酒に酔ってベンチで寝ていた清掃作業員の男性(52)を野宿者だと思い、腹の上にオイルを入れたポリ袋を置いてライターで火をつけた。男性は火だるまになり、噴水に飛びこんだが、全身の3割がやけどを負う重傷。5人は事件2日前から、「ごみ掃除」と称し、公園にいた野宿者の女性(59)

◉6月11日　東京都練馬区の公園で、若い女性が、寝ていた野宿者男性にいきなり刃物で切りつけて逃走した。男性は首を2か所切られて重傷。

◉6月18日　午前1時頃、東京都江東区の旧中川で、野宿者の東保起さん(64)が水死する事件が起こる。翌04年1月、東さんを強引に川に飛びこませて死なせたとして、同区に住む16歳の無職少年2人が逮捕された。調べによると少年2人は、東さんを無理やり川岸へつれていき、顔面を殴り「川に飛びこめ」と命令。いやがる東さんに石や鉄板を投げて、川の深みへ追いこんだ。警視庁は当初、事件性がないと判断し、司法解剖もしていなかった。が、現場を目撃したほかの野宿者らの証言などから捜査。2人は03年4月頃から野宿者への暴行事件を十数件、起こしており、「人間のくずなので、死んでもいいと思った」などと容疑を認めたという。

◉8月11日　午前1時半頃、大阪市西成区萩之茶屋の高架下で、バイク6〜7台に分乗した若い男十数人が、路上で寝ていた廃品回収業の男性(61)の頭を金属バットで殴って逃走。約1時間後、2.2キロ離れた場所で同様に路上で寝ていた男性(46)の全身を金属バットで殴り逃走。

◉8月13日　大阪市内の中学3年の男子(15)、住居不定の無職少年(15)、同(16)の3人が、11日午前1：45頃、野宿者の男性を鉄パイプなどで殴り軽傷を負わせたとして、傷害容疑で逮捕・送検された。「追いかけられて、必死に逃げるスリルが面白くてやった」「被害届を出さないだろうと思い、過去にもホームレスばかり5回くらいやった」などと供述したという。

◉9月15日　未明、静岡市清水地区で野宿していた井上陽三さん(55)が死亡し、日系ブラジル人の17歳少年と22歳の男が、傷害致死容疑で逮捕された。彼らもその家族もカトリック信者で、家族や知人は浜松市での野宿者支援活動にかかわっていた。この事件を機に、清水地区でもカトリック信者のブラジル人を中心に、野宿者への夜回り活動が始められるようになった。

◉10月17日　川崎市川崎区に住む公立小・中・高校の男子10人が、傷害などの疑いで逮捕・補導される。少年のうち7人は5/24夜、同区の公園でいすに寝ていた男性(52)を蹴ったり、頭を自転車の空気入れで殴ったりして18日間のけがを負わせた。さらにメンバーが一部違う7人が8/28午前1時半頃、同区の公園のベンチに寝ていた男性(68)を暴行。小6男児も加わっていたという。6/21夜にも6人が、駐車場で寝ていた男性(64)に暴行した疑い。「ストレス解消のためにやった。社会のゴミを退治するという感覚だった」などと話したという。

2004年

◉04年11月〜05年にかけて、東京都の隅田川地域で襲撃が多発していることを、山谷争議団・反失業闘争実行委員会が報告。中高生くらいの子どもが数人〜集団で自転車でやってきては、角材で路上生活の小屋を破壊したり、野宿者に石をぶつけたり、イスで殴ってけがをさせるといった事件がひんぱんに起こっていることが報告された。

2005年

◉7月5日　兵庫県尼崎市内で、野宿者の男性の小屋に花火を投げこむなどしていた男子高校生4人が補導される。当初、男性が高校生1人の首を絞めたとして暴行容疑で逮捕されたが「この生徒らに、小屋に花火を投げこまれ、仕返しでやった」と供述。高校生らは事実を認めた。

◉7月13日　東京都墨田区・大横川親水公園の遊歩道で、香取正光さん(64)とみられる野宿生

2002年

◉**1月25日**　東京都東村山市のゲートボール場で、野宿していた鈴木邦彦さん(55)が、地元の中学2年生4人と高校2年生2人の少年たちに、夜間、三度にわたって暴行され、角材やビールビンで殴られるなどして全身に打撲を受け、外傷性ショックで死亡した。★Ⅲ

◉**4月21日**　午前3時半頃、神奈川県・茅ヶ崎海岸の砂防林内で、テント内にいた50〜60代の野宿者男性3人が、エアガンで遊んでいた若い男6人に至近距離から撃たれ、顔や腕などに全治5日間のけがを負った。逮捕された6人は、16歳の少年と23〜30歳までの会社員だった。

◉**7月28日**　東京都江東区内の公園で、高校生3人が、酔って寝ていた会社員を野宿者と思いこみ、バケツ一杯の熱湯をかけて顔面に3日間のやけどを負わせた。少年たちは野宿者襲撃をくり返しており、「世直しと思ってやった」と供述。

◉**8月11日**　千葉県・千葉公園の体育館の軒下に寝ていた長谷川勝さん(54)と加賀谷良吉さん(60)が、少年グループに暴行され死亡する。2年後の04年9月11日、事件当時16〜19歳の未成年だった男性4人が逮捕。4人は同県佐倉市内の同じ中学校の出身で、配管工(21)＝当時無職、倉庫作業員(20)＝同大学生、配管工(20)＝同専門学校生、家屋解体工の少年(18)＝同無職。ゲームセンターで「ホームレスをボコしに行こう」と話し、現場までオートバイでむかったという。配管工らは直前に同公園で野宿者の男性2人が殴られた事件にも関与したとされる。

◉**8月13日**　名古屋駅の路上で、若い男4人に男性(69)が暴行を受けて死亡。

◉**10月12日**　東京都江東区内の中高生5人が、野宿者に熱湯をかけてやけどを負わせたとして補導・逮捕される。「ホームレスを軽蔑していた。世直しだと思った」と供述したという。

◉**10月22日**　野宿者襲撃犯とされる若者2人が、簡易裁判所に起訴される。事件現場で野宿者らが捕まえ交番につきだしたが、警察が捜査しなかったため、検察庁に直接告訴状を提出した。

◉**11月25日**　午後8時頃、埼玉県熊谷市の路上で、中学2年の男子3人が、井上勝見さん(45)に殴る蹴るの暴行を加え死亡させた。死因は急性硬膜下血腫。★Ⅲ

◉**12月4日**　午前0時すぎ、名古屋市中川区のガード下で、吉本一さん(57)が、若い男3人組にいきなりスプレーをかけられ鉄パイプで殴られ病院に運ばれたが、肺挫傷などで死亡した。

◉**12月16日**　埼玉県川越市の公園で10/8頃、少年3人(17〜19)が、野宿者2人に暴行し、ライターで火をつけたとして、傷害容疑で逮捕される。その後「ホームレス狩り」を供述。

2003年

◉**2月5日**　東京都世田谷区の公園で寝ていた60歳くらいの男性を、中学3年の男子(15)がナイフで刺し、死亡させる。

◉**2月11日**　茨城県水戸市の橋下で、高校3年の男女4人が、野宿者の頭や顔に暴行を加え殺害した疑い。「いっしょに酒を飲んでいたところ口論になり、服を脱がせて川に落とした」と供述。

◉**2月14日**　午前2時半頃、大阪市・鶴見緑地の休憩所で寝ていた男性4人が、少年30人に金属バットや鉄パイプで殴られた。男性1人(59)が肋骨を折り1か月の重傷、3人が頭や腕に軽傷を負う。出頭した14〜17歳までの少年17人のうち、3人が傷害容疑で逮捕された。

◉**4月17日**　名古屋市の港北公園で、野宿者2名が数名の若者に暴行を受け、1人が死亡した。

ら若者に襲われた」と答えた人が大半を占め、悪質な襲撃もめだつ。支援団体は、小中学校での人権教育を強化するよう市教委に申し入れることを決める。さらに、北九州越冬実行委員会の聞きとり調査報告書によると、62件の襲撃を記録。襲撃者は、19歳以上の若者が27%、中学生が21%、高校生が19%で、青少年による襲撃が7割近くを占めた。

2000年

◉4月12日　兵庫県尼崎市で、市内の中学生3人と高校1年の男子生徒が、ガード下で生活する野宿者3人を、角材やコンクリート片で殴ったり蹴ったりし、負傷させた。

◉6月15日　東京都墨田区と中央区にかけて夜間、連続して野宿者が襲撃される。金属バットで頭を殴られたり、襟首をつかまれ約30メートル引きずられた人もいた。墨田区亀沢の高架下で寝ていた小茂出清太郎さん(63)が内臓破裂などで死亡。3人が負傷。7/25に大学生(18)、アルバイト店員(19)、会社員(20)の3人が逮捕。「日々の生活にいらいらしていた」「殴るとスカッとするのでストレス発散のためにやった」などと供述。

◉7月11日　埼玉県入間市の公園で、ベンチに寝ていた男性(60)が、20歳前後とみられる2人組の男性に、竹や手で殴られ、頭などに重傷を負った。

◉7月21日　名古屋市南区の公園で寝ていた男性(66)が、3人組の若い男に胸などを蹴られ、肋骨骨折などの大けがをした。18日にも同区の公園内で寝ていた野宿生活者が被害にあった。

◉7月22日　同年1月頃から大阪城や天王寺公園付近を中心に、20件以上の野宿者襲撃をくり返していた格闘ゲーム仲間の高校生3人と20歳の男が逮捕される。少年らは野宿者の小林俊春さん(67)が寝ていたダンボールの囲いに自転車でつっこみ、殴る蹴るの暴行を加えた。小林さんは出血性ショックで死亡。「野宿者には暴行してもばれない」「ゲームの技を使ってノックアウトするまでやりたかった」などと供述。20歳の男は一審で懲役4年6か月の判決を受けた。

◉9月15日　石川県加賀市内の小学5年生の男児4人が、野宿者をエアガンで撃つ。

◉10月31日　大阪市東住吉区の白鷺公園で野宿していた男性が、中学生の少年3人に「まだおったんか、はよ出ていけ」となじられもみあいになり、囲まれた男性は反撃し、中学生が1週間のけがを負う。同年夏、中学生の花火遊びを男性が注意したことを逆恨みしたらしい。

◉11月　東京都練馬区の児童公園で野宿していた男性が、殴られ、殺される。公園で花火をしていた少年が、男性から注意されたのを逆恨みして暴行を加えているのが目撃されている。

2001年

◉6月7日　大阪・ミナミで、若い男性が野宿者の女性を川へつき落とし殺人未遂で逮捕される。

◉7月29日　大阪市日本橋電器街の路上でダンボールを敷いて寝ていた野宿生活の男性(62)が、若い男に油のようなものをかけられ火をつけられた。男性は胸や腹にやけどを負い重傷。

◉9月20日　大阪市天王寺区の路上で、市内中学3年生男子が、野宿者の男性(53)の顔を蹴って転倒させ、男性は後頭部を強く打ち、2日後に死亡。男子は出頭し傷害致死容疑で逮捕された。

◉10月14日　宇都宮市内の河川敷で、95年4月に野宿者の男性を誘いだし、乗用車ではねて殺害した疑いで、当時少年だった24〜25歳の会社員の3人が逮捕される。「遊び半分で何度も車をぶつけているうちに、ひき殺してしまった」と供述。

てしまった。無抵抗で、その時は面白かったが、あとになって大変なことだとわかった」などと話したという。また野宿者を「虫けら」にたとえて、襲撃を「ケラチョ狩り」と呼んでいた。

◉7月12日 未明、東京都北区の赤羽公園で、野宿生活の男性(62)が、少年5人に襲われ、意識不明の重体となり1か月後に死亡した。同区内に住む都立高校1年生ら15〜16歳の少年5人が逮捕される。公園内で酒を飲んで話していたところ、たばこの火を借りに近よってきた男性に「生意気だ」などと因縁をつけ、頭などに殴る蹴るの暴行を加えた。近くで寝ていた別の男性2人も殴られ負傷した。少年たちは「ホームレスはゴミみたいに汚い」「地元の住民のためによくない」などと供述したという。

◉9月24日 午前0：55頃、大阪市浪速区日本橋の電器店前の路上で寝ていた男性(68)が7〜8人の少年に囲まれ、顔面や背中を蹴られるなどしてけがをした。約20分後、約100メートル北の路上で寝ていた男性2人も少年らに殴られるなどし、1人(53)が左腕を骨折、もう1人も軽いけが。さらに約10分後、近くの路上で寝ていた男性(67)が少年たちに殴られ、頭にけがをし病院へ運ばれた。21日午前4時半頃にも、日本橋東で同様の事件があり1人が負傷した。

1997年

◉1月18日 午後1時半頃、大阪府寝屋川市の淀川河川敷で、野宿者の男性(63)にむかってエアガンの弾1万発を撃ったとして、市内の公立中学2年の男子生徒14人が、3月に逮捕・補導された。少年たちは男性をとり囲み、約3時間半にわたりエアガン8丁でかわるがわる撃ったとされる。少年らは「最初は紙の的を撃っていたがつまらなくなり、人を標的にした」などと供述。前年6月頃より襲撃をくり返し、加わった人数は一時、約20人にもなったという。

1998年

◉6月13日 未明、兵庫県西宮市内で野宿生活をしていた男性(47)が、度重なる少年グループの襲撃に耐えかね、反撃し、少年2人を刃物で刺した。とび職の少年(18)が死亡し、男子高校生(17)が2週間のけがを負った。関与した少年7人のうち、亡くなったとび職の少年を除く男子高校生らの6人は、3か月ほどまえから男性の小屋への投石などをくり返していた。 ★Ⅲ

◉11月13日 兵庫県加古川市役所内の庭園で、野宿者の男性が少年3人に殴られ、意識不明の重体となった。市内の土木作業員(16)、中学3年生(14)、加古郡内の大工(16)の少年3人が翌朝出頭し逮捕された。事件当日の夕方、庭園の木立のなかで寝ていた60歳前後の男性をエアガンで撃ったところ、男性が起きあがってきたため、反撃されると思って殴ったりした疑い。

◉12月21日 午前5時頃、大阪市都島区のスーパーの通路付近で、野宿生活の男性(50)が、顔や手に1週間のけがをしているところを発見された。男性は「毛布で寝ていたら、突然若い男2人にエアガンで撃たれた」と話し、数十発、至近距離から撃たれたという。

1999年

◉10月 北九州市内の野宿生活者の3人に1人が、過去1年間に殴られたり石を投げつけられるなど、襲撃の被害にあっていることが、ホームレス支援団体のアンケートでわかった。なかには服に火をつけられたり、殴られて全治1か月のけがを負ったりした人もいたという。「中高生

◉**9月21日**　午後11時頃、神戸市大倉山公園で野宿していた男性2人（58・53）に、同市中央区の中学校の少年5人（1年1人・2年3人・3年1人）が、消火器の泡をふきつけるなどして補導される。

1992年

◉**4月〜8月**　横浜市中心部の公園や地下通路で野宿する労働者が、中学生くらいの少年グループに、花火や爆竹であいついで襲撃される。8月までの5か月間に、わかっただけでも10件。顔などにやけどを負った人やダンボールに火をつけられた人もいた。

◉**10月**　名古屋市で夏以降、公園などで寝ている野宿者をねらった路上強盗、襲撃があいついでいると報道。若者が野宿者の頭にケチャップなどをかけたり、花火で追いかけまわすなどのほか、暴行・収奪・放火などの被害は、同年に入って判明しただけでも30〜40件にのぼった。

1995年

◉**10月15日**　午前4：05頃、東京都北区で公園のベンチに寝ていた野宿者の佐藤博忠さん（69）が、暴行を受けて死亡。同区に住む無職少年（17）ら3人が、10分間にわたって殴る蹴るの暴行を加え、内臓破裂で死なせた疑いで、11月に逮捕された。少年たちは、たまり場にしている児童公園のベンチに寝ていた佐藤さんを「むこうに行け」と起こし、佐藤さんが抵抗せずに立ち去ろうとすると「無視するとはなにごとだ」と追いかけたという。

◉**10月18日**　大阪市・ミナミの道頓堀川にかかる戎橋で寝ていた野宿労働者の藤本彰男さん（63）が、通りかかった若者（24）に川に落とされ死亡した。当初、若い男2人が抱えて川に投げこんだ事件とされたが、共犯とみなされた友人の男性は冤罪でのちに無罪が確定。　★Ｉ

◉**10月19〜20日**　未明、宮城県・築館町で、公園で寝ていた野宿者の男性（40）を襲撃したとして、同じ中学の3年生7人（いずれも15歳）が、翌96年4月に補導された。少年たちはボールや発炎筒を投げつけ、電動式空気銃でプラスチック弾、十数発を当てたりしたほか、男性が寝床に敷いていたビニールシートをはがして燃やした疑い。

◉**10月23日**　未明、京都市の鴨川河川敷で、野宿者の男性（52）が、建設作業員の少年（17）に暴行を受けてけがをした。少年と高校生1人を含む9人（17〜18）は、酒を飲んで深夜、河川敷で野宿者の男性を見つけ「何してんのや。仕事しろ」などといい、男性の寝床のダンボールを蹴り、男性がほうきを持って立ちあがったところ、顔を殴ったとされる。逮捕された少年は「面白半分だった」「反撃してきたと思い、よけいに腹がたった」と供述したという。

◉**11月29日**　午後3時半頃、川崎市川崎区の港町公園内で、ビニールシート製の野宿生活者のテントが焼かれた。出火当時、公園では3人の中学生らが「火遊び」をしていた。3人は「故意ではなかった」と主張しているが、野宿者側は「放火だ」としている。

1996年

◉**5月24日**　午前1時すぎ、東京都渋谷区の代々木公園内で、ベンチに寝ていた野宿者の今井一夫さん（46）と近くにいた男性（34）が少年グループに襲われ、16〜17歳の私立高校生や無職少年6人が、のちに逮捕された。今井さんは頭を強く打ち、収容先の病院で8月に死亡。男性は1か月の重傷。少年たちは2つのグループで、「相手のグループに見下されるのがいやでやっ

1983年

★Ⅰ、★Ⅲ――詳細については本書の各部を参照

◉2月5日　横浜市・山下公園で野宿していた須藤泰造さん(60)を、市内の中学生5人を含む14歳～16歳の少年10人が襲い、殴る蹴る、ゴミかごに投げ入れて転がすなどの暴行を加えて逃走。須藤さんは内臓破裂などで2日後に病院で死亡。少年らは前年12月から「浮浪者狩り」をくり返しており、事件の直前にも横浜スタジアムで野宿者9人を次々と襲い、2月までに計13人に重軽傷を負わせたとされる。同時期にほかに2人の野宿者が殺害されているが、犯人は特定されず未解決のまま。少年たちは「ゴミを掃除しただけ」「逃げまわる姿が面白かった」「スカッとした」などと話したという。「横浜浮浪者殺傷事件」として社会に大きな衝撃を与えた。

1985年

◉10月22日　東京都板橋区の荒川河川敷で、同区の無職の若者(20)と無職少年(15～19)の5人が、橋の下にいた野宿者の男性(42)を金属バットやバールでめった打ちにし、6か月の重傷を負わせた。11/9に傷害で逮捕。5人は同じ公立中学の卒業生で、夕方になると近くの団地や公園などに集合。「浮浪者に追いかけられたことがあり、やっつけようと相談した」という。

1986年

◉7月　東京都新宿区の西戸山公園で、テントで寝ていた日雇い労働者(37)ら3人が、少年7人と見張り役の中学3年生ら少女2人、無職の男3人(20～22)のグループに襲われる。2日と14日に花火を至近距離から発射、投石、木刀で殴るなどした。1人は左目を失明。

◉10月13日　大阪市の四天王寺境内で野宿していた労働者ら5人が、中高生の少年3人組にエアガンで次々と襲われ、うち3人が顔などに弾を受けて負傷した。1週間前から爆竹や石を投げられるなどの被害が続いていたが、エアガンによる襲撃は初めてだった。18日、傷害事件で逮捕。

1987年

◉1月12日　東京都足立区の公園で野宿していた男性(59)を、中学3年生3人を含む少年5人(14～17)が、「くさい」「コジキやろう」とののしりながら棒などで殴り、脳挫傷などの重傷を負わせた。26日までに5人全員が逮捕。いずれも非行歴があり再三家出。調べでは、少年たちが周囲から「じゃま者扱い」されたりしたため、うさ晴らしにやったのではないかという。

◉10月27日　東京都大田区の多摩川河川敷で、中学生とみられる少年4～5人が爆竹をならして遊んでいたのを、野宿していた男性(59)が「うるさい」ととがめたことから、少年たちに金属バットのようなもので殴られ、頭部などに重症を負う。ほかに33歳と34歳の男性が殴られ負傷。

1988年

◉2月26日　午前2時頃、東京都台東区山谷地区の路上で、中高生ら4人と無職2人のあわせて6人の少年(14～16)が、日雇い労働者の男性(46)をかわるがわる蹴ったうえナイフで刺し、1週間のけがを負わせた。その約30分後にも、同区内の公園のベンチで寝ていた野宿者(53)を角材のようなもので殴って刃物で刺し、1週間のけがを負わせたとして、3/16に逮捕された。

野宿者襲撃事件・略年表

2000年代を中心に、少年と若年層による主要な事件をとりあげた。
おもに新聞の事件報道をもとに作成。
事件後の審判・裁判結果などの詳細まではふくまれていない。
(　)内の数字は当時の年齢。
（作成協力：生田武志・安田和人）

「ホームレス」襲撃事件と子どもたち

いじめの連鎖を断つために

二〇〇九年八月一日　初版発行
二〇一〇年六月十日　第二刷発行

著者　北村年子
装丁　箕浦　卓
写真　高松英昭（カバーと表紙、I部をのぞく扉）
板橋雄一（I部扉）
発行所　株式会社太郎次郎社エディタス
東京都文京区本郷四—三—四—三F　郵便番号一一三—〇〇三三
電話〇三—三八一五—〇六〇五
http://www.tarojiro.co.jp/　電子メール tarojiro@tarojiro.co.jp
印刷・製本　シナノ書籍印刷
定価　カバーに表示してあります
ISBN978-4-8118-0728-7 C0036

北村年子（きたむら・としこ）
ルポライター、ノンフィクション作家。一九六二年、滋賀県生まれ。デビュー作『少女宣言』（長征社・一九八七）が大きな話題を呼ぶ。以後、女性・子ども・ジェンダーをおもなテーマに取材・執筆活動をすすめ、近年は「いじめ」「ホームレス問題」についての講演や、子育て・子育ち支援のセミナー、自己尊重ワークショップなども精力的におこなっている。二〇〇八年、「ホームレス問題の授業づくり全国ネット」を呼びかけ、共同代表となって立ち上げる。
著書に『おかあさんがもっと自分を好きになる本』（学陽書房）、『子どもを認める「ほめ方・叱り方」』（PHP研究所）、共著に『貧魂社会ニッポンへ　釜ヶ崎からの発信』（アットワークス）などがある。